改訂版

日本語要説

ひつじ書房

[著]
工藤浩
小林賢次
真田信治
鈴木泰
田中穂積
土岐哲
仁田義雄
畠弘巳
林史典
村木新次郎
山梨正明

まえがき

　現在，日本語の構造や運用に関する研究が進展している。外国人に日本語を教えるという日本語教育の世界での広がりやコンピュータによる言語情報処理の発展など急速な状況の変化に応じて，世界の中の一言語としての日本語をより科学的客観的に把握しようという気運が高まっている。大学や短期大学においても，従来の国文科や国語国文学講座というような学科や講座ばかりでなく，外国語学部や情報学科，それにカルチャーセンターなどの日本語教師養成講座においても日本語に関する講義・演習が行われている状況である。そのような時代の変化による新しい要求に対応できるような日本語の入門書を志向して本書は企画された。本書は，したがって，章立てや内容の面で，これまでの国語概説の教科書とは異なるいくつかの特徴がある。

　まず，構成を文法，語彙，音韻のそれぞれの分野で，現代語と古代語・歴史の章を立て，現代語を古代語・歴史に先行させたこと。すなわち，はじめにわれわれが共有している現代語についての体系的な知識を得て，そのうえで，古代語の姿や日本語の歴史的な変遷をとらえるというスタイルをとっている。これは，現代語における研究成果を重視するとともに，その成果をふまえて，古代語や日本語史に接近しようとしたためである。われわれはこれをオーソドックスな立場であると考える。現代語については資料が無限に存在し，正誤の判断ができるという利点がある。次に，文法の章を最初においたこと。これは，最近の個別言語学としての日本語研究の立場が文法の領域において最も明確に表れているとわれわれが判断したことによる。

　また，近年注目されている認知言語学や言語情報処理の章を設け，研究の現状を示した点も類書にない特徴であろう。言語が人間の認知と本来的に関わり，コンピュータによる情報処理にとっても言語研究が不可欠であると考えるからである。

　以上のように，本書では，オーソドックスの中にも斬新さを盛り込もうと努めたものである。本書が日本語について知りたい人，あるいは日本語を研究しようとしている人にとって導入の役割がはたせるとしたら，執筆者に

とって望外の喜びである。全体の体裁については，できるだけ統一を図ったつもりであるが，記述の精粗をはじめ，不揃いの点も多々あるかと思う。機会があれば，不備を補いたいので，ご意見，ご批判をお寄せいただきたいと思う。

改訂版まえがき

　初版の『日本語要説』も，おかげさまでかなりの刷りを重ねることができた。その間，学問の進展もあったし，また何よりも，研究・教育の最も主要な場である大学を取り巻く環境が大きく変わっていった。18歳人口の減少，それに伴い，大学進学率はいくぶん高くはなったものの，大学へ入学してくる絶対数の減少が起こってきた。そのため，大学は，学問や教育の内的必然性による枠組みの変更ではなく，いわゆる集客率をよくするため，学部や学科の再編を行ってきた。学問や教育の内的必然性に寄らない，このような学部・学科の再編が人文科学に与えたダメージは決して小さくない。

　文学部という名の学部の減少，日本語日本文学科という名の学科の減少もその一つの現れであろう。

　学問や知の体系も時代の要請によって変貌を遂げていく。そのことは，理工系ほどではないにしても，人文系においても然りであろう。しかしながら，知の体系としての学問においては，時代の要請に応えながらも，流行り廃りや外的情勢の変化に拘わらず，受け継いでいかなければならないものは，守り育てていくことが必要であろう。

　日本語を相対化しながら，日本語について主要なことを的確に学ぶ，そしてそのことを通して言語について基礎的なことを知る，ということは，知っておくべきあるいは知っておいて悪くはない，知の営みの一つであろう（たとえ日本語日本文学科という名の学科が減少しようとも）。

　今回の改訂では，学問の進展によって完全に書き換えた章もあれば，足りなかった部分や新しい情報を付け加えた章もあり，また，ことばを補い記述を丁寧にした章もある。不十分や不備はまだまだあろうと思われるが，いずれにして初版に比して，少しでも分かりやすく，かつより的確な情報を与えられるよう改訂を試みた。

　学問が衰退していかないためには，当該学問についての基礎教養を持つ人たちを増やすこと，当該学問を志そうとする人を増やすことが必要になってくる。そのためには，専門教育の基礎段階・入門段階での教育のあり方が大

事になってくる。本書によって，日本語や言語について考えることに興味を持つ人が増えてくれれば，執筆者一同これに過ぎたる喜びはない。

目次

まえがき i
改訂版まえがき iii

第1章　現代語の文法・文法論 1
1　文法はなぜ存在するのか 1
2　日本語文法の組織の概要 2
2.1　文法および文法論とは 2
2.2　文法の単位 2
2.3　形態論と統語論 3
3　形態論 4
3.1　形態素とは 4
3.2　形態素の種類 4
3.3　語とは 6
3.4　品詞 7
4　統語論 9
4.1　統語論とは 9
4.2　文および文の基本的な意味—統語構造 10
4.3　文のタイプ 11
4.3.1　文のタイプ概観 11
4.3.2　独立語文と述語文 11
4.3.3　動詞文と形容詞文と名詞文 12
4.3.4　単文と複文 13
4.3.5　動きの文と状態・関係の文 14
4.3.6　発話・伝達上の類型からした分類 15
4.4　文（および節）の成分 16
4.4.1　文（および節）の成分とは 16
4.4.2　文の成分の下位的タイプ 17
4.4.2.1　下位的タイプ概観 17
4.4.2.2　述語 17
4.4.2.3　主語 18
4.4.2.4　補語 18
4.4.2.5　状況語 19

4.4.2.6 言表事態修飾語	20
4.4.2.7 言表態度修飾語	20
4.4.2.8 接続語	21
4.4.2.9 独立語	21
4.4.2.10 規定語	21
4.4.2.11 並列語	21
4.5 述語の有する文法カテゴリー	22
4.5.1 文法カテゴリー概観	22
4.5.2 ヴォイス	22
4.5.2.1 使役	22
4.5.2.2 受身	23
4.5.3 アスペクト	23
4.5.3.1 アスペクトの表現形式	24
4.5.3.2 テイル形のアスペクト的意味	24
4.5.3.3 二次的形式のアスペクト的意味	24
4.5.4 みとめ方	25
4.5.5 テンス	25
4.5.6 丁寧さ	26
4.5.7 モダリティ	26
4.5.7.1 言表事態めあて	26
4.5.7.2 発話・伝達めあて	27
4.6 カテゴリーの層状構造	27
4.7 節のタイプ	27
4.7.1 副詞節	27
4.7.2 中止節	28
4.7.3 条件節	28
4.7.4 接続節	29
4.8 節の層状構造	29

第2章　古代語の文法・文法史

1 品詞論	31
1.1 名詞	31

1.1.1　代名詞	32
1.2　動詞	33
1.2.1　活用成立	34
1.2.2　強活用と弱活用	34
1.2.3　終止形の連体形への同化と二段活用の一段化	35
1.3　形容詞	37
1.3.1　ク活用とシク活用	37
1.3.2　ナリ活用とタリ活用	38
1.4　副詞	39
2　形態論	**40**
2.1　きれつづきを表す語形	40
2.2　名詞的な文法的意味を表す語形	42
2.2.1　連体格	42
2.2.2　連用格	43
2.3　動詞的な文法的意味を表す語形	45
2.3.1　ヴォイス	45
2.3.2　テンス・アスペクト	47
2.3.3　ムード	51
2.3.3.1　総合的形式	52
2.3.3.2　分析的形式	56
2.3.4　認め方	57
2.3.5　待遇	58
3　統語論	**59**
3.1　係結び	59
3.2　とりたて	60
3.3　接続	62

第3章　現代語の語彙・語彙論 ... 67

1　語彙とはなにか	**67**
2　単語とはなにか	**68**
3　単語の性質	**69**
3.1　単語の文法的な性質	70

3.2 単語の文体的な性質	72
3.3 単語という単位	72
4 単語の意味	**74**
4.1 意味の階層性―同位語，上位語・下位語―	75
4.2 類義語	76
4.3 対義語	78
5 単語の形式	**80**
6 単語の出自	**83**
7 単語の構成	**87**
7.1 単純語・合成語（複合語・派生語）	87
7.2 合成語における変音現象	89
8 単語の位相	**90**

第4章　古代語の語彙・語彙史 ……95

1 はじめに	**95**
2 古代語の語彙体系	**95**
2.1 語の出自	95
2.2 語種・品詞と使用頻度	97
2.3 語彙体系とその変遷	99
3 古代語の語構成・造語法	**101**
3.1 語の派生	101
3.2 接辞の添加	102
3.3 複合語	103
4 語形変化と語義変化	**104**
4.1 語の変化の要因	104
4.2 語形の変化	104
4.3 語義の変化	106
5 文体と位相	**108**
5.1 和文語・漢文訓読語・記録語	108
5.2 口語の語彙と文語の語彙	109
5.3 語彙の位相	111

第5章　現代語の音声学・音韻論 ……………………… 117

1 音声とその役割 …………………………………………………… 117
2 音声と音韻の関係 ………………………………………………… 119
3 音声器官とことばの伝達過程 …………………………………… 120
4 音声器官各部の名称 ……………………………………………… 122
5 音声記号 …………………………………………………………… 124
6 日本語の短音節表と音素記号（音韻記号），音声記号 ……… 126
7 各行の異音 ………………………………………………………… 128
7.1 ア行音： …………………………………………………… 128
7.2 カ行音： …………………………………………………… 129
7.2.1 ガ行音： ………………………………………………… 129
7.3 サ行音： …………………………………………………… 130
7.3.1 ザ行音： ………………………………………………… 131
7.4 タ行音： …………………………………………………… 131
7.4.1 ダ行音 …………………………………………………… 132
7.5 ナ行音： …………………………………………………… 132
7.6 ハ行音： …………………………………………………… 133
7.6.1 バ行音： ………………………………………………… 134
7.6.2 パ行音： ………………………………………………… 135
7.7 マ行音： …………………………………………………… 135
7.8 ヤ行音： …………………………………………………… 136
7.9 ラ行音： …………………………………………………… 136
7.10 ワ行音： ………………………………………………… 137
7.11 撥音の「ン」 …………………………………………… 138
7.12 促音の「ツ」： ………………………………………… 138
8 音節 ………………………………………………………………… 139
9 文節（連文節） …………………………………………………… 141
10 アクセント ……………………………………………………… 142
10.1 機能 ……………………………………………………… 143
10.2 標準的日本語アクセントの特色 ……………………… 144
10.3 全国のアクセント ……………………………………… 149
11 文の焦点（フォーカス） ……………………………………… 151

12　イントネーション（文音調）	152
12.1　アクセントとの違い	152
12.2　イントネーションの観察（音響的側面から）	153
13　社会と音声	156

第6章　古代語の音韻・音韻史 159

1　〈五十音図〉とその歴史	159
1.1　〈五十音図〉と〈いろは〉	159
1.2　〈五十音図〉の性格	161
2　〈上代特殊仮名遣い〉と8世紀の母音体系	162
2.1　〈上代特殊仮名遣い〉とは	162
2.2　8世紀の母音体系	163
3　〈ア行音・ヤ行音・ワ行音〉の変化	165
3.1　eとje, oとwoの合流	165
3.2　jeとwe, iとwiの合流	168
4　〈ハ行子音〉の変化	169
4.1　〈ハ行子音〉の歴史	169
4.2　〈ハ行子音〉の歴史と〈ハ行転呼音〉	170
5　〈サ・ザ行子音〉〈タ・ダ行子音〉の変化	172
5.1　〈サ・ザ行子音〉の歴史	172
5.2　〈タ・ダ行子音〉の変化と〈四つ仮名の混同〉	173
6　語音配列の変化	174
6.1　語頭の濁音	174
6.2　母音連続の回避	176
6.3　〈音便〉の発生とその意味	177
6.4　〈オ段長音の開合〉とその対立の消滅	179
7　アクセントの変化	180
7.1　アクセントの歴史的資料	180
7.2　アクセント変化	181

第7章　文字・書記 185
1　言語と文字 185
1.1　文字の役割 185
1.2　文字の種類と言語 186
2　現代日本語の文字と書記法 187
2.1　現代日本語の文字 187
2.2　現代日本語の書記法 188
3　漢字の借用 189
3.1　漢字の原理 189
3.2　日本語への適応 191
3.3　〈音〉と〈訓〉 192
4　表語文字から表音文字へ 195
4.1　万葉仮名の成立 195
4.2　万葉仮名から平仮名・片仮名へ 197
4.3　略体化の意義 200
5　書記法の発達 201
5.1　古代の書記様式 201
5.2　片仮名文と平仮名文 202
5.3　現代の書記様式へ 203
6　〈仮名遣い〉の歴史 204
6.1　「現代仮名遣い」の性格 204
6.2　藤原定家の仮名遣いと〈定家仮名遣い〉 205
6.3　〈定家仮名遣い〉から歴史的仮名遣いへ 206

第8章　社会言語学・方言学 209
1　社会言語学史 209
1.1　「社会言語学」「言語生活」 209
1.2　「位相論」 210
1.3　「役割語」 211
2　日本語のバラエティ 211
2.1　階層差とことば 211

2.2	世代差とことば	212
2.3	性差とことば	215
2.4	場面差とことば	216

3 現代語の「ゆれ」 ... 218
- 3.1 語法上のゆれ―「てある」と「(ら)れている」― ... 218
- 3.2 表記上のゆれ―「行なう」と「行う」など― ... 219
- 3.3 発音上のゆれ―[ŋ]と[g]― ... 220

4 方言の消長 ... 221
- 4.1 伝統的方言形の衰退 ... 221
- 4.2 新しい方言形の誕生 ... 223

5 戦後の方言学の潮流 ... 225

第9章　文章・談話 ... 229

1 文章・談話の文法 ... 229
2 文章・談話の結束性 ... 230
3 接続詞と装飾述語 ... 232
4 文章の構造 ... 234
5 話しことばと書きことば ... 236
6 話しことばの類型 ... 237
7 待遇表現 ... 238
- 7.1 待遇表現の要素 ... 238
- 7.2 敬語の働き ... 241
- 7.3 相対敬語 ... 242
- 7.4 敬語の難しさ ... 243
- 7.5 全体で表現する ... 243

第10章　認知言語学 ... 245

1 はじめに ... 245
2 認知言語学の基本的枠組 ... 245
- 2.1 ベースとプロファイル ... 246
- 2.2 基本的な認知対象 ... 247

2.3	トラジェクターとランドマーク	248
3	カテゴリー化の能力と拡張のメカニズム	250
3.1	スキーマ，プロトタイプと拡張事例	250
3.2	日常言語のカテゴリー化	252
3.2.1	音韻レベルのカテゴリー化	252
3.2.2	形態レベルのカテゴリー化	254
3.2.3	構文レベルのカテゴリー化	255
4	認知プロセスの反映としての言語現象	258
4.1	連続的スキャニングと一括的スキャニング	258
4.2	プロセス的認知とモノ的認知	259
4.3	アナログ的認知とデジタル的認知	260
5	イメージスキーマ形成とイメージスキーマの変容	262
5.1	イメージスキーマ形成とスキーマの漂白化	262
5.2	イメージスキーマの焦点シフト	264
5.3	イメージスキーマ変換	265
6	参照点能力と言語現象	267
6.1	参照点とターゲット	268
6.2	参照点関係からみた探索表現	270
6.3	談話・テクストにおける話題化と焦点推移	274
6.4	焦点推移のダイナミズム	276
7	むすびにかえて――認知言語学の新展開	277

第11章　言語情報処理　283

1	**言語情報処理とは**	**283**
2	**形態素解析と統語解析**	**285**
2.1	形態素解析	285
2.2	統語解析	287
3	**意味解析**	**290**
3.1	意味解析の目的	290
3.2	意味的曖昧性	291
3.3	意味構造	294
3.4	意味解析法	298

| 3.5 意味解析の最新動向と諸問題 | 301 |

第12章　日本語学史―文法を中心に― ... 307
はじめに ... 307
1 国学以前――日本語学の萌芽期 ... 307
- 1.1 文字　音韻 ... 307
- 1.2 単語分類の萌芽 ... 308
- 1.3 てにをは　体用 ... 309
2 近世の国学の文法研究 ... 309
- 2.1 本居宣長 ... 310
- 2.2 富士谷成章 ... 313
- 2.3 鈴木朖 ... 316
- 2.4 本居春庭と八衢学派 ... 316
- 2.5 富樫広蔭 ... 317
- 2.6 鶴峰戊申 ... 317
3 近代日本文法学の流れ ... 318
- 3.1 明治前期 ... 318
  - 3.1.1 明治初期 ... 318
  - 3.1.2 大槻文彦 ... 319
- 3.2 明治中期から大正期 ... 320
  - 3.2.1 山田孝雄 ... 320
  - 3.2.2 松下大三郎 ... 323
- 3.3 昭和前期（戦前） ... 325
  - 3.3.1 橋本進吉 ... 326
  - 3.3.2 時枝誠記 ... 327
  - 3.3.3 佐久間鼎と三尾砂 ... 328
- 3.4 昭和後期（戦後） ... 328

第1章
現代語の文法・文法論

1　文法はなぜ存在するのか

　わたしたちは，現実のかかわりの中で，言語を利用することによって，考えや感じを明確にしたり，また，考えたことや感じたことや意志や要求を相手に伝えたりしている。このような活動を言語活動という。わたしたちが見聞きする文章や談話は，言語活動の所産である。文章や談話が一つの文で出来上がっているということもないではないが，ふつう，いくつかの文の連なりによって出来上がっている。文は，文章や談話つまり言語活動の単位体のような存在である。

　文には，外的な表現形式とその表現形式に託され伝達される意味内容とが，存在する。動物の鳴き声のように，意味内容全体が表現形式に未分化なまま対応しているとしたら，言語によって伝達し分けられる意味内容の種類は，人間が知覚し分けられるだけの音や色や形に限られ，とうていわたしたちの日常的な要求を満たすことはできないだろう。言語はいわば多細胞生物のような存在である。いくつかの細胞が集まって一つの統一された生命体が成立しているように，いくつかの要素が集まって一つの文が出来上がっている。このように，言語は，いくつかの段階において，要素と統一体的全体といった分化をもつ。そして，このような現象を指して，言語は分節をもつ，という。

　言語が分節的存在であるということを受けて，言語には，文と形態素と音韻（音素）といったレベルの異なった存在がある。形態素は，集まって文の直接構成要素たる単語を形成する。文・形態素・音韻という言語のあり方を，言語の二重分節という。言語が分節をもつということが，言語に文法があり，文に構造があることの根拠であり，また，無限の新しい事態に対して，言語

がそれらを伝達し分けることを可能にしている。

2　日本語文法の組織の概要

2.1　文法および文法論とは

　立場や考え方によって，文法の領域で取り扱う対象も異なってくるが，ここでは，次のような考え方を取る。意味を有する最小の単位体を組み合わせていって，その言語（たとえば日本語）の文として認めることのできる文を形成するにあたっての構成上の法則性が，その言語の文法である。つまり，語構成・単語の形態変化や文構成への単語結合のあり方などに見られる法則性が文法である（もっとも，語構成は，文法から外され，語彙論に回されることもなくはない）。このような文法現象を研究の対象とする言語学の一分野を，文法論ないしは文法学という。もっとも，文法論における研究・学説を指して文法と呼ぶこともある。山田文法，橋本文法や変形生成文法，成層文法などといったいい方がこれである。

2.2　文法の単位

　文法分析・文法記述の対象となる単位体的存在には，形態素・単語・文がある。文章や談話にも，文とは異なった統一性があり，文のつながりに一定の法則性が存在するにしても，文から文章・談話への形成には，単語から文への形成ほど明確な体系的な規則性が存在するとは考えられず，文章・談話の構成そのものを，文法記述の対象とするには無理がある。もっとも，文は，通常単独では存在せず，文章・談話といった文連続の中で存在する。そのことによって，文のあり方が変容を受けることがある。より正確にいうならば，文は，ふつう，前後に存在する文連続からの影響を受けて存在している。したがって，文章・談話の構成そのものを文法記述の対象にしないにしても，文の有している文脈形成上の意味・機能や文脈が文に与える変容などは，文法記述の対象として分析・記述される必要があろう（「文を越える文法」とか「談

話の文法」とか呼ばれるものは，ふつうこういった現象を取り扱うことが多い）。たとえば，「鯨が泳いでいる。大きい奴だ。」の後ろの文は，ガ格にあたる成分を自らの文の表現形式の上に顕在化させていないが，前文から，「（泳いでいる鯨は）大きい奴だ。」であることが分かる。

2.3　形態論と統語論

　文法論は，大きく〈形態論（morphology）〉と〈統語｛構文／統辞｝論（syntax）〉とに分かれる。もっとも，この両者が常に截然と分けられるとは限らず，重なるところもないわけではない。

　形態論は，広い意味で単語の構成を取り扱う。この広い意味での単語構成には，主に単語の形成にかかわる領域と単語の文法的側面にかかわる領域とがある。単語形成を取り扱う形態論では，形態素とは何であるか，形態素にはどのような種類があるのか，形態素はどのように配列されて単語を形成するのか，配列された場合どのような外形上の変容を被るのかなどを考察する。単語の文法的側面を取り扱う形態論では，単語とは何か，単語にはどのような種類があるのか，下位類ごとに単語はどのような文構成機能を有しているのか，単語は自らの文構成機能を果すためにどのような語形変化をするのか，語形変化はどのように実現されるのかなどを考察する。

（（（（（（（（コラム））））））））

［誰かに恋をする］と［誰かと恋をする］
この二文は，「誰か」が，ニ格で表されているか，ト格で表されているかの点だけが異なっている。しかし，かなり大きな違いが存在する。私などは若い頃，「誰かと恋をする」ことができなくて，「誰かに恋をして」よく悩んだものだ。「ニ恋ヲスル」は，私一方の思いだけで，相手が私を恋しく思っていてくれているのかどうかは，保証の限りではない。それに対して，「ト恋ヲスル」であれば，これは相思相愛である。この場合，ニ格は一方的な行為を表し，ト格は相互的な行為を表している。相互的でしか成り立たない行為は，相手は必ずト格で表示される。「誰カト {結婚スル／離婚スル／戦ウ／殴り合ウ}」のごとくである。したがって，相互的な行為として成り立ちうる「彼と会う」では，相手を，ト格で表示することができるが，相互的な行為になりえない「事故 {＊と／に} 会う」では，特殊な文章のジャンルでもないかぎり，ト格で表示することができない。

3 形態論

3.1 形態素とは

ここでは，日本語文法の形態論の概要を述べる。

〈形態素 (morpheme)〉とは，意味を有する最小の言語単位であり，単語を構成する構成要素である（もっとも一つの形態素だけで出来た単語も存在する）。単語と形態素との関係は，統一体的全体と下位的構成要素といったものである。形態素は，抽象的あるいは代表的存在であって，現実に単語を分割して得られるのは，形態素の一つの顕現態・実現態である〈形態 (morph)〉である。たとえば，「お舟が」「舟人ら」「釣り舟で」を例に取れば，「お」「舟」「が」「舟」「人」「ら」「釣り」「舟」「で」といった形態が，抽出できる。部分は，全体を形成するにあたって，全体形成の機能を帯び，そのことによって外形の上での変容を受けることがある。したがって，形態素は，常に同じ形態で顕現されるとは限らない。一つの形態素の異なった語形成環境における異なったそれぞれの顕現態を，〈異形態 (allomorph)〉と呼ぶ。先ほど挙げた例でいえば，「ふね」「ふな」「ぶね」は，それぞれ／ふね／の異形態である。また，動詞の撥音便型やガ行イ音便型のいわゆる連用形に後接する場合の形態である「だ」（たとえば，「読ん<u>だ</u>」「あえい<u>だ</u>」）と，それ以外の連用形に後接する場合の形態である「た」（たとえば，「受け<u>た</u>」「行っ<u>た</u>」「書い<u>た</u>」）は，それぞれ，過去を表す形態素／た／の異形態である。異形態の現象は，形態素が他の形態素と結合するにあたって（他の形態素と結びつかず自立する場合も，形態素結合の一つのあり方である），形を変える現象である。異形態は，異形態どうし排他・対立的な範列的 (paradigmatic) な関係にあるが，形態素が，自ら有する形態素レベルでの統合的 (syntagmatic) な関係を実現するために取った形態変化形である。

3.2 形態素の種類

形態素の中には，語の表す語彙的意味の主要部分を担い，語の基幹をなす

〈語基 (base)〉と，自立することがなく語基に付加されて語を形成する〈付属辞〉とがある。付属辞には，さらに〈助辞 (particle)〉と〈接辞 (affix)〉と〈語尾 (ending)〉とがある。

「本箱」「舟主」「受け渡し」などを例に取れば，「本」「主」「受け」「渡し」「一箱ばこ」「舟ふな一」といった語基が取り出せる。また，語基の中には，「本」「主」「受け」「渡し」のように，単独で独立して現れる，つまり自立しうる可能性をもった〈自立語基〉と，「一箱ばこ」「舟ふな一」のように，単独で独立して現れることのできない，つまり自立できない〈拘束語基〉とがある。

助辞とは，「本が」「本は」「学生よ」「学生 {です／らしい}」の「が」「は」「よ」「です」「らしい」などがそうである。「が」「は」「よ」などが，形態変化を起こさない〈静助辞〉であり，「です」「らしい」は，形態変化を起こす〈動助辞〉である。静助辞は，語基に統合的な文構成機能を与え，動助辞は，成分形成を行い，語尾が統合機能を付与する。動助辞は，付属辞の中で最も自立性が高い。たとえば，「彼，アメリカへ留学するんだって。」「らしいね。」のように，単独で現れることもないわけではない。したがって判定詞とでも名づけ，単語相当として扱う立場も成り立ちうるだろう。

接辞は，新しい語を作る働きをする形態素である。接辞による語形成を〈派生 (derivation)〉と呼ぶ。接辞には，語基の前に付着される〈接頭辞 (prefix)〉，語基の後に付着される〈接尾辞 (suffix)〉，語基の中に割って入る〈接中辞 (infix)〉とがある。日本語には接中辞は存しない。たとえば，「お心」「おきれいな」「か弱い」「ま心」「まっ暗」「まん丸」「さ夜」などの，「お」「か」「さ」などが接頭辞である。また，接頭辞／ま／は，「ま」「まっ」「まん」といった異形態を有している。

接尾辞には，形態変化のない〈静接尾辞〉と形態変化のある〈動接尾辞〉とがある。静接尾辞とは，「お医者さま」「叔父さん」「こいつめ」「あなたがた」「若さ」「弱み」などの下線部が，これである。動接尾辞には，付着にあたって規則性・生産性のひくい語彙的なものと，規則性・生産性の高い文法的なものとがある。「{春／色／きら} めく」「{大人／上品／大家の奥様} ぶる」「{デモ／サボ} る」「{おこ／晴れ／わざと} がましい」などの下線部が前者であり，「殴らせる」「殴ります」「殴らない」などの下線部が後者である。

語尾は，統合関係を表し分けるために，不変化部分の語幹と堅く結びついたところの可変末尾である。同一語幹が統合関係を表し分けるために，いくつかの語尾を取る現象を，伝統にしたがって，〈活用〉と呼んでおく。「走る」を例に取れば，"hashir・u" "hashir・ô" "hashir・e" "hashir・i" "hashit・ta" などの下線部が，語尾である。"hashit" は音便語幹である。

　語基＞助辞＞接辞＞語尾の順に自立度が落ちていく。たとえば，「本・箱≡が　壊さ＝れ－た」「お＝客＝さん≡は　帰り＝まし－た≡ね」といった文は，おおよそ，「語基＋語基＋静助辞　語幹＋動接尾辞＋語尾」「接頭辞＋語基＋静接尾辞＋静助辞　語基＋動接尾辞＋語尾＋静助辞」のような形態素連鎖に分割される。

3.3　語とは

　本章では，従来の単語観と異なって，自立しないいわゆる助詞や助動詞を語とは認めない。語以下の存在として扱う。〈語〉とは，語彙―文法的単位であって，文形成にあたって，自立する最小の存在である。したがって，「昔お爺さんとお婆さんがありました。」において，「昔」「お爺さんと」「お婆さんが」「ありました」が語であって，「と」「が」や「まし」「た」は語ではない，語の構成要素である。

　自立する最小の存在である，ということは，言い換えれば，単独で文を形成しうるということである。たとえば，

　　（1）　（すごいスピードで走ってきた車を見て）「車！」
　　（2）　「君も行くか？」「行く。」
　　（3）　（木枯らしの吹く戸外に飛び出して）「寒い！」
　　（4）　「どれくらい寒いの？」「とても。」
　　（5）　「何にしましょう。」「例の。」
　　（6）　「その……。」「はっきりしろよ！」
　　（7）　「あれっ！」

のそれぞれ下線部は，いずれも，文であり，文として機能している。したがって，「車」「行く」「寒い」「とても」「その」「あれっ」は，単独で文を形成し

ていることになる。これらは，いずれも本章で語と呼ぶ存在である。

3.4 品詞

〈品詞〉とは，語を，語のもっている語義的・文法的・語形的な特性の類似性・差異性から類別したものである。

本章では，そのような品詞として，

　　動詞，イ形容詞，ナ形容詞，名詞，連体詞，副詞，接続詞，感動詞

を取り出す。さらに「らしい」や「だろう」なども，

　　（1）「彼が委員長に選ばれそうだよ。」「{だろう（な）／らしい（ね）}」

のように，単独で（つまり核となる語を他に伴わず）文を形成することから，単語相当として扱う立場もなりたちうるだろう。判定詞とでも名づけ，補助的ではあるものの，品詞の一種として取り出しうる。イ形容詞は，従来，単に形容詞と呼ばれていたものであり，ナ形容詞とは形容動詞と呼ばれていたものである。

所属する語を列挙することで，これらの品詞類の概要を示しておこう。「割る，学ぶ，立つ，走る，困る，転ぶ，倒れる，枯れる，広がる，響く，臨む，ある」などが動詞である。イ形容詞には，「痛い，まぶしい，暑い，憎い，恋しい，怪しい，優しい，新しい，甘い，重い，広い，丸い，青い」などがある。ナ形容詞には，「空腹な，嫌いな，愉快な，面倒な，上品な，静かな，平らな，

((((((((コラム))))))))

[この本を上げる] [この人は良い人だ]
日本語の名詞は，英語などに比べて，数といったものに無関心である。「本」「人」といった形で単数も表せれば，複数も表しうる。したがって，「本を一冊，買った」とも「本を五冊，買った」ともいえる。同様に「人」を修飾して「一人の人が」とも「大勢の人が」ともいえる。ただ，「この本を上げる」「この人は良い人だ」では，次のような違いがある。「この本を上げる」といった表現は，一冊の本に対して使えるし，山のように積まれた複数の本に対しても使える。それに対して，「この人は良い人だ」といった表現は，一人の人を指してしか使えない。複数の人間に対しては，「この人達」とか「これらの人は」とでもいった表現にしなければならない。この現象の異なりには，「人」が人名詞であり，「本」が物名詞である，といったことが関係している。このように，名詞の意味的特性は，文法現象の現れにある種の影響を与えている。

真っ赤な」などがある。名詞には,「山田,父,つばめ,石,バター,いす,薬,川,運動場,獲物,うわさ,良心,平和,文化,人生,都会,量,遠さ,やりくり,間違い,調べ,すれ違い,研究,開通」など,いろいろなものが存在する。連体詞としては,「この,ある,例の,くだんの,きたる,ろくな,とんだ」などがある。副詞としては,「がさがさに,びっしょり,ぐったり,にこにこ,のろのろ,ギュウと,しげしげと,ゆっくり,不意に,たちまち,うっかり,だいぶ,とても,少し,しばしば」などが上げられる。また,接続詞には,「そして,そこで,すると,しかし,それで,あるいは,つまり,いわば,では,さて」などがある。感動詞には,「あれっ,おやっ,わおっ,ふうん,ねえ,へえ,はあ」などが上げられる。

　すべての品詞が同じように,その存在を確立し強固にしているわけではない。連体詞などは,所属語彙数も少なく,存在の希薄な品詞である。また,一つの品詞に属する語がすべて一枚岩的存在であるわけではない。言い換えれば,それぞれが同程度に似かよいと異なりを共有しているわけではない。典型的存在として,下位類の形成に関わる特性をより多く有しているものもあれば,周辺的存在として,下位類の定位に関わる特性のいくつかを欠落させたものもある。さらに,下位類の形成に関わる特性の中核を欠落させ,もはや他の下位類に移行した存在として扱う方がふさわしいものもあろう。

　たとえば,「割る」や「走る」は動詞の典型的存在であると考えられるが,「ある」になると,動詞の典型からかなり外れたところに位置する存在である。さらに,「優れている,しゃれている,にがみばしっている,にやけている,尖っている,ばかげている,ありふれている」のような,終止の位置では,テイル形でしか現れないような動詞は,語彙的意味の類型や文法的な振る舞い方の点で,動詞というよりは,形容詞に近い。

　また,「山田,石,つばめ,ケーキ,部屋,山」などが典型的な名詞であるのに対して,「彼とすれ違いだ」「宇宙船を開発の途中で」のように,「すれ違い」や「開発」などは,連用の格助辞を取りうる。

　さらに,次の文を比べて見よう。
　（2）＊あの人は少し　山田です。
　（3）＊これはとても　石だ。

（4）あの子は少し　子供だ。
　　（5）ここはとても　都会です。
程度副詞は,「今朝は少し　寒い」「あの花はとても　きれいだ」のように,形容詞を修飾するのが,中心的な働きである。したがって,(2)(3)が示しているように,通例,名詞述語を修飾することはない。しかし,(4)(5)が示しているように,「子供,都会」などは,程度副詞に修飾されうる。これは,「山田」や「石」が,もの(者・物)を表し,名詞の典型であったのに対して,「子供,都会」が,形容詞性(性質に関わるという意味的特性)をも持っていることによる。このように,同一の下位類(同一の品詞)に属する語(群)が,すべて同じ文法的な振る舞い方をするわけではない。ある下位類に属することによって,文法的な振る舞い方の主要な部分を,同一類の他の要素と共有しながらも,他の下位類が示す文法的な振る舞い方の一部を有する,といった,異なりを持った要素も存在する。品詞や,品詞に属するということを,あまりに固定的に考えてはいけない。同一品詞に属する要素(群)が,連続性を有しながらも,さらにいくつかの下位的タイプを形成することがある。

4　統語論

4.1　統語論とは

　統語論は,文構成つまり文の構造と成立を取り扱う。いいかえれば,文の構成要素とは何か,構成要素にはどのような種類があるのか,それぞれの構成要素はどのような文法的な意味・機能を有しているのか(これらは形態論と重なるところがある)などを,考察する。さらに,文とは何か,文の種類にどのようなものがあるのか,文は下位的構成要素からどのようにして成り立つのか,文の内部構造とはどのようなものであるのかなどを,考察する。また,文の構造分析・構造記述にあたっては,その文が担い・表している様々な意味を,十全に過不足なく捉える努力が必要である。

4.2 文および文の基本的な意味—統語構造

　文(sentence)への十全な規定は，単語に劣らず困難である。たとえば，リース(J. Ries)の "Was ist ein Satz ?" は，140ほどの文規定をあげているし，フリーズ(C. C. Fries)の "The Structure of English" は，文の定義が二百余りあることを指摘している。また，文とは何かという問題は，文法研究の出発点でもあるとともに，終着点でもある。どのような〈文〉観に立つかは，文法分析・文法記述のあり方そのものにも影響を与えるものであろう。

　ここでは，文を暫定的に次のように規定しておく。〈文〉とは，言語活動の所産である発話において独立する最小の単位体的存在である。我々は，言語を使って言語活動を行っている。言語活動は，話し手が外在的世界や内在的世界との関係において形成した判断や情報や感情や意志や要求を聞き手(聞き手の存在の必要性の極めて低い場合も含めて)に発話・伝達することによって成り立っている活動である。文は，言語活動の場において，単語を構成材料として文法規則にのっとって組み立てられた構築物である。言語活動の所産であり，言語活動の基本的単位であるということからの起因および結果として，文には，話し手が外在・内在的世界との関係で描き取った客体的な出来事や事柄を表した〈言表事態（命題／ディクトゥム／コト／叙述内容）〉と，言表事態をめぐっての話し手の主体的な捉え方および話し手の発話・伝達的態度のあり方を表した〈言表態度（モダリティ／モドゥス／ムード／陳述）〉とが含まれている。したがって，日本語の文は，次のような基本的な意味—統語構造をしている。

| 言表事態 | 言表態度 |

たとえば，「ねえ，困ったことにたぶんこの雨あと四時間も続くだろうね。」といった文で，この両者を例示すれば，

| ねえ困ったことにたぶん | この雨あと四時間 | も | 続く | だろうね |

のように，おおよそ言表態度が言表事態を包み込む形になろう。[コノ雨ガアト四時間続ク]コトといったものが，この文の言表事態を担う部分にあた

り，それに対して，それ以外の部分が言表態度を表している部分である。たとえば，「ネエ」「ネ」が，聞き手への発話・伝達的なあり方を，「困ッタコトニ」が，言表事態に対する話し手の評価的な捉え方を，「タブン」「ダロウ」が，言表事態に対する話し手の認識的な把握のあり方を，「モ」が，「四時間」といった言表事態を構成する要素に対する話し手の評価的な捉え方を，それぞれに表している。

4.3 文のタイプ

4.3.1 文のタイプ概観

　従来一般的に行われている文の分類には，〈構造的な分類〉と〈意味的な分類〉とがある。構造的な分類とは，文がどのような下位的構成要素からいかに構成されているのか，といった文の内的構造のあり方による分類であり，意味的な分類とは，文の発話・伝達上の類型的なあり方や文が全体として担っている類型的な意味的あり方による分類である。構造的な分類として，独立語文，述語文や単文，複文や動詞文，形容詞文，名詞文などがあり，意味的な分類として，動きの文，状態・関係の文や働きかけの文，表出の文，述べ立ての文，問いかけの文などがある。

4.3.2 独立語文と述語文

　文は，まず内部構造の点から，述語とそれへ従属していく成分といった分化を有していない〈独立語文〉と，述語とそれに従属する成分といった分析・総合の過程を有している〈述語文〉とに分かれる。

　独立語文は，独立語を形成する語の性質から感動詞で形成された〈無分化的独立語文〉と名詞で形成された独立語を有する〈分化的独立語文〉とに分かれる。

　（1）「まあ！」
　（2）「お〜い！」

などが，無分化的独立語文である。それに対して，
　　（３）「火事！」
　　（４）「洋平！」
などが，分化的独立語文である。無分化的独立語文は，他の何らかの成分で展開させられることはないが，分化的独立語文は，「そこにいる洋平！」のように，他の成分による展開を許す文である。

　また，独立語文は，表現・伝達の機能といった意味的な観点から，聞き手の存在を前提としない〈表出的独立語文〉と，聞き手の存在を前提とする〈伝達的独立語文〉とに分かれる。表出的独立語文とは，「あれっ！」「雪！」のように，驚きや詠嘆などを表すものである。伝達的独立語文とは，「はい！」「洋平！」のように，応答や呼びかけなどを表すものである。

　独立語文と述語文の区別が，常に截然としているとは限らない。分化的独立語文の中には，内部構造がかなりの程度に分化的展開を示し，述語文に近づいていくものもないわけではない。たとえば，「なんという彼の手際の鮮やかさ！」は，独立語文と考えられるが，「彼の手際はなんと鮮やかなんだろう。」といった述語文と，さほど遠くないところに位置している。ただ，述語文が，過去の事態を表しうるのに対して，独立語文の表すものは，発話時の驚き・詠嘆や応答・呼びかけである。

4.3.3　動詞文と形容詞文と名詞文

　また，述語文の構造的な分類として，述語の品詞性の観点から，述語が動詞で形成されている〈動詞文〉，形容詞（いわゆる形容動詞をも含む）で形成されている〈形容詞文〉，名詞で形成されている〈名詞文〉といったタイプが設定される。
　　（１）　雨が降っている。
　　（２）　どうやら彼は彼女にまんまとだまされたみたいだ。
などが，動詞文である。
　　（３）　西の空がまっ赤だ。
　　（４）　洋平は信一よりも背が高いそうです。

などが，形容詞文であり，
 （5）　山田は偉大な<u>文法学者だった</u>。
 （6）　君は洋平君と<u>友達か</u>。
などが，名詞文である。名詞は，動詞や形容詞と異なって，通例単独では述語になれない。名詞が名詞述語を形成するにあたっては，「だ」「です」「だろう」「か」「ね」「よ」「さ」などの助辞に伴われることが必要になる。「本だ」「本だろう」「本か」「本ね」「本さ」「本ですか」「本ですかね」「本だよ」といった形式は，いずれも名詞述語として適格なものであるが，「＊本だか」「＊本ですさ」といった形式は存しない。

 また，動詞述語，形容詞述語，名詞述語といった述語の品詞性による文のタイプは，文が表す言表事態の意味的類型と密接な関係を持っている。一対一の関係ではないが，基本的に，動詞文は動きを表し，形容詞・名詞文は状態や関係を表す。

4.3.4　単文と複文

 また，述語文は，節（Clause）の含まれ方から，大きく〈単文（ひとえ文）〉と〈複文（あわせ文）〉に分かれる。単文とは，
 （1）　雄二の誕生日が近づいてきました。
 （2）　北海道の冬は寒い。
のように，一つの節で成り立っている文である。〈節〉とは，ふつう一つの述語とそれに従属していくいくつかの成分とから成り立っている。また，節とは，意味的におおよそ一つの叙述内容つまり一つの出来事・事柄を表している。

 それに対して，複文とは，構成要素として節を二つ以上含む文である。
 （3）　酒を飲みすぎて，彼は悪酔いをしてしまった。
 （4）　峰洋子は無宗教だったが，勝代はクリスチャンだということだった。
 （5）　昨日僕は彼が寂しそうに木の下でたたずんでいたのを目撃した。
などが，複文の例である。

節には，そこで文が成立するところの，文の中核となる〈主節〉と，節が節としての地位を保ちながら，主節に連なり従属していく〈従節（従属節）〉と，節が成分（あるいは成分の一部）として働いている〈成分節〉とがある。

　上掲の例文で示せば，(3)の「彼は悪酔いをしてしまった」や(4)の「勝代はクリスチャンだということだった」や(5)の「昨日僕はXを目撃した」が，主節である。それに対して，(3)の「酒を飲みすぎて」や(4)の「峰洋子は無宗教だったが」が，従節であり（従属度の度合いによる従節の下位類化については後述），ヲ格成分として機能している(5)の「彼が寂しそうに木の下でたたずんでいたのを」が，成分節である。成分節では，節から成分への格下げが起こっている。

　さらに，述語と間接的に連なり従属していく連体規定成分が，節で形成されている場合がある。

　　（6）　彼は昨日父が買ってきた本を楽しそうに読んでいる。

の「昨日父が買ってきた」が，〈連体規定節〉である。

4.3.5　動きの文と状態・関係の文

　文は，それが表している言表事態の意味的なあり方の類型から，動きや変化を含む〈動きの文〉と，動きや変化を含まない〈状態・関係の文〉とに分けられる。状態・関係の文には，状態や関係だけでなく，いわゆる属性を表す文も含まれる。たとえば，

　　（1）　子供が運動場で遊んでいる。
　　（2）　新学期は明日から始まる。
　　（3）　とても体がだるい。
　　（4）　五月五日は子供の日だ。

などで，(1)(2)が動きの文であり，(3)(4)が状態・関係の文である。基本的に，動きの文は動詞述語で構成されており，状態・関係の文は形容詞述語や名詞述語で構成されている。しかし，常にこうであるわけではない。「机の上に本がある。」の「ある」は，動詞ではあるが，状態を表す文を作るし，「彼女はよく喋べる。」も，動詞述語文ながら，文全体の表す事態のあり方と

して属性を表している。

　また，動きの文には，アスペクトが存在するが，状態・関係の文は，アスペクトを分化させていない。さらに，テンスの現れ方においても，この二つのタイプで異なりが存する。述語の基本形（非タ形）は，動きの文では，ふつう，現在ではなく，未来を表す。たとえば，「すぐ行く。」は，未来を表し，現在を表さない。それに対して，「この部屋には学生がたくさん居る。」といった状態の文は，現在を表している。また，動きの文は，基本的にテンスを有しているが，状態・関係の文には，テンスから解放されているものが少なくない。たとえば，「柿の実は赤い。」「二たす二は四だ。」「自由とわがままは違う。」などは，テンスから解放されている。

4.3.6　発話・伝達上の類型からした分類

　文がどのような類型的な発話・伝達的な機能を担っているかによる文の分類が，ここで述べるところの発話・伝達上の類型からした文のタイプである。これには，〈働きかけの文〉〈意志・願望の表出の文〉〈述べ立ての文〉〈問いかけの文〉などがある。

　働きかけの文とは，聞き手に話し手の要求の実現を働きかけるといった発話・伝達の機能を担った文で，これには，〈命令〉〈禁止〉〈依頼〉〈勧誘〉などがある。「静かにしろ！」「こっちへ来なさい。」などが命令の文で，「どうぞお座りください。」などが依頼の文である。「そこを動くな！」「どうか行かないで下さい。」などが禁止，さらに後者が依頼的禁止といったもの。さらに，「一緒に帰ろう。」などが勧誘である。

　意志・願望の文とは，話し手の意志や希望や願望を取り立てて他者への伝達を意図することなく発した文である。これには，〈意志〉〈希望〉〈願望〉などがある。「今年こそは留学しよう。」などが意志の文で，「コーヒーが飲みたい。」などが希望の文であり，「あした天気になぁれ！」などが願望の文である。

　述べ立ての文とは，基本的に話し手から聞き手への情報伝達といったもので，〈現象描写文〉〈判断文〉などがある。現象描写文とは，「あっ，雨が降っ

ている。」「昔々ある所にお爺さんとお婆さんがいました。」のように，全体が新情報の事態を新しく持ち出す文である。それに対して，判断文とは，「彼は学生だ。」「本会の評議委員には彼が選ばれた。」のように，ある事柄について解説や判断が成り立つことを述べた文である。

　問いかけの文とは，話し手の有している疑念の解消のために聞き手から情報を求める文である。「君は学生ですか？」「彼，どこから来たの？」などが，この問いかけの文である。この問いかけの文に近似する文に，話し手が疑念を有しているものの，聞き手への積極的な問いかけ性を持たない〈疑いの文〉がある。「彼，行くかしら。」「田島さんはどこにいるだろう。」などが，疑いの文である。

　さらに，「なんときれいな花なんだろう。」などの〈感嘆〉を表す文があげられる。このタイプの文と既述の四類の文との相互関係は，未だ確定的ではないが，表出的述べ立ての文といったところであろうか。

4.4　文（および節）の成分

4.4.1　文（および節）の成分とは

　ここでは，単文（以下，文とのみ記す）を構成する成分について概観する。文の成分とは，統一体的全体である文を構成する要素のことである。文と文の成分は，全体と部分との関係にある。統一体的全体である文は，文の成分を下位的構成要素とする内部構造を有している。文は，意味的に統一性を有するとともに，通達の単位として機能している。文が意味的に統一性を有し，通達の単位として機能しているということは，文の成分の結合によって作り出された文の内部構造が，それにふさわしい内部構造をしている，ということである。文の成分は，素材関係的なレベルでの分節であるとともに，通達機能のレベルでの分節でǁもある。文の成分は，文を構成するにあたって，素材関係のレベルで関係を取り結び・結びつくとともに，通達機能のレベルでも関係を取り結び・結びついている。

4.4.2　文の成分の下位的タイプ

4.4.2.1　下位的タイプ概観

まず，文の成分の下位的タイプについてごく簡単に概観しておこう。文の成分は，自らが担い・果たしている関係構成のあり方によって類別される。そのような文の成分の下位的タイプとして，ここでは，述語・主語・補語・状況語・言表事態修飾語・言表態度修飾語・接続語・独立語・規定語・並列語を設定する。規定語と並列語は，間接成分であり，独立語は，単独で独立語文に成りうるものである。

〈直接成分〉と〈間接成分〉

述語文では述語が断止成分であり，述語と直接的に結びついていく成分が直接成分であり，直接的に関係を取り結ばないのが間接成分である。たとえば，「庭に美しい花が咲いている。」「博と良平がやって来た。」で，「咲いている」「やって来た」が述語であり，それに直接的に結びついていく「庭に」「花が」「良平が」が直接成分，直接的に結びついていかない「美しい」「博と」が間接成分である。

4.4.2.2　述語

述語は，文（および節）の中核成分で，第一次的な支配要素である。他の諸成分は，述語に依存・従属していく成分である。述語は，述語を形成する品詞のタイプによって，動詞述語・形容詞述語・名詞述語に分かれる。述語は，動きや状態や関係といった語彙的意味を担い，自らに依存・従属してくる成分をまとめ上げ，文（節）を構成する。また，述語は，〈みとめ方〉〈テンス〉〈丁寧さ〉〈モダリティ〉などといった文法カテゴリーをもち，その形態変化によって，種々の断続関係を表し，文や様々なタイプの節の述語になる。「雨がしとしと降っている。」「天気も良いし，気分も爽快だ。」「トンネルを抜けると，そこは雪国だった。」「兄がくれた本を読んでいる。」などの下線部は，いずれも述語である。また「象は鼻が長い。」においても，「長い」を述語とするが，主語「象は」に対しては，〈部分側面語（主語である人や物の部分や側面を表している成分）〉を含んだ「鼻が長い」全体で，属性を表していることに留意し

ておく必要があろう。

4.4.2.3　主語

　主語とは，述語の表す動き・状態・関係を実現・完成させるために要求される成分の一つ，上述のような述語の表す広義の属性を担い・体現する主体を表し，通達の機能を果たしている文が何をめぐって通達をしているのかを表す部分である。「<u>皆が</u>彼を愛した。」「<u>彼は</u>皆に愛されている。」「<u>僕は</u>酒が飲みたい。」「<u>彼女は</u>あまり親切ではない。」「<u>洋子は</u>無宗教だが，<u>勝代は</u>クリスチャンだ。」などの下線部が，主語である。「酒が飲みたい」の「酒が」は，次に述べる補語の一種として扱う。主語には，「<u>博は</u>やって来た。」のように，題目である主語と，「<u>博が</u>やって来た。」のように，題目でない主語とがある。

　主語は，ある種の従節には現れないし，述語のモダリティによって，自らの人称に制限が存する。たとえば，「<u>コーヒーを飲みながら</u>，僕は本を読んだ。」「彼は，学生の頃，<u>勉強しないで</u>，遊んでばかりいた。」などの下線部の従節では，主語は現れない。また，

（1）　あの時 {僕／君／彼} は急いで出かけた。
（2）　{＊僕／君／＊彼} は急いで出かけろ。
（3）　{僕／＊君／＊彼} は急いで出かけよう。

が示すように，述べ立ての文を表す (1) では，主語には一人称，二人称，三人称のいずれもが可能であるが，命令の文である (2) では，主語としては基本的に二人称のみが可能で，意志を表す文である (3) では，一人称のみが可能である，といった人称制限が存在する。

4.4.2.4　補語

　補語とは，述語の表す動き・状態・関係の実現・完成のために要求される主語以外の成分である。補語は，述語の表す動き・状態・関係に対して，事柄的意味のレベルにおいて，一定の関係を取り結びながら結びついていく。この述語に対する事柄的な関係のあり方の類型を〈格〉と呼ぶ（補語だけでなく，主語の〈主体〉といった事柄的関係のあり方も格）。どのような格を帯びた補語が要求されるかは，述語の表す語彙的意味の類的なあり方によって，あらか

じめ定まっている。「酒を飲んだ」「犬にかみついた」「彼女と結婚した」「良平に本を贈った」「会員から会費を集める」「貧困に苦しむ」「山を越える」「壁にポスターを貼った」「ひょうたんから駒が出た」「彼女は日本史に詳しい」「僕は彼と友達だ」などの下線部は，いずれも補語である。

　補語には，述語に対してより必須的に要求される〈一次補語〉と，必須度のいくぶん低い〈副次補語〉とがある。たとえば，

　（1）　社長は女性を一人秘書に雇った。

において，「女性が」が一次補語であり，「秘書に」が副次補語である。

4.4.2.5　状況語

　状況語とは，述語や主語や補語（さらに言表事態修飾語）によって形作られた事態の成り立つ所や時や原因といった，事態成立の外的背景や状況を表したものである。状況語の代表は，〈時の状況語〉と〈所の状況語〉である。

　（1）　1910年10月30日，美しい湖にのぞんだハイデンでアンリー・
　　　　デュナンは，82歳の生涯を閉じた。

において，「1910年10月30日」が時の状況語であり，「美しい湖にのぞんだハイデンで」が所の状況語である。時や所の状況語は，時空の限定をもたない属性や関係を表す述語とは，共起しない（しにくい）。

　また，「彼は大雨の中を急いで帰っていった」「大雨で家が水につかった」の下線部も，状況語である。ただ，状況語と言表事態修飾語との区別が，常

(((((((コラム)))))))

[彼は読んだ] と [本は読んだ]
この二つの文は，ともに「名詞＋ハ＋読ンダ」といった同じ構造を持っている。しかし，普通この文を聞いた人間は，前者が [彼ガ (何カヲ) 読ンダ] コトといった意味を，後者が [(誰カガ) 本ヲ読ンダ] コトといった意味を担っていることを，了解しうる。なぜこのようなことが可能になるだろう。それは，ある動詞が来れば，我々は，その動詞の表す動きや状態の実現のために，どのようなタイプの名詞句が必須になり，その名詞の意味的特性がどのようなものであるかを，あらかじめ知っているからである。ここの「読ム」であれば，〈動作の仕手〉と〈動作の対象〉といった意味的役割を帯びた名詞句を必要とし，仕手を表す名詞は，〈読む能力を持った存在〉であるし，対象の表す名詞は，〈読まれる内容を持ったもの〉でなければならない。このような情報によって，「彼」は仕手として，「本」は対象として解釈されることになる。

に明確であるとはかぎらない。

4.4.2.6　言表事態修飾語

　言表事態修飾語とは，言表事態の成り立ち方を様々な観点から修飾・限定したものである。言表事態修飾語は，主語や補語が，述語の表す動き・状態・関係の実現・完成にとって，必須・不可欠であったのに対して，非必須で付加的である。言表事態修飾語には，述語の語彙的意味の表す動き・状態などの行われ方を修飾・限定するものから，述語の担っている文法的意味に対して働くものまで，どういった階層で働いているかに応じて，いくつかの種類が存する。

　「塀が<u>こなごな</u>に崩れている。」「上着を<u>どろどろ</u>に汚してしまった」のように，動きが実現した結果の主体や対象のあり様に言及した〈結果の修飾語〉，「塀が<u>がらがら</u>崩れている」のように，動きそのものの実現のされ方を表した〈様態の修飾語〉，「彼は<u>わざと</u>出て行かない」のように，主体の状態のあり様に言及した〈主体めあての修飾語〉，「雪が<u>すごく</u>積もった」「AとBとは<u>全く</u>等価だ」のように，状態や関係の程度性を取り出した〈程度性の修飾語〉，「虫が<u>無数に</u>いる」「洗濯物を<u>たくさん</u>洗った」のように，主体や対象の数量規定を行った〈数量の修飾語〉，「彼を<u>一晩中</u>看病した」のように，動きの時間的あり方を限定した〈時間関係の修飾語〉，「<u>しばしば</u>彼女に会った」のように事態生起の回数的あり方を表した〈頻度の修飾語〉などがある。

4.4.2.7　言表態度修飾語

　言表態度修飾語とは，事態の内容の増減に関与せず，事態に対する話し手の評価的な態度や捉え方や伝え方を表したものである。この成分は，言表態度の層で働き，文や節のモダリティ的側面とかかわり合う。

　「{<u>あいにく</u>／<u>残念ながら</u>} 明日は休みだ。」の下線部は，評価的な態度を表したもの，「<u>おそらく</u>明日は晴れるだろう。」は，程度性を伴った推し量りといった言表事態に対する捉え方を表したもの，「<u>どうぞ</u>こちらへ来てください。」は，聞き手への促しといった話し手の伝達的態度のあり方を表したものである。また，これら以外にも，「<u>たった</u>千人しか集まらなかった。」のよ

うな，事態の構成要素の把握のし方を表したものも，この言表事態修飾語である。

4.4.2.8 接続語

接続語とは，言表事態の内容的増減に関与せず，前置する文と自らを除いた当の文や当の節とのつながり方を示すものである。接続語は，文の有する連文的機能・連文的意味を担う成分。もっとも，文と文とのつながりのあり方を示す働きをするのは，接続語だけではない。「四月になった。<u>しかし</u>，桜はまだだ。」「四月になった。<u>だから</u>，桜が咲いた。」などの下線部が，接続語である。

4.4.2.9 独立語

独立語とは，単独で使われれば，独立語文を形成するもので，述語との結びつきは比較的ゆるやかであり，後に続く語句の先触れ的な役割を果たすものである。「<u>洋子さん</u>，あそこ花が咲いているよ。」の下線部のように，呼びかけを表すもの，「<u>はい</u>，行きます。」のように，応答を表すもの，「<u>わあ</u>，大きいな！」のように，感動を表すものなどがある。応答を表すものは，文と文とのつながりの表示機能を有している。

4.4.2.10 規定語

規定語は，名詞にかかり，その語彙的意味に対して，修飾限定したり説明を加えたりするものである。述語との結びつきにおいて間接的である「<u>この本</u>」「<u>桜の</u>花」「<u>カナダからの</u>手紙」「<u>{美しい／きれいな}</u> 空」「<u>ずっと昔</u>」「<u>父が買ってきた</u>本」などの下線部が，規定語である。最後の例は，節が規定語になったもの。また，「休みがとれたので，<u>子供の好きな</u>山登りにでも行くか。」は，名詞に限定を施したというよりは，説明を加えたものである（ただ，日本語では英語などほど，限定・非限定の異なりが明らかでない）。

4.4.2.11 並列語

並列語とは，後続する成分に統語関係の実現・表示をまかせ，後続する成

分と対等の資格で結びついていくもの，述語との結びつきにおいて間接的である。「博と洋子がやって来た。」「伊豆か箱根に行こう。」「晴れたり曇ったりの天気が続く。」などの下線部が，並列語である。

4.5 述語の有する文法カテゴリー

4.5.1 文法カテゴリー概観

　述語は，文の中核・センターであった。したがって，述語は，文の中核として，文が言語活動の単位として機能するために備えていなければならない様々な文法的意味を帯びて存在している。そういった文法的意味は，その意味を，類として等しくし，種として異にするいくつかのグループに分かれる。種として異なるいくつかの文法的意味を一つの類にまとめるクラス的な文法的意味を，〈文法カテゴリー〉という。

　動詞述語，しかもある種のタイプの動詞述語にだけ存する文法カテゴリーに，〈ヴォイス〉と〈アスペクト〉がある。それに対して，〈みとめ方〉〈テンス〉〈丁寧さ〉〈モダリティ〉は，基本的に総ての述語に生起する文法カテゴリーである。生起のあり方が述語の語彙的なタイプによって規定されているといった点において，前者は〈語彙―文法カテゴリー〉といった性格をもつものである。

4.5.2 ヴォイス

　ヴォイスとは，動詞の表す動きの成立に参画する項と，主語を中心とした文の表現形式での成分としての分節のされ方とにかかわる文法カテゴリーである。ヴォイスの代表的なものは，〈使役〉と〈受身〉である。

4.5.2.1 使役
　使役とは，ある主体Xが他の主体Yに働きかけや影響を及ぼし，それが起因になって，他の主体Yが動きや変化を引き起こす，といったものである。

使役は，元の文に比べて派生的である。元の文が単一事態を表していたのに対して，使役は，基本的に複合事態を表し，それぞれの事態を形成する項が，表層の表現形式では一つの層のもとに分節化を受け，格助辞を配置される。
　　（1）　父が子供{を／に}使いに行かせた。
　　（2）　息子の成功が父をとても喜ばせた。
などが，使役の文である。(1)は，おおよそ［父ガ［子供ガ使イニ行ク］コトヲサセタ］といった意味的な構造をしており，元の文「子供ガ使イニ行ク」に対して，必要とする項が一項増えている。それに対して，(2)では，元の文は，「父ガ息子ノ成功ニトテモ喜ンダ」であり，通常の使役のような項の増加はない。

4.5.2.2　受身

　日本語の受身には，直接受身（まともの受身）と間接受身（第三者の受身）とがある。直接受身と能動との関係が対立的であったのに対して，間接受身と元の文との関係は派生的である。〈直接受身〉は，能動文の非ガ格成分をガ格に転換したものであるのに対して，〈間接受身〉は，元の文に含まれようのない第三者をガ格にした受身文である。
　　（1）　洋平は亮介に殴られた。
　　（2）　車が海から引き上げられた。
　　（3）　洋平は一人娘に死なれてしまった。
(1)(2)が直接受身の例であり，(3)が間接受身の例である。(3)は，おおよそ［洋平ガ［一人娘ガ死ヌ］コトヲ被ッタ］といった意味的な構造を有している。

4.5.3　アスペクト

　アスペクトは，動詞の表す動きを丸ごと捉えるのか，その動きの中に分け入って過程を広げた持続状態として捉えるのか，展開局面のどの部分を捉えるのか，といった動詞の表す全過程のどの局面に焦点を置いて，その動きを捉え・表現するかを表し分けるものである。

4.5.3.1　アスペクトの表現形式

　アスペクトの表現形式には，いくつかの体系と構造が存する。まず，［走ル―走ッテイル］のように，ル形とテイル形の対立で形成される〈一次アスペクト〉が挙げられる。次に，ル形と「〜カケル，〜｛ハジメル／ダス｝，〜ツヅケル，〜オワル」形によって形成される〈二次的アスペクト〉がある。テイク形・テクル形，さらに，情意的な意味を色濃く帯びているものの，テシマウ形も，この一次と二次的との間に位置する存在であろう。一次アスペクトと二次的アスペクトは，「書キハジメ　テシマッ　テイ（ル）」が示しているように，「二次的＋中間＋一次」の順に並ぶ。

4.5.3.2　テイル形のアスペクト的意味

　テイル形のアスペクト的意味は，前接する動詞の意味的なタイプや構文環境によって，いくつかの下位的タイプに分かれる。基本的なものに，動きの最中と結果状態の持続とがある。〈動きの最中〉とは，基準時に，動きが始まって終わるまでの動きの最中の状態に，主体があることを表す。それに対して，〈結果状態の持続〉とは，動きが終わりその結果生じた新しい状態が，基準時に，主体に存続していることを表す。「子供が運動場で遊んでいる」が動きの最中であり，「窓が開いている」は結果状態の持続を表している。

　さらに派生的意味として，〈繰り返し的持続〉〈経験・完了〉がある。「彼は毎朝絵を画いている。」のように，適当なインターバルをおいて繰り返される過程を，持続状態として表したものが，繰り返し的持続であり，「彼女は二年前に結婚している。」のように，動きが終わったことを基準時から眺めて捉えたものが，経験・完了である。

4.5.3.3　二次的形式のアスペクト的意味

　まず，カケル形は，〈起動相〉とでもいったもので，「彼はあやうく死にかけた」「ご飯を一口食べかけた」のように，動きの取りかかりを表している。｛ハジメル／ダス｝形は，〈始動相〉とでも呼べるもので，「彼はすぐに靴を脱ぎ｛はじめ／だし｝た」のように，始まりの段階の動きを行うことを表している。ツヅケル形は，〈継続相〉とでもいったもので，「男は必死に走りつづ

けた」のように，継続中の動きを維持することを表す。シオワル形は，〈終了相〉とでも仮称されるもので，「兄は手紙を読みおわった」のように，終了段階の動きを行うことを表している。

4.5.4　みとめ方

　みとめ方とは，ある項についての動きや状態や関係が成り立っているのかいないのかの表し分けにかかわる文法カテゴリーである。「スル—シナイ」「遅イ—遅クナイ」「学生ダ—学生デナイ」といった肯定・否定の対立である。「彼は昨日大学に現れた」「彼は昨日大学に現れなかった」の下線部の対立が，みとめ方といった文法カテゴリーである。

4.5.5　テンス

　テンスとは，基本的に，言表事態の成立時と発話時の時間的先後関係を表した文法カテゴリーである。「走ル—走ッタ」のように，ル形とタ形の対立によって形成されている。
　（1）　あっ，荷物が落ちる。
　（1'）あっ，荷物が落ちた。
　（2）　今日は一日家に居る。
　（2'）昨日は一日家に居た。
(1)のように，動き述語の場合，ル形は基本的に未来を表す。それに対して，状態述語の場合は，(2)および「明日は一日家に居る。」から分かるように，ル形は現在・未来を表す。(1')(2')から明らかなように，タ形はいずれも過去を表す。
　これらは，発話時と言表事態成立時の先後関係を表したもので，〈絶対的テンス〉と呼ばれることがある。それに対して，「雨が｛降る／降った｝ので，傘を買った。」「彼が｛来る／＊来た｝前に，仕事を終えた。」「詳しく｛＊調査する／調査した｝あとで，結論を出す。」などのル形とタ形の使い分けは，主節で述べられた事態の成立時との先後関係によったもので，〈相対的テン

ス〉と仮称される。

4.5.6 丁寧さ

丁寧さとは，話し手が聞き手に対して，どのような待遇性でもって文を述べるかといった，述べ方の態度を表したものである。「明日子供が東京へ行く。」「明日子供が東京へ行きます。」のように，スル形が〈普通体〉であり，シマス形が〈丁寧体〉である。動詞述語では，普通体・丁寧体の二項対立であるが，形容詞述語，名詞述語では，「遅イ―遅イデス―遅ソウゴザイマス」「学生ダ―学生デス―学生デゴザイマス」のように，〈御丁寧体〉が加わって，三項対立をなしている。

4.5.7 モダリティ

モダリティとは，発話時の話し手の立場からした，言表事態に対する把握のし方，および，それらについての話し手の発話・伝達的態度のあり方を表し分けたものである。モダリティには，〈言表事態めあて〉と〈発話・伝達めあて〉とが存在する。

4.5.7.1 言表事態めあて

言表事態めあてとは，言表事態に対する把握のあり方にかかわる話し手の心的態度を表したものである。言表事態めあては，さらにいくつかの下位的タイプに分かれる。認識系の言表事態めあてのモダリティを例に取れば，「美津は結局白状する。」「美津は結局白状するだろう。」のように「スル―ダロウ」の対立によって表し分けられる〈断定〉と〈推し量り〉を表すもの。「雨になるかもしれない。」「雨になるにちがいない。」のように，「～カモシレナイ―～ニチガイナイ」の対立によって表し分けられる〈推し量りの確からしさ〉にかかわるもの。「あの飛行機はどうやら飛び立つようだ。」のように，「(シ)ソウダ，ヨウダ＜ミタイダ，ラシイ」によって表される〈微候の元での推し量り〉などある。

4.5.7.2 発話・伝達めあて

　発話・伝達めあてとは，文をめぐっての話し手の発話・伝達的態度のあり方を表したものである。これには，基本的に「スル―ショウ―シロ―スルカ」で表し分けられる〈述べ立て〉〈意志表出〉〈働きかけ〉〈問いかけ〉などがある。「昨日は良い天気だった。」が述べ立ての文，「今年こそ頑張ろう。」が意志表出の文，「そこに座れ！」が働きかけの文，「彼は来ますか？」が問いかけの文である。また，終助辞は，発話・伝達めあてのモダリティに関与している。

4.6　カテゴリーの層状構造

　以上述べた諸々の文法カテゴリーは，その作用領域の大きさにおいて，包み包み込まれるといった関係にある。文は，このような作用領域の異なる文法カテゴリーが集まって，一つの層状の構造を形成している。「彼に叱られていなかったでしょうね。」からも分かるように，おおよそ次のような層状構造をしている。

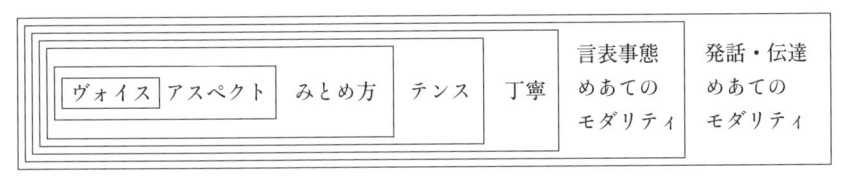

| ヴォイス | アスペクト | みとめ方 | テンス | 丁寧 | 言表事態めあてのモダリティ | 発話・伝達めあてのモダリティ |

4.7　節のタイプ

　節には，そこで文が成立するところの，文の中核となる主節と主節に従属していく従節とがある。従節には，〈副詞節〉〈中止節〉〈条件節〉〈接続節〉や〈時間関係節〉〈連体規定節〉などがある。

4.7.1　副詞節

　副詞節とは，述語が「シナガラ」「シツツ」などといった形を取るもので，

主節の表す動きの行われ方を表すものである。「コーヒーを飲みながら本を読んでいる。」「汽車は煙りをはきつつ駅を出ていった。」などの下線部が，この副詞節である。副詞節には，「堅い椅子に座らせられながら話を聞いた。」のように，ヴォイスは生起するものの，アスペクトやみとめ方など，それ以外の文法カテゴリーは，生起しない。

4.7.2　中止節

　中止節は，述語が「シ」「シテ」の形を取るもので，用法が広く，①先行する動きや②同時的に起こる動きや③原因として先行する動きなどを表す。中止節と主節との意味関係は，それぞれがどのような意味的内実を有するかによって決まってくる。①「朝六時に起き，七時に家を出た。」，②「学生の頃学校へ行かず，よく家でごろごろしていた。」，③「食べすぎて，おなかをこわした。」などの下線部がそうである。中止節には，ヴォイス，アスペクト，みとめ方，そして希に丁寧さも，現れるが，他のカテゴリーは生起しない。

4.7.3　条件節

　条件節は，述語が「スルト」「シタラ」「スレバ」「{スル／シタ}ナラ」の形を取り，主節が実現するための条件づけとして働く事態を表す。「トンネルを抜けると，そこは雪国だった。」「冷蔵庫に入れていなかったら，肉は腐ってしまっていたろう。」「風が吹けば，桶屋がもうかる。」「こんなに降るなら，傘を持ってくるのに。」などの下線部が，条件節である。さらに，「どんなに雨が{降っても／降ったって}，この堤防は崩れない」のように，「シテモ」「シタッテ」といった形を取る〈逆条件節〉といったものも存する。条件節には，ヴォイス，アスペクト，みとめ方，そして希に丁寧さも現れるが，「〜ナラ」形を除いて，テンスは現れず，モダリティはいずれにおいても生起しない。

　また，これにつながる節として，「雨が降ったので，遠足は中止になった。」「定刻になったから，もう会議は終わるだろう。」のような理由や根拠を表す

〈理由節〉がある。

4.7.4 接続節

接続節は，述語が「スルガ」「スルケ（レ）ド」「スルシ」などの形を取り，①対立する二つの事態を並べ合わせたり，②併存して成り立つ二つの事態を並べ合わせたりする。①「<u>A氏は正直ものだ{が／けど}</u>，B氏は嘘つきだ。」，②「<u>天気も良かったし</u>，風もなかった。」などの下線部が，これである。接続節には，発話・伝達めあてのモダリティは，現れないものの，言表事態めあてのモダリティまでの文法カテゴリーが生起する。

これ以外にも触れなければならない節のタイプが存在するが，省略する。

4.8 節の層状構造

節には，包み包み込まれるといった一定の階層構造が存在する。たとえば，
（1） 紅茶を飲みながら新聞を読んでいたら，電話が鳴りだし，コップを落としたが，幸に割れなかった。

では，[[[[副詞節]条件節]中止節]接続節]主節]といった階層構造をなしている。もっとも，条件節と中止節は，
（2） 学校を抜け出して遊んでいたら，やっぱり先生に見つかってしまった。

のように，入れ代わることがある。中止節と条件節を便宜一括すれば，

副詞節	中止・条件節	接続節	主節

各諸節は，上のような階層構造をなす。

〔参考文献〕
井上和子 1976『変形文法と日本語上・下』(大修館書店)
奥田靖雄 1985『ことばの研究・序説』(むぎ書房)
北原保雄 1981『日本語の文法』(中央公論社)
久野　暲 1973『日本文法研究』(大修館書店)
佐伯哲夫 1975『現代日本語の語順』(笠間書院)
柴谷方良 1978『日本語の分析』(大修館書店)
鈴木重幸 1972『日本語文法・形態論』(むぎ書房)
高橋太郎 1985『現代日本語動詞のアスペクトとテンス』(秀英出版)
寺村秀夫 1982/84/91『日本語のシンタクスと意味』Ｉ，Ⅱ，Ⅲ(くろしお出版)
仁田義雄 1980『語彙論的統語論』(明治書院)
─── 1991『日本語のモダリティと人称』(ひつじ書房)
橋本進吉 1934『国語法要説』(明治書院)
松下大三郎 1928『改撰標準日本文法』(紀元社)
三尾砂 1948『国語法文章論』(三省堂)
三上章 1953『現代語法序説』(刀江書院)
南不二男 1974『現代日本語の構造』(大修館書店)
宮田幸一 1948『日本語文法の輪郭』(三省堂)
益岡隆志 1987『命題の文法』(くろしお出版)
─── 1991『モダリティの文法』(くろしお出版)
宮島達夫 1972『動詞の意味・用法の記述的研究』(秀英出版)
村木新次郎 1991『日本語動詞の諸相』(ひつじ書房)
森岡健二 1988『文法の記述』(明治書院)
森重敏 1959『日本文法通論』(風間書房)
森山卓郎 1988『日本語動詞述語文の研究』(明治書院)
山田孝雄 1936『日本文法学概論』(宝文館)
渡辺実 1971『国語構文論』(塙書房)
Kurosa S-Y (1965)/1979 *Generative Grammatical Studies in the Japanese Language*. Garland Publishing
Shibatani M. ed. 1976 *Japanese Generative Grammar*. Academic Press

第2章
古代語の文法・文法史

　文法史というと、古代語から現代語への形態素の変化を追うという方法もあるが、本章では、古代語の文法体系を現代語と比較しながら記述することを主眼とし、形態素の変遷についての言及は最小限にとどめる。また、統語論的な点は十分に体系化できていないので、簡単にふれることにとどめ、品詞論、形態論を中心に扱うことにする[注1]。

1　品詞論

　品詞のなかには感動詞、接続詞、陳述副詞など補助的な品詞もあり、それらについても古代語と現代語とではかなりの相違があるが、基本的には語彙的変遷であるので、ここではそれらについての説明は割愛し、文の骨子となる主要な品詞である、名詞、動詞、形容詞、副詞についてのみ述べる。

1.1　名詞

　名詞は意味的には、物の名、動作、状態を表すものなどがある。古代語においても、アユミ、ニホヒなどのように、動作やその結果を表すものは、動詞の連用形がそのまま用いられるものが多い。状態を表すものは、形容詞の語幹に「くはしさ」のように接辞サをつけるものが主流である。これらの点は現代語とあまり変わらない。ただし、現代語と違って、物の名を表すものについては、上代においては、独立形が非独立形に対して、形のうえで一定の特徴をもっていた。代表的には、サカ（グラ）に対するサケ（酒）、ツク（ヨ）に対するツキ（月）のように、複合語の前項では語末が－ア、または－ウとなるのに対して、単独では－エ、または－イとなる類のものである。ふつう

独立形は露出形,非独立形は被覆形といわれ,音韻的には,露出形語末のエ(乙類),イ(乙類)は被覆形語末ア,ウに独立化を助ける接辞イ(甲類)がついて,融合変化を起こして生じたものと考えられている[注2]。

1.1.1 代名詞

古代の指示代名詞は,おおよそ次のような体系をなす。

近称	中称	遠称	不定称
こ・これ	そ・それ	か・かれ,(あ・あれ)	いづれ
ここ	そこ	(かしこ),(あしこ)	いづく
こなた	(そなた)	かなた,(あなた)	(いづこ)
こち	(そち)		いづち

括弧内は上代にはなかった形である。上代においては,「こ,そ,か」は独立した体言としての性格が顕著である。遠称の「か・かれ」は,古代に「あ・あれ」が生じて,一時併用されるが,結局は「あ・あれ」にとって変わられる。表にはないが,中称には「し」,古代以降は「さ」も用いられた。表ではコソカは近中遠の表示領域を表すことにおいて対立するものとして示したが,コとソの違いは,コが,

（1）あしひきの山行きしかば山人の我に得しめし山づとぞ<u>これ</u>

（万葉4293）

のような,現場指示を表すのに対して,ソは

（2）<u>それ</u>の年の,しはすのはつかあまりひとひのいぬのときに,かどです

（土佐日記）

のような,表現主体には具体的表象がありながら,客観的にはそれが把握できない,観念的指示を表すという違いであると考えることもできる。

次に古代日本語の人称代名詞の体系を,―レを語尾とするものに限って表にすると,以下のようになる。

> ((((((((コラム))))))))
>
> **人称代名詞と待遇性**
> 二人称の代名詞には場所・方向を表す語から転用されたものが多く,「お前, 御辺, 貴方」などや, 指示代名詞から転用された「そこ, そなた, そのほう, あなた, こち」などがある。これらは, 直接に人物を表さず, 場所や方向を表すことによって指示を間接化し, 特定の待遇価値を担うものとなっている。また, 地位・身分・年令など表す語から転用されて間接化されたものも多く, 一人称のものには「やつがれ (奴+吾, わらは (童)」, 二人称のものには, 「君, わ君, わごぜ, わぬし, わごりよ (我+御料)」などがある。二人称の代名詞のなかには,「お前, 貴様, わし」のように, 長く使われるうちに待遇価値を変えたものもある。

一人称	二人称	三人称	不定称	再帰代名詞
あ・あれ わ・われ	な・なれ おれ	か・かれ	た・たれ	おの・おのれ

　三人称を表す専用の人称代名詞は古代日本語にはなく, 指示代名詞の「か・かれ」が用いられる。これらの語尾の「れ」は日本語の代名詞を特徴づける形態素であるが, 人称代名詞はこうした語形的特徴をもつものばかりではなく, 古代以来, さまざまの語が生まれては, すたれるということを繰り返してきている。

1.2　動詞

　活用とは, 本来, きれつづき, およびムード, テンス, アスペクト, 待遇などの動詞的文法的意味にもとづく語形変化のパラダイムであるが, 現在のところ, 特にテンス, ムード, アスペクトなどについてその組織を体系として記述するだけの用意がないので, そうしたパラダイムを示すことができない。そこで, それらの体系は, 後にテンス語形なりムード語形なりアスペクト語形なりの意味として, かなり平板にはなるが記述することにして, ここでは従来動詞の活用といわれているものがどのように成立し, どう変遷したのかについて考えることにする。

　各活用形において変わらない部分を語幹と認定し, 変わる部分を語尾とすることにすると, 上代の日本語の動詞の活用は次のように整理できる。(ウ

ムラウト形式にしたのは乙類の母音である）

種類	例語	語幹	未然	連用	終止	連体	已然	命令	
四段	書く	kak-	-a	-i	-u	-u	-ë	-e	強活用
ラ変	あり	ar-	-a	-i	-i	-u	-e	-e	
下二段	受く	uk-	-ë	-ë	-u	-uru	-ure	-ëyö	弱活用
上二段	恋ふ	kof-	-ï	-ï	-u	-uru	-ure	(-ïyö)	
上一段	着る	—	ki	ki	kiru	kiru	kire	kiyö	
ナ変	死ぬ	sin-	-a	-i	-u	-uru	-ure	-e	強活用と弱活用の混合活用
カ変	来	—	kö	ki	ku	kuru	kure	kö	
サ変	為	—	se	si	su	suru	sure	seyö	

なお，命令形は機能的には終止法の一種と考え，未然形は単独では何らきれつづきの関係を示さない語根的なものとして，のぞき，已然形を単独用法が本来であるとするなら活用形は，ほぼきれつづきのカテゴリーによる変化とみなすことができる[注3]。

1.2.1 活用成立

動詞活用の成立については，それぞれの語幹に，未然形はア，連用形はイ，終止形はウ，連体形はル，命令形は連用形にアがついてできたといわれてきたが，最近はそれでは，音韻論的には説明がつくが，あらたにつくア，イ，ウ，ルなどの文法的要素は前もって用意されていたことになり，今度はそれらがどうして生じたのかを答えなくてはならなくなるという問題があり，むしろ，名詞における被覆・露出の関係に類する対立関係を軸に活用は成立したのではないかと考えられるようになってきている[注4]。

1.2.2 強活用と弱活用

ここで，連用形と未然形が異なる形態にあるものを強活用，連用形と未然形が同形態にあるものを弱活用と呼ぶことにしよう[注5]。強活用と弱活用は，同時に，連体形と終止形が膠着要素ルをもたないかもつかによっても区別される。すると四段・ラ変は強活用，上下一二段活用は弱活用ということ

になる。そして，ナ変，カ変，サ変は強活用と弱活用の混合活用として，区別されることになる。これらは，連用形と未然形が異なる形態にあるという点では強活用的であり，連体形と終止形がルの有無によって区別されるという点では弱活用的である。このような動詞活用の強弱の差は，基本的にはヴォイス的意味の違いに応ずるものである。それは，「生く，くだく，解く，整ふ，進む」のように，四段・下二段の両様の活用をもつものが多くみられ，それらにおいて活用の種類の違いが，使役・他動の意味か，受身・自動の意味かという違いに対応していることから知られる。また，この違いは，上二段に所属する動詞は「起く，過ぐ，落つ，恥づ，老ゆ」のように，ほとんどが自動詞であるということからも知られるように，四段と上二段の間にも見出される。ただし，この活用の種類の違いに応じた，ヴォイス的意味の分属は絶対的なものではなく，活用の種類を違えても意味がほとんど変わらない場合もあるし，また違いがあっても，それは相対的なもので，四段が他動で，二段系が自動と決まっているわけではない。

　上一段動詞は，すべて一音節動詞であるが，「みる（廻），ゐる（居），ひる（干），ひる（簸）」などは，一音節動詞であるため，上代から中古にかけて上二段動詞から転じたものである。中古において，下一段動詞「ける」が成立するのも，上代にはワ行下二段「くう」であったものが，その連用形「くゑ」の合拗音一音節化とその後におこった直音化にともなうものと考えられる。これらは，一音節動詞において，連用形と終止形が異なると，その語彙的意味の同一性を保証しがたくなるため，終止形においても連用形と同一の語幹をとることになったものである。また，もちろん一音節動詞に限られるわけではないが，中世以降，二段活用がすべて一段化するのも，この語彙的意味の同一性の保証ということと深くかかわるものである。

1.2.3　終止形の連体形への同化と二段活用の一段化

　こうした，古代語の動詞活用の体系は，中世になって，終止形が連体形と同じ形になるという現象が起こり，大きく変わることとなる。

　これは，二段活用において，終止形「暮る」が用いられなくなり，代わり

に終止形として連体形の「暮るる」が用いられるようになる現象で，一般に終止形と連体形の同化といわれる。この現象は，連体終止法，いわゆる連体止めの用法が一般化することによって生じたものである。連体止めは上代和歌にすでに詠嘆を表す用法として存在し，中古物語の会話文においては強調的，ないしは情意的ニュアンスを表すものとして，さらにその用法を広げている。

（1）　いかにある布勢の浦ぞもここだくに君が見せむと我をとどむる
（万葉4036）
（2）　雀の子いぬきが逃がしつる　　　　　　　　（源氏・若紫）

こうした表現効果が連体止めにあったのは，連体止めが一種の体言終止法であったからであるが，時代がくだるにつれて，連体形がこうした体言終止法としての価値を失い，それがうちに含む主語に対する述語という意味が前面化し，終止形の表す意味ももつようになった。終止形と連体形の同化という現象は，こうした変化の結果として生じたものである。現象としてゾ，ナム，カ，ヤの係（かかり）が連体形の結びをもたなくなるということも，むしろこうした連体形そのものの意味的変質にもとづくものである。

　こうした変化の結果，近代語においては，活用は強活用としての四段と弱活用としての二段の対峙という基本的な構図をもつことになる。その後，近世において，「暮るる」が「暮れる」になるような二段活用の一段化という現象がおこり，語彙的意味の同一性の認定が容易になる。それ以降は，強活用と弱活用の対立は四段と一段の対峙という構図をもつことになる。そのどちらにも解消されなかった混合活用のサ変は旧上二段に近い活用をもつことになる。しかし，そのサ変においても，近世になると，一字の漢語と熟合する漢語サ変動詞のうち，撥音・長音で終わる「案ずる，感ずる，通ずる，動ずる」などには，上一段化の傾向がみられ，クで終わる「託する，服する」などには，四段化の傾向がみられるというような点には，活用が大きく，強活用四段型か弱活用一段型かに収斂していこうとする傾向がみられるのである。

　一方，古代には主として四段と下二段の間にみられた自他の対立は，近代語にあっては，四段と下一段の間にみられることになる。江戸期における四

段に対する下一段可能動詞の発生も、こうした流れの上にあるものである。

1.3 形容詞

1.3.1 ク活用とシク活用

　形容詞には、ク活用とシク活用がある。ク活用は客観的状態・性質を表わし、シク活用は感情を表す。

種類	語例	語幹	未然	連用	終止	連体	已然	命令
ク活用	高し	taka-	-ke, -ku	-ku	-si	-ki	-kere	—
シク活用	麗し	urufa-	-sike,-siku	-siku	-si	-siki	-sikere	—

　シがシク活用の終止形では語尾、終止形以外では語幹の一部とみられることについてはさまざまな解釈があるが、現在のところ、ク、キなどのカ行系の活用と、サ行系のシは別個に成立したもので、それがのちに一系列化したと考えるのが一番説明しやすいようである[注6]。

　上代にみられる未然形とも已然形ともみられるケは、中古には未然形には用いられなくなり、已然形ではケレに代わられる。なお、上代から仮定条件を表すには、連用形クが係助辞ハを下接させて表したので、未然形にクを認めることが一般に行われている。

　いわゆるカリ活用は、形容詞が叙述語として、動詞と同様に時間のなかに生起する出来事を表すにおよんで、現実との関係を示す種々の述べ方を表す必要がおこり、それを表す接尾辞を膠着させるために、動詞アリの力を借りた結果、できあがったものである。

　なお、シク活用については、他の活用形がみな語幹にシを含むのに類推して、シク活用の終止形を、「くるしし」「いとほしし」のように、—シシとする現象を中世に生んだが、終止形・連体形の同化の流れによって、終止形がシキの音便のシイに安定したので、多く使われることにはならなかった。同時に、終止形・連体形の同化によって、ク活用とシク活用の違いはなくなった。

1.3.2　ナリ活用とタリ活用

　学校文法では，形容動詞という品詞がたてられるが，客観的状態・性質を表すことはク活用形容詞と変わらず，違う点では活用が以下のようである点だけであるので，ク形容詞に対してナリ形容詞などとよばれるべきものである。

種類	語例	語幹	未然	連用	終止	連体	已然	命令
ナリ活用	静かなり	siduka-	-nara	-ni, -nari	-nari	-naru	-nare	-nare
タリ活用	滔々たり	tautau-	-tara	-to, -tari	-tari	-taru	-tare	-tare

　ナリ形容詞は，和語形容詞が新たな生産性を失ったため，それを補うものとして中古以降，隆盛に向かい，漢語を語幹とするものも多く生まれた。その活用形は始めから動詞的な叙述語として働くべく存在しており，ク・シク活用のカリ活用に役割はよくにている。形容詞が本来の機能が「くはし女」「さかし女」のように，規定語になることであったのに対して，この活用の形容詞の本来の機能は，修飾語となることであった。

　（１）　志賀の海女の釣りし灯せる漁火の<u>ほのかに</u>妹を見むよしもがも

（万葉3170）

　上にも示したように，一般に形容動詞といわれるものには，もう一つタリ活用するものがある。タリ活用形容動詞は，語幹は漢語でしかも擬声・擬態的な意味のものに限られるという特殊性をもつが，やはり形容詞と同じはたらきをするので，形容詞の一類と考えてよい[注7]。

　なお，名詞にコピュラのナリ，タリがついたものも，主語の属性を表すというその性格から考えるなら，一種の形容詞であるといってよい。ナリ述語が親族名称のような永続的属性を表すのに対して，タリ述語は資格などの一時的な属性を表す。また，「父父たれば，子も子たり」（論語）のような自同判断を表す文にはタリ活用しか用いられないという特徴もある。同じく，名詞述語文をつくるコピュラにゴトシがある。中古においては，ゴトシは漢文訓読に用いられ，和文ではヤウナリが用いられるが，両者とも近世の口語でヨウダにかわられる。

1.4 副詞

　副詞は特に語彙的変遷が著しい品詞であるが，そのなかにも一定の変遷の傾向を指摘することはできる。その一つは，可能を表す「え」，禁止を表す「な」などの接頭辞的な副詞が消滅したということである。また，情態副詞といわれるものには一定の形態，機能上の変遷の傾向を認めることができる。上代における情態副詞の特徴は，情態副詞が先行する主語の述語となり，句的体制を保持しながら後行する述語を修飾するという，連用修飾格の有属文をつくることである[注8]。

　（1）　芹垣のくまどに立ちてわぎもこが袖もしほほに泣きしぞ思はゆ

(万葉4357)

例のような有属修飾の関係は，中古になると生産的ではなくなる。上代の情態副詞は，二音節の語根（AB）を基にして作られる場合は，ABB（しみみ）のような畳語形式のものが目立つが，中古のものには，ABAB（そよそよ）のような畳語形式が圧倒的に多くなる。それと同時に，中古においては擬声・擬態的な情態副詞の場合には，同じ語根に対して，「そよ」のような非畳語形式の情態副詞があり，畳語形式がその動作の多回性を表すのに対して，非畳語形式が一回性を表すという関係があることが多い。資料的制約もあるのかもしれないが，上代の擬声・擬態的な情態副詞の場合には，畳語形式のものがあっても，それが非畳語形式と意味的に対立して存在するということはまずない。「小鈴もゆらにあはせやり」(万葉4154)と「玉もゆららに白砂の袖振る見えつ」(万葉3243)のように非畳語形式のものも，同様に多回的な意味を表すのが普通である[注9]。なお，中古の畳語形式の情態副詞には，「あかあか，しづしづ」のように，形容詞の語幹がくりかえされてできた情態副詞も多く，これらは，「あかし，しづか」など形容詞の表す状態の程度を強めるだけで，非畳語形式があってそれと多回 vs 一回で対立するということはない。なお，上代には語尾として－ニをとる情態副詞が多いが，中古になると－トをとる情態副詞が多くなるという変化も認められる。程度副詞も主要な品詞としての副詞の一類であるが，基本的に語彙的な変化であるので，省略に従う。

2 形態論

2.1 きれつづきを表す語形

　いわゆる動詞の活用は大方，文の他の部分に対するきれつづきの関係を示すための語形変化であると考えてもよいと述べたが，形容詞や名詞述語も動詞と同じきれつづきによる変化をする。これは，きれつづきが単に動詞というだけではなく，用言的な文法的意味による語形変化とみなすことができるということである。しかし，きれつづきの関係はいわゆる活用形だけで示されているわけではない。命令形をのぞいた各活用形を核とした，〜セバ，〜シテ，〜スト，〜スルニ，〜スレド，〜スレドモ，〜スレバなどの肥厚的形態によって示されることがむしろ普通である。

連用形　連用形は中止法に用いられ，そのままの形で用いられる第一中止形，および助辞テをつける第二中止形がある。第一中止形も第二中止形も二つの動作がまとまって，一つの複合的動作を表す場合に用いられるが，第一中止形は「<u>たゆたひくれば</u>」（万葉3716）のように，複合語をつくる前要素との見分けが難しいことが多い。一方，第二中止形は，その表す動作は基本的に副次的で，現代語の「太郎が来て，花子が帰った」のような，一つの文の中に二つの対等な述語がならぶような関係は作りにくい。また，第一中止形は接辞ツツ，ナガラをつけて，同時になされている副次的な運動を表す。なお，ツツは現代語では文語的な表現でしか用いられない。

終止形　終止形は，述語となって文を終止させるはたらきをすることは現代語と変わらないが，接辞ト（テ）つけると，「<u>前栽みたまふとて</u>，脇息によりゐたまへる」（源氏・御法）のように，主文の動作の目的を表す従属節を作る。

已然形　已然形は接辞バがついた形は条件節となり，接辞ド（モ）がついた形は譲歩節となる。ただし，上代においては已然形は，バやドモをともなわないで，次のように，それだけで条件節や譲歩節となることがあった。

　（1）　我が背子がかく<u>恋ふれ</u>こそぬばたまの夢に見えつつ寝ねらえずけれ

　　　　　　　　　　　　　　　　　　　　　　　　　　　　（万葉639）

（2）　大船を荒海に漕ぎいでや船たけ（漕イデ行クト）我がみし児らが
　　　　眉はしるしも　　　　　　　　　　　　　　　　　　　　　　（万葉1266）

　ところで，古代語においては，已然形にバのついた形は確定条件を表すのに対して，未然形にバのついた形は仮定条件を表すという法則があったが，それが近代語ではくずれ，仮定条件をかつての已然形にバのついた形で表すようになるという変化が起こった。この結果，近代語では確定条件を表す形として，ノデ，カラ，ト，ケレドモなどの助辞やタラ形，テモ形などが新たに生まれてくることになった。

　形容詞における条件形も大体動詞の活用に準ずるのであるが，上代の形容詞の─ケという活用形は，確定条件にも，仮定条件にも用いられるので，未然形にも已然形にも位置づけられている。なお，上代の形容詞には，語幹にミをつけた形が，〜ヲ…ミという定型的な句を作り，理由を表す用法がよくみられる。

（3）　山高み川とほしろし野を広み草こそしげき　　　　　　　（万葉4011）

連体形　連体形は規定語となることを主要な役割とするが，つぎのように文を終止させる述語となることもあった。

（4）　春立てば花とや見らむ白雪のかかれる枝に鶯の鳴く　　　（古今6）

連体終止法は一種の喚体句とも，コトのような体言が省略されたものとも考えられる。古代日本語で連体形が体言的性格を色濃くもっていたことは，つぎのように，接辞ノをつけず，そのままの形で名詞化して，いわゆる準体句を作るところに端的に現れている。

((((((（コラム)))))))

ク語法
　上代語には，ク語法（古くはカ行延言といった）といわれるものがある，形式名詞クをつけることによって，動詞・形容詞は「…すること」という意味になって，名詞化する語法である。このクはア母音をもつ活用形につくので，四段系ではそのまま未然形につき「なげかく」「しのばく」ようになり，二段系その他ではア母音をうちに含むラクが終止形につき「つぐらく」「くらく」のようになる。形容詞では，連体形にアクがつき融合変化を起こして「おしけく」「さむけく」のようになる。「いわく」「おもわく」などは上代のこの表現が固定化して残ったものである。

(5) 男女の中をもやはらげ，猛き武士の心をも慰むるは，歌なり

（古今・仮名序）

中世になって漢文訓読語の影響ではあるが，「花を見るの記」というような表現が現れるのも，連体形が体言的性格をもつことを示すものであろう。現代日本語の準体句に体言性を表す接辞ノが必要なのは，連体形が終止形のかわりをするようになったため，弱まった体言的意味を補う必要が生じたためと思われる[注10]。

2.2 名詞的な文法的意味を表す語形

名詞的な文法的意味を表す語形の主要なものは，名詞が文中で他の語との関係を定めるためにとる格形式である。名詞の格形式は古代日本語においては，名詞独立形がそのまま主格や対格に用いられることが多かったが，時代がくだるにつれて特定の関係を表すのにはそれを表す格接辞を膠着させることが多くなってきている。格形式には連体格と連用格がある。

2.2.1 連体格

ノ格とガ格　連体格を表すものは，古代語ではかなり豊富で，ノ格，ガ格，そして上代においてすでに化石化している，ツ格，ナ格がある。いずれも，かざられる名詞に関係のあるものを表すが，ノ格は所属関係一般を表すのに対して，「吾が背子」のようにガ格は所有関係を表すことが多い。また，「愚のみやびを」のようにノ格はかざられる名詞の属性も表すが，ガ格にはその用法が見出しがたい。また，所有関係を表すときにも違いがあって，ノ格はガ格より，敬意を含んだ表現に用いられ，たとえば，大君，皇子，神などには常にノ格が用いられ，君，妹，母，子などには常にガ格が用いられるという違いがあった[注11]。ガ格が用いられると，その所有者に対して親愛，卑下，嫌悪などの感情があることを示し，ノ格が用いられると，その所有者に対して疎遠な感情のあることを示した。このニュアンスの違いは，中世まで残り，次のような例もある。

（１）　少将の形見には夜のふすま，康頼入道が形見には一部の法華経を
　　　　　ぞとどめける　　　　　　　　　　　　　　　　　　　（平家3）

その他の格　ツ格とナ格はすでに上代において固定化した用法しかもたない。ツ格は「にはつとり」「しこつおきな」のように，かざられる名詞のおかれる状況やその属性を表すのが普通で，所属関係を表すことはない。一方，ナ格は，「ぬなと（瓊音）」「たなそこ（手底）」のように，所属関係を表す場合にしか用いられない。

　複合的連体格は，上代の万葉集には少なくともみられない。中古の源氏物語になると，「後の世までのとがめ」「昔よりのこころざし」のように，マデノ格とヨリノ格がみられるようになる。

2.2.2　連用格

ガ格とノ格　主格を表す用法は名詞独立形とガ格とノ格にあったが，中古までのガ格とノ格は，連体修飾句や条件句などの従属句や，主節であっても，連体どめの動詞や

　　（１）　塵泥の数にもあらぬ我ゆゑに思ひ侘ぶらむ妹がかなしさ
　　　　　　　　　　　　　　　　　　　　　　　　　　　　　（万葉3727）

のような接辞サをとった形容詞の主格を表すものなどに限られている。後者は述語的性格はもつが，体言資格にあるものであるので，関係としてはいまだ連体関係のうちに含めることができるものである。ガ格は，院政期以降，主節の主語を表す用法をもつようになり，近世になると，ガ格は主節の主語を，ノ格は従属節の主語を表すという分業が成立するようになった。なお，ガ格の「酒がほしい」のような，希望の対象を表す用法は中世から起こる。

ヲ格　ヲ格は，もともとは感動詞のヲであり，それが間投助詞の用法を経由して，格接辞に発展したと考えられているが，上代においてはそのヲも十分に対格の接辞として確立していた。ただし，古代語のヲ格には，「野をなつかしみ一夜寝にける」（万葉1424）のような，対格と主格とも決定できない用法が時々みられるので，現代日本語のヲ格とはかなり性質を異にしていたことも確かである。

ニ格　与格や場所格を表すものとして，ニ格がある。その用法の広がりは現代語のニ格とあまり変わらないが，古代語には，手段を表すシテ，モッテはあったが，デ格がなかったので，現代語ならデ格でいう，次のような関係を古代語ではニ格が表していた。

（2）　夏秋の末まで<u>老声に</u>鳴きて（枕草子）　　　　——状態
（3）　あしひきの山の<u>しづくに</u>妹まつと我たちぬれぬ山のしづくに（万葉107）　　　　——原因
（4）　九月九日の菊をあやしき<u>生絹(すずし)の絹に</u>つつみて（枕草子）——材料
（5）　この<u>岡に</u>菜つます児（万葉1）　　　　——動作の行われる場所

現代日本語のニ格にもこうした用法は古めかしいいい方としては残っているが，ふつうはデ格を用いて表す。なお，古代語では，

（6）　<u>弘徽殿には</u>久しく上の御局にもまうのぼり給はず（源氏・桐壺）

のように，場所を表す用法から転じて，動作の主体を表す用法もあった。

　古代語にはデ格はなかったが，その前身であるニテはあった。ただし，ニテは格を表す接辞として用いられることは非常に少なかった。そして，「…状態で，…であって」という意味で用いられることがほとんどで，いまだコピュラの中止法であるという面が強かった。

ヘ格　方向格のヘ格は，

（7）　玉藻かる<u>沖へ</u>は漕がじ　　　　　　　　　　　　　　（万葉72）
（8）　<u>新羅へ</u>か家にか帰る　　　　　　　　　　　　　　（万葉3696）

のような，そのあたりという意味を表す名詞的要素から格接辞に変わったものである。上代においては，遠くのところというニュアンスがあり，いまだ十分に格接辞にはなりきっていなかった。しかし，中古以降は，近くのところも対象とするようになり，ニ格の領分をおかすようになる。到達点，方向を表す接辞は，中世においては地方ごとにかなりの違いがあったらしく，「京へ，筑紫に，坂東さ」という諺もあったくらいである。

ト格　共同者を表すト格の用法は現代日本語と変わらない。並列関係を表すものとしてのト格の用法には特徴があり，

（9）　<u>青柳(あをやなぎ)</u>　<u>梅と</u>の花を折りかざし　　　　　　　　　　　（万葉821）

のように，AトBト，AトBという形式だけでなく，ABトという形式もあり，

(10)　汝(な)をと吾(あ)を人ぞさくなる　　　　　　　　　　（万葉660）

のように，格接辞のついた語を並列することもあったのが注目される。

その他の格　時間・空間的範囲を表すものにマデ格，時間・空間的出発点を表すものに，ヨリ格，カラ格がある。現代日本語では，マデ格は動作や状態のおよぶ時間的範囲を表し，マデニ格は動作がその時より前に成立することを表すのに対して，

(11)　わが背子を相見しその日今日までに我が衣手はふる時もなし

　　　　　　　　　　　　　　　　　　　　　　　　　　　（万葉703）

のように，古代日本語ではマデニ格もマデ格と同じく，動作や状態のおよぶ時間的範囲を表した。ヨリ格は上代においては，次のように移動動作の行われる範囲を示すことも多かった。

(12)　雲間より渡らふ月の惜しけども　　　　　　　　　　（万葉135）

また，上代には，同じ意味を表す，ヨ，ユリ，ユ格と競合していた。カラ格は上代には，移動動作の行われる範囲を示す用法しかなかったが，出発点は中古以来カラ格でも表されるようになり，中世にはヨリ格は，比較の基準専用になった。

2.3　動詞的な文法的意味を表す語形

　ここでいう動詞的な文法的意味を表す語形とは，動詞の語形が，ヴォイス，アスペクト，テンス，ムード，認め方，待遇などによって変化したものである。形容詞は，基本的にはきれつづきによって変化するが，その補助活用のカリ活用はここでいうテンス，ムード，認め方による変化をする。

2.3.1　ヴォイス

受動態　基本形が能動を表すのに対して，接辞ル，ラルがついた形は受動を表す。上代には，ユ，ラユが用いられたが，中古には用いられなくなり，現代には「あらゆる」「いはゆる」などの語のなかに残るのみである。なお，上代においてもラユはほとんど用いられず，ラユの期待されるところにも，ユ

が用いられ「見ゆ」という形になったりした[注12]。

　無生物が主語になる受け身（非情の受け身）は，明治以降の翻訳の影響でふえたことは確かであるが，古代語にも全くみられないわけではなく，つぎのような例もみられる。

　　（1）　御簾の吹き上げらるるを人々おさへて　　　　　（源氏・野分）

なお，いわゆる迷惑の受け身も，次のように古くからあり，受動態の意味範囲は現代とそう大きく変わらないと考えられる。

　　（2）　春は霞にたなびかれ夏はうつせみ泣きくらし　　　（古今1003）

使役態　使役を表すには，上代には接辞シムが用いられたが，中古になると接辞ス，サスが現れ，仮名書きの物語・日記では，シムはほとんど用いられなくなった。たまに，用いられるとしても，それは，特定の男性の会話や手紙文に集中する傾向があった。が，ス，サスは用いられず，シムが用いられた漢文訓読語の影響もあって，中世になると，説話や軍記に再びシムが多く用いられるようになった。

相互態　現代日本語のヴォイスには，「太郎と二郎がなぐりあった」のような，互いに他に対して動作主体であり，動作対象でもある関係にあることを表す相互態があるが，古代日本語ではまだ相互態は十分に発達しておらず，〜シアフという形は，つぎのように単独でも成立する動作が複数の主体によって平行して行われることを示すのが普通である。

　　（5）　飽かず口惜しと，いふかひなき法師童も涙を落とし合へり

　　　　　　　　　　　　　　　　　　　　　　　　　　　（源氏・若紫）

（（（（（（（コラム）））））））

武士は受け身をきらったか？
中世の軍記には
　　（3）　山田二郎がはなつ矢に，畠山，馬の額をのぶかに射させて　（平家・九）
のように，「射られて」と受動態でいってもよいところを，使役でいう場合がある。攻撃を尊び受け身になることを嫌う武士独特の表現であるといわれるが，使役形式には古くから，次のような放任の意味があるので，その一変種とみておけば十分であろう[注13]。
　　（4）　妹が手を我にまかしめ我が手をば妹にまかしめ　　　（継体紀7年歌謡）

2.3.2 テンス・アスペクト

　現代日本語の動詞の過去を表す形式は，タという形一つであるが，古代日本語においては，ツ，ヌ，キ，ケリ，タリ，リなど，少なくみつもっても六種の形式が過去の表現に関係している。しかし，これらの形式は，単に発話時を基準とする時間的位置を表すカテゴリーであるテンスの違いにのみかかわるのではなく，基準時間における動作のありかたを表すカテゴリーであるアスペクトやパーフェクトの違いにもかかわっている。そして，古代日本語においては，基本形（助動詞のつかないはだかの形，現代語の〜ル形にあたる），およびキ形はテンスもアスペクトも表す形式であるのに対して，タリ形，リ形，ツ形，ヌ形は一般に完了の助動詞といわれるように，本来はアスペクト，またはパーフェクトを表す形式であるが，テンス的には現在に位置づけられる。また，基本形もテンス・アスペクトを表すメンバーとしてはたらき，テンス的には非過去，アスペクト的には運動の過程の継続を中心とした不完成的意味を表すものであったことを忘れてはならない。ただし，ケリ形は一般に過去の助動詞といわれるが，本来はテンスを表す形式ではなかったものと考えられる。

ツ・ヌ形　まずアスペクト形式のなかで，ツ形，ヌ形についてみてみたい。両者とも完了といわれながらも，

　（1）「はや舟に乗れ，日も暮れ<u>ぬ</u>」といふに，乗りて渡らんとするに

(伊勢物語9)

　（2）　然物を口に我は浄しと云て心に穢をば天の不覆，地の不載ぬ所と成<u>ぬ</u>。此を持いは称を致し，捨いは謗を招つ

(続日本紀宣命45詔)

のように，未来の出来事を表すかと思われる例や，一般的事実を確認するにとどまる例があることから知られる。そして，運動を表す動詞を動作動詞と変化動詞にわけるなら，ツ形は動作動詞のとる語形で，動作の完成を表すのに対して，ヌ形は変化動詞のとる語形で変化の完成を表すという違いはあるが，いずれも運動の完成を表すという点では一致している。ツ形は本来は過去を表す形式ではないが，それによって表される運動は，発話時の直前に起

こった運動である場合に用いられることが多いので，富士谷成章の『あゆひ抄』以来，近い過去を表すといわれてきてもいる。そして，中世の抄物などでは，

 （3） コノ前マデハ隠者ト云ヘバ白鷗ガ来テ<u>相馴レツルガ</u>

（中華若木詩抄・中）

のように，一般的に過去を表すテンス形式としても用いられている。一方，ヌ形も過去の運動を表すのに用いられるが，ツ形と違って，中世まで生きのびて過去を表すテンス形式として用いられることはなかった。

タリ・リ形 現代日本語のタ形は，古代日本語のタリ形から「リ」が落ちてできたものであるが，そのタリ形は，語源的にテアリという形から発し，テアリという形である以上，本来は状態的意味であったと考えられる。実際，万葉集においては，そこに至れば運動が成立したといえるような点（限界点）をもつ運動を表す動詞について，

 （4） かくのみにありけるものを萩の花<u>咲きてありや</u>と問ひし君はも

（万葉455）

 （5） 渡守舟も設けず橋だにも<u>渡してあらば</u>その上ゆもい行き渡らし

（万葉4125）

のように，先行する変化や動作の結果としての状態を表している。かくして，少なくともテアリ形に関しては，変化の結果の状態を表すものといえる。しかし，同じ上代でも融合形のタリ形となると，

 （6） 恋ひ恋ひて<u>逢ひたる</u>ものを月しあれば夜は隠るらむしましあり待て

（万葉667）

のように，状態よりもむしろそれをもたらした運動の完成を表すと思われるものが現れてくるが，その例はまだ少ない。また，中古になると，一般に限界性のある動詞に限ってタリ形になるという点は上代と変わらないが，完成的意味かと思われる例はふえてくる。ただし，その例の多くは，

 （7） さと光るもの，「紙燭を<u>差し出でたるか</u>」とあきれたり

（源氏・螢）

のようで，単純に完成的意味だけを表すわけではない。その結果として主体や対象が場面に現存するような，動作の完成を表しているというのが適当な

用法である。つまり，タリ形は，状態的意味でないときにも，何らかの意味で運動の完成後の局面に言及しているということができ，完全に運動の完成のみを表す意味にはなっていない。

しかし，こうした意味がはっきりしているのは，会話文の場合で，地の文のタリ形においては，

(8)　霜月の朔日ごろ，御国忌なるに，雪いたう降りたり

(源氏・賢木)

のように，後続局面への言及をほとんどなくし，アスペクト的には単に完成的になってしまっているとみられるものが多い。ここで，テアリ形，会話・和歌のタリ形，地の文のタリ形という順に並べると，その順に，状態を表す不完成的意味がうすれ，運動の完成を表す意味がこくなっていっている。そして，実際このような経過をへて，タリ形は，テンスとしての過去を表すようになったものである。さて，リ形についても，タリ形と同じような変遷をたどったものと思われるが，リ形には，四段・サ変にしか用いえないという制約があって，それが包括性が要求される文法的意味を表す形式としては不適切であったので，後世には残らなかった。

キ・ケリ形　キは話手の経験した過去の出来事を表すのに対して，ケリは他者から伝聞した過去の出来事を表すとよくいわれるが[注15]，それは両者の本質的な区別ではない。ケリ形は，

((((((((コラム))))))))

移動動詞の〜タリ・リ形と〜ヌ形
移動動詞においては，話手が到着地点にいて，第三者の移動動作の完成をありありと目撃している時は〜タリ・リ形が用いられ，話手が出発地点にいて，第三者の移動動作を完成した後まで見届けていない時は〜ヌ形が用いられている[注14]。
①「つれづれに籠りはべるも，苦しきまで思うたまへらるるところののどけさに，をりよく渡らせたまへる」と，よろこびきこえたまふ。(源氏・梅枝)
②「中務の宮参らせ給ひぬ。大夫は唯今なむ，参りつる道に，御車ひき出づる，見侍りつ」と申せば，(源氏・東屋)

(9) 御前駆追ふ声のいかめしきにぞ,「殿は今こそ<u>出でさせたまひけれ</u>。いづれの隈(くま)におはしましつらん。……」と言ひあへり

(源氏・少女)

のように,かけ声に基づいて,出て行った事についての認識が成立したこと,また

(10) 「人知りたることよりも,かやうなるは,あはれも添ふこととなむ,昔人も言ひける。……」など,なほなほしく語らひたまふ

(源氏・空蟬)

のように,書物を読んで認識を所有したことを表すこともある。したがって,ケリ形によって表される出来事には伝聞された出来事が存在したとしても,ケリ形の本質的意味は何らかの徴標や言語的構築物に基づいて,できごとをとりあげることを表すものである。このようにケリ形は出来事を話し手のいる現実の時間の中に位置づけるものではないので,出来事を現実の時間軸上に位置づける範疇としてのテンスの外にあるものということになる。ここに,ケリ形の運動がテキストのなかの他の運動の背景や内容などの説明の役割をもちうる根拠もある。にもかかわらずケリ形がテンスを表すと考えられるのは,認識されている出来事が状態でなく運動であれば,それは時間的には過去に属するはずであるからである。しかし,会話文では相変わらず認識を獲得した際の,きづきの意味だけで用いられる場合もあり,過去形式としては十分発達しなかった。

これに対して,キ形はテンスとしての過去を表すだけである。それが話し手の経験を表すようにみえるのは,過去ということが過ぎ去った現実であるとするなら,キ形においては,現実ということが経験的な出来事に限られていたということである。すなわち,キ形は過去における運動を表すことにおいて,もっとも過去らしい過去であったのである。にもかかわらず,それが消滅したのは,直前過去や現在に結果の残存することを表すパーフェクト的な過去の用法をとうの昔に捨て去り,中古においてすでに用法を狭く限定し,発話時からきりはなされた過去しか表しえなくなっていたためである。

現代語体系への発展 近代語に,タリ形出自のタ形が残ったのは,パーフェクト的な過去も表すと同時に,中古以来,動作の継続を表す形として発展し

てきたテキタリ（テイル）という分析的形式が，室町期ぐらいまでは変化の結果の状態を表す意味を十分獲得していず，

　　（11）　烏も亦「我が前で借つたを<u>存じた</u>」と言うところで
　　　　　　　　　　　　　　　　　　　　　　　　（天草版伊曽保物語）

のような，結果の状態を表す形としてタリ形（＞タ形）が必要とされていたという事情もあった。

　しかし，タ形が過去における完成というアスペクト的意味を獲得するにおよんで，この変化の結果の状態を表す用法は終止法においては消滅した。動作の継続を表していたテキタリ（テイル）形が，変化の結果の状態の意味も表すようになり，継続的意味一般を表す不完成相の資格を獲得することと連動してそれは起こったのである。そしてまた，それまでは，動作の継続の意味は

　　（12）　竜田川もみぢ葉<u>ながる</u>神なびのみむろの山に時雨降るらし
　　　　　　　　　　　　　　　　　　　　　　　　　　　（古今284）

のように，主として基本形によって表されていたのが，テイル形が継続相として確立するにおよんで，それを表す役割をテイル形だけがもつようになったのである。つまり，同時に，基本形が現在における不完成的運動を表す意味から，未来における完成的運動を表す意味へ変化したのである。そして，その際には基本形が早くから有していた，

　　（13）　「……男ども，雑役にとて<u>参らす</u>。うとからず召し使はせたまへ」
　　　　　　とて，源少将，兵衛佐など奉れたまへり　　　　（源氏・竹河）

のような，その意向はあるが動作が未だ開始されていないことを表す意味が，未来における確実な動作を表すものに転じたと考えられる[注16]。

2.3.3　ムード

　古代日本語のムードを表す表現手段は多いが，すべてが本来の意味で動詞の語形といえるわけではない。助動詞といわれるもののうち，動詞の未然形につくム，ジ，マシ，および動詞の連用形につくケムは動詞部分と助動詞部分をきり離すことのできない総合的形式だといえるのに対して，動詞の終止

形につくラム，ラシ，ベシ，マジ，メリ，ナリは，それが可能な分析的形式だといえる。また，動詞の命令形や助詞とされるもののうち未然形につくナム，ナ，ネ，ニなども総合形と考えてさしつかえない。本来の意味で動詞の語形といえるのはこれら総合的形式のほうで，分析的形式は動詞と組み合わさって述語をつくる補助的な単語である。そして，ムード形式の意味は，総合的形式であるか，分析的形式であるかに対応して，かなりはっきりした意味的特徴をもつので，以下その順にムード形式の意味を考えていく。

2.3.3.1　総合的形式

仮想のムード　総合的形式の表すムード的意味には二つの種類があって，一つは，その存在や実現が現在の条件のもとでは予測できない事態を仮想することである。ムードとは，話し手の立場からする文の表す出来事と現実との関係づけであるから，仮想される出来事の主体が話し手と一致すれば，当然意志的ニュアンスを帯びることになるし，話し手に対するところの聞き手であればはたらきかけ的なニュアンスを帯びるし，またそれら以外であれば，単なる推量ないしは希求の意味にとどまることになる。

ム形　現代日本語では，意志はウ・ヨウ形で，命令・奨励は命令形・依頼形で，推量はダロウ形で表されるというように，仮想的ムードのヴァリアントはそれぞれ別の語形で表されるのだが，古代日本語のム形は，主語が一人称であれば意志・勧誘を，主語が二人称であれば命令・奨励を，主語が三人称であれば推量を表すというように，主語の人称によって，それらを表し分ける。このような意味で，ム形は仮想的ムードを一般的に表す形式であるといえる。

　　（1）　いざ，いと心安きところにて，のどかに<u>聞こえむ</u>（源氏・夕顔）

　　　　　　　　　　　　　　　　　　　　　　　── 一人称

　　（2）　とくこそ<u>試みさせ給はめ</u>（源氏・若紫）　　　── 二人称

　　（3）　鶯は今は<u>鳴かむ</u>と片待てば霞たなびき月は経につつ（万葉4030）

　　　　　　　　　　　　　　　　　　　　　　　── 三人称

　しかし，こうした人称による違いが生ずるのは，ム形が主節に用いられるときだけで，従属節に用いられるときは，人称と対応する具体的なムード性

を消失し，一般的に未実現であることを表す。

（4）　言は<u>む</u>すべせ<u>む</u>すべ知らず極まりて貴きものは酒にしあるらし

(万葉342)

　　ム形は，mu が中古に m から n となり，さらに中世には u と変化して，連母音の長音化によって，四段系では ikau＞ikɔ:＞iko:，一段系では miu＞myo:＞miyo: のような変化をしてオ段の長音になった。現代日本語で助動詞とされるウ・ヨウはこの形を正書法で「いこう」「みよう」と書くことによって得られた形であるにすぎない。

ジ形　ム形と同じような人称による意味の分化は，ジ形にもみられる。ム形と肯定と否定で対立するものの，ジ形がやはり仮想性のムードを表すことを示すものであろう。ただ，ジ形の場合は従属節に用いられることはほとんどない。未実現の意味だけなら単純に否定を表すズ形で十分だからであろう。また，ジは中世にはいると，マイに変わられる。

　　マイは，マジの連体形マジキが音便をおこしてマジイとなり，それが二音節化したものである。マイ形は中世においては，単にウ形に対応するものではなく，肯定的推量辞全体に対立する一般的な否定推量辞として，盛んに用いられた[注17]。

ムズ形　ムズ形は，ム形と同じ意味で用いられるといわれるが，開始以前の段階にあることを表す「ムトス」の約音からできたという発生からいえば，そこに大きな意味上の変化をとげたものといえる。中古には会話文のなかで用いられていたムズ形は，中世になると地の文にも用いられるようになり，室町時代になると，ムズの変化したウズが口頭語ではよく用いられるようになる。

願望形　実現困難な出来事の実現に対する話手の願望を表す形としては，上代には，ナム形，ナ形，テシカ形などがあった。これらは，終止法以外に用いられないという点から，普通は助辞として扱われているが，ムード語形としての役割において徹底しているということだと考えるべきものである。

（5）　あて過ぎて糸鹿(いとか)の山の桜花散らず<u>あらなむ</u>帰り来るまで

(万葉1212)

ナム形は中古にも用いられたが，中古には，一般にはマクホシから転じたマ

ホシ形，また一人称の動作の願望にはバヤ形が，用いられるようになった。しかし，それも中世になると，タシ形にとって変わられた。マホシ形もそうであったが，タシ形も終止法において一人称の願望を表す点では，上代のナム，ナ，テシカなどの形をつぐものであるが，同時に動詞から感情を表す派生形容詞をつくる接辞という役割をもち，第三人称者の願望の客観的表現も可能にさせたという点で，それらの用法を大きく拡大したものである。

マシ形　希求を表す形としては，マシ形がある [注18]。

　（6）　悔しかもかく知らませばあをによし国内(くぬち)ことごと見せましものを
（万葉797）

　（7）　見るひともなき山里の桜花ほかの散りなむ後ぞ咲かまし
（古今68）

マシ形は例（6）のように上代は〜マセバ…マシ，中古は〜マシカバ…マシという定型的な条件帰結関係に用いられることが多く，反実仮想を表すといわれることがあるが，本来は例（7）のように実現不可能な出来事の実現に対する希求を表すものである。そこに，もしできることならそうなってほしいのに，事実はそうでなくて残念だという意味が表されるのである。さきの定型的な表現において，マシが条件にも帰結にも現れるのは，帰結に対する希求は，当然，それをもたらす条件への希求でもあるからである。マシ形は，中世になると，ほとんどム形と同じ意味で用いられるようになり，存在価値を失う。

ケム形　以上は未然形につくものだが，ケムは連用形につく。

　（8）　鶏が鳴く東男の妻別れ悲しくありけむ年の緒ながみ
（万葉4333）

このことの意味は，同じく総合形であるといっても，上述の未然形接続の接辞とその性質が大きく異なることを示すものである。それは，その意味にまず現れていて，未然形接続の接辞がその成立の予測されない事態を仮想する意味を表すのに対して，これは過去の事態の推量ではあるが，その事態の成立は予測されており，決して，過去の事態に反する非現実の仮定をするものではない。ただ，その事態について話し手が直接の知識をもっていないだけである [注19]。

> ((((((（コラム)))))))
>
> **古代語の命令形**
> 現代日本語と違って，古代日本語の命令形は，目上に対しても用いられ，尊敬の「給へ」「ませ」などの補助動詞の命令形と組み合わせればなお問題はなかった。ところで，現代日本語では，受動態は命令形にならないが，古代日本語では，動詞に制限があるようだが，次のように命令形になることがある。
>
> (10) げに下郎なりとも，同じごと深き所はべらむ。その心<u>御覧ぜられよ</u>
>
> （源氏・若菜下）
>
> 現代日本語なら，これは「見てもらえ」とでもいうところであろうが，古代日本語では，現代語ならやりもらい表現を使うところを受動態がカバーしていたのだと考えられる。

はたらきかけのムード　総合形のもう一つの種類は，聞き手に対するはたらきかけを表すものである。はたらきかけのムードには，命令と禁止がある。

命令形　命令は動詞の命令形が用いられることが普通であるが，上代には他に動詞の未然形に接辞ネ，ニをつけた次のような形や，

（9）　難波潟潮干に出でて玉藻刈る海女をとめども汝が名<u>のらさね</u>

（万葉1726）

動詞の連用形に接辞コソをつけた形などがある。いずれも願望のいい方と紙一重である。

　なお，命令形は，四段系の活用には接辞ヨをつけないが，上代においてはそれ以外の活用もヨをつけないことが多い。それ以外の活用がヨをつけるようになるのは，中古以降である。ただし，そうした活用でも，上代からすでに，東国方言では接辞ロをつける習慣があり，現代の標準語ではロがヨにとってかわる。

禁止形　禁止のムードを表す形は語形つくりの手続きのうえで，命令形と関係がなく，独自の構成法をもつ。上代から中古にかけては，その形にかなりヴァラエティーがあり，動詞「行く」を例にしてそれを示せば，①な行きそ，②な行きそね，③な行き，④行くな，⑤行くことな，⑥行くことまな，⑦行くことなかれ，などがある[注20]。①〜⑤においては，すべて，「な」という形態素がかかわっているが，「な」は，もと日本語には珍しい，禁止を表す接頭副詞であると考えられる。⑥の「まな」は禁止を表す感動詞から転用であ

るといわれる。⑦は，完全な組立形式である。両者は漢文訓読語に用いられるものである。①は，比較的後まで残るが，現代語には④が残るのみである。

2.3.3.2 分析的形式

推量のムード　終止形につく助動詞は，現在の条件のもとでその成立が予測できる事態についての推量を表す。その意味は出来事の実現可能性を表す意味に通じる。

ラシ形　そのなかで，ラシ形は原因推量などといわれるように，現にある兆候を認識して，それにもとづいてその根拠を推定するものである。ラシ形は中古には歌語としてのみ残り，中世には姿を消す。

　　（1）　春過ぎて夏来たるらし白栲の衣ほしたり天の香具山　　（万葉28）

ラム形　ラム形は，(2)のようにその現場にいあわせない出来事についての推量だけでなく，出来事そのものを目の前にしてその動機・理由等の推量，ないしそれに対する疑念を表現するのにも用いられる[注21]。従来「など」を補って解さなければならないとされている(3)のような表現は後者に含まれるものである。

　　（2）　憶良らは今は罷らむ子泣くらむそれその母も吾を待つらむぞ

（万葉337）

　　（3）　ひさかたの光りのどけき春の日にしづ心なく花の散るらむ

（古今84）

　なお，ラム形は，中世にラウとなり，ロドリゲスの『日本大文典』が，現在のラウに対して，過去にツラウ，未来にウズラウをあげていることに示されるように，現在・過去・未来のテンスにわたる一般的な推量形式としての地位を獲得する。

ベシ形とマジ形　基本形のテンス的意味に通じ，潜在的な可能性のある状態を表すものとしては，ベシ形とそれと肯定と否定で対立するマジ形がある。古代語の基本形に潜在的可能性を表す例が多くはみられないのはベシ形，マジ形がこの意味をもつことと無関係ではない。ベシ・マジ形は，その構文的位置その他の条件に応じて，(4)のように対象的な実現可能性を表す意味に傾向する場合と，(5)のように作用的な当為・推量を表す意味に傾向する場

合とがある。後者の場合は，仮想的ムードの場合と同様の対人的ヴァリエーションがあり，動作主体の人称によって意味が変わる。

（4）藤波の咲き行く見ればほとほとぎす鳴く**べき**時に近づきにけり
（万葉4042）
（5）ひぐらしの鳴きぬる時は女郎花咲きたる野辺を行きつつ見**べし**
（万葉3951）

ベシ形は中古にはベラナリという歌語を生む一方，中世にはベイと形を変えて意志と推量の意味で終助詞のように用いられるようになる。マジは上代のマシジからシが落ちてできたもので，中世にはマイと形を変え，現在も文語的な文章では否定の推量と意志の意味で終助詞的に用いられる。

なお，ヴォイスの接辞ル，ラル，ユ，ラユなどをつけた形が表す可能の意味も可能性の一種である。これらに，肯定の例がみられないことは肯定の可能をベシ形が表したということと無関係ではないとみられる。

また，それらによって表される自発はその可能性の実現したことを表すものとして位置づけることができる。

メリ形とナリ形　ラシ形と同様に根拠にもとづく推量だが，やや主観性の強いものに，メリ形，ナリ形がある。

（6）竜田川もみぢ乱れて**流るめり**渡らば錦なかや絶えなむ（古今283）
（7）秋の野に人まつ虫の**声すなり**我かと行きていざとぶらはん
（古今202）

メリ形は視覚的な印象をもとに推量するもので，中古から現れる。ナリ形は上代からあり，聴覚的な印象をもとに推量するものである。両者ともに，事実をあえて間接的に表現する用法をもち，婉曲の意味をもつ。中世になって現れるサウナ，ゲナなどもこの系統に属するものである。

2.3.4　認め方

基本形が肯定を表すのに対して，古代日本語では，ズ形が否定を表す。ズ形は，仮想のムードにおける否定を表すジ形，推量のムードにおける否定を表すマジ形に対して，断定のムードとしての否定を表す形である。

肯定形において，これらと対立するのは，仮想のムードにおいてはム形，推量のムードにおいてはベシ形であり，それらの関係は次のように整理できる。

	断定	仮想	推量
肯定	〜ス	〜セム	〜スベシ
否定	〜セズ	〜セジ	〜スマジ

ところで，ズ形は，活用形としては，ナ，ニ，ヌ，ネと変わるナ系の活用が古く，終止形ズはその連用形ニにスがついてできたものといわれる。また，中古になると動詞述語としての種々の述べ方を表すためにカリ活用が生まれる。また，中止法として，和文ではデが用いられるようになる。中世になると，ヌ，ナンダが用いられるようになるが，関東ではナイが優勢になり，ナイが現代標準語となった。

2.3.5 待遇

古代語の待遇的意味は多くの場合，尊敬は「おはす」「仰す」「…し給ふ（四段）」，謙譲は「申す」「まゐる」「…し給ふ（下二段）」，丁寧は「はべり」「候ふ」などのような，語彙的手段によって表され，動詞の語形が待遇的意味を表すものは，限られている。ここでは動詞の語形変化によるものを中心にとりあげると，古代語では尊敬と謙譲の意味は，基本的にヴォイスの接辞をとることによって表される。ただし，単独で用いられることは少なく，「…させ給ふ」「仰せらる」「申さす」「まゐらす」のように，敬語動詞や敬語の補助動詞とともに用いられることが多い。なお，中世になってル，ラルから生まれたシャル，サシャルも尊敬を表す動詞の語形である。使役形が尊敬の意味を表すのは，貴人は直接に行為を行うことはなく，常に近臣に命じて行わせたところからであるといわれる。また，受け身形が尊敬の意味を表すのは，その能力によって自然になされると表現するところに尊敬の意味が生じたのだといわれる。上代においては待遇的意味で用いられることはなかったシム形も，中古になると，「…しめ給ふ」「聞こえしむ」などの形で尊敬，謙譲の意味に用いられるようになるが，中世には丁重体とでもいうべき丁寧体の一種

になっている。

　（1）　近年御領について武蔵の長井に居住せしめ候き　　　　（平家7）

　なお，上代には，尊敬の意味を表す形として，四段活用の接辞スを未然形につけたいい方があるが，中古にはそれは「おぼす」「あそばす」のような特定の語の語構成要素として残るのみとなった。丁寧語は中古になってから発生し，ながらく動詞の語形変化によっては表されなかったが，近世になってマス形が現れて，動詞の語形変化の体系に加わることとなった。丁寧の意味が「はべり」「候ふ」という，もとは謙譲語である語によって表されている中古，中世においては，それらは現代語の「いらっしゃいます」のように，尊敬語といっしょに用いられることがなく，実際の例が謙譲語か丁寧語か区別がつかないことが多いというのも，こうした発展段階を反映するものである。

3　統語論

3.1　係結び

　文中に割ってはいり文を二つに分節し，その結合として文を提示し，その文が何について，何を述べているかを示す働きをするのが係助辞である。古代語においては，格接辞が十分に発達しておらず，格関係が厳密に表されな

((((((((コラム))))))))

上代の特殊な係助辞
上代には，ふつう間投助辞といわれるもののなかにも係助辞とみるべきものがある。それは，共通にi母音をふくみ，連体修飾句をも分節するイ，ヤ，シである。
　（1）　玉の緒の絶えじい妹と結びてし言は果たさず　　　　（万葉481）
　（2）　岩見のや高津野山の木の間より我が振る袖を妹見つらむか　　　　（万葉132）
シについては「はしきやし君に恋ふらく」（万葉3025）のようなかなり固定化した用法しか認められないが，これらは係助辞の，文を分節しそれを結合するという繋辞的機能が最も鮮明に現れたものということができる。なかで，イは助辞のなかで，唯一母音から始まるという意味で特殊であり，名詞や動詞の独立化接辞のiとの関連も考えられている。

い分の曖昧さを，伝達課題を明確にする働きのある係助辞の発達が，補っていたといえる。現代語では係助辞といえるのは，ハとモだけであるが，古代にはそれ以外に，文末を連体形で結ぶゾ，ナム（上代ではナモ），カ，ヤ，文末を已然形で結ぶコソがあった。ゾとナムはナムが散文にしか用いられないのに対して，ゾは散文にも和歌にも用いられるという点で異なっており，コソは，後続の文と逆接的関係を作って結ぶという特徴があった。また，カとヤは疑問点を指示して強く問いかけるか，叙述全体をやわらかに疑い問いかけるかで対立していた。

　古代語ではナムをのぞいて，係助辞は文末にあって終助辞のように用いられる用法もあり，係助辞は終助辞と非常に近い関係にあったことが知られている。

　（3）　春の野に霞たなびきうら悲しこの夕かげにうぐひす鳴くも

(万葉4290)

　（4）　我が衣摺れるにはあらず高松の野辺行きしかば萩の摺れるぞ

(万葉2101)

異なるものの存在を対比的に暗示するハと，同類のものの存在を包含的に暗示するという副助辞的意味のあるモにおいては，中世以降，係用法が残り現在に至っている。しかし，コソは限定を表す副助辞に，カ，ヤは並列を表す接辞に変わった。また，終止用法は，ゾ，カ，ハに残るが，カを除いて古代語の係助辞とは別の意味に変わっている。なお，中世にバシが発生し，近世初頭まで比較的よく用いられていた。

　（5）　こればし出だし参らすなとて　　　　　　　　(平家6)

3.2　とりたて

　とりたてとは，一定の物事を他の同類の物事とてらしあわせて述べるはたらきで，一般に副助辞を用いることによって表される。副助辞は，古代語で用いられているものがそのまま残っているものが多いが，意味は相互の間で大きく入れ代わっている。類推の意味の副助辞としては，上代以来ダニ，スラ，サヘがある。

（1）　散りぬとも香をだに残せ梅の花恋しき時の思ひ出でにせむ
（古今48）
（2）　伊夜彦おのれ神さび青雲のたなびく日すら小雨そぼ降る
（万葉3883）
（3）　六月の地さへさけて照る日にも我が袖ひめや君に逢はずして
（万葉1995）

　ダニは最小限を示して一般的な場合を暗示するもの，スラは最大限を示して一般的な場合を暗示するもの，サヘは類推性は弱く，ある事物の上にさらに添加することを表すものであった。中古の仮名文では，スラは用いられず，ダニがスラの意味をかねるようになるが，中世には今度はその意味をサヘがうけもつようになる。一方，スラは中古以来漢文訓読語では用いられていて，現在でも文語的文章で類推の意味で用いられる。なお，サヘのもっていた添加の意味は近世以降はマデがうけもつようになった。
　限定の意味の副助辞は，上代においてはノミだけである。

（4）　一年に七日の夜のみ逢ふ人の恋も過ぎねば夜はふけゆくも
（万葉2032）

中古になって，仮名文ではそれまで程度を表していたバカリがそれ以外のものが排除されていることを表すようになったのに対して，ノミは同じものの集まりであることを表すようになった。

（5）　月影ばかりぞ八重むぐらにも障らずさし入りたる　（源氏・桐壺）
（6）　ただ波の白きのみぞ見ゆる　　　　　　　　　　（土佐・一月七日）

それが，中世になってノミが使われなくなると，バカリがその両方の意味を表すようになった。しかし，江戸時代になると，排他的な限定の意味は新生のダケが表すようになり，バカリはかつてノミの表していた同じものが集まっていることを表す意味になった。なお，ノミは漢文訓読語では一貫して排他的限定の意味で用いられており，現代も文語的文章ではその意味で用いられる。

3.3 接続

　文と文との接続関係を構成する助辞はいずれも比較的成立の新しいものばかりで，古来独自のものが少ない。ここで接続助辞と認めるものは，2.1で動詞の肥厚的語形として認めた接辞以外のものであるが，それらにおいても，条件を表すバは係助辞ハと関係があると指摘されているし，譲歩を表すド，ドモは格接辞トと関係があると指摘されているし，第二中止法をつくるテはアスペクトの接辞ツの連用形ではないかともいわれている。接続助辞の中で，成立が新しく語源が分かるものでは，格接辞から転じたものとしてガ，ニ，ヲ，ヨリ，ト，カラ，ノデなどがあげられる。また，形式名詞から転じたものとして，ユヱニ，タメニ，アイダ，カラニ，ホドニ，サカイニ，トコロデ，などがあげられる。また，形容詞の活用語尾から生じたものとしてケレドモ，接辞の活用形から生じたものとしてタラ，コピュラから生じたものとしてナラなどがある。なお，ガについては，接続助辞とみなされる例が生まれるのはかなりおそく，院政期からで，源氏物語冒頭の

　　（１）　いとやむごなきぎはにはあらぬが，すぐれて時めき給ふ，ありけり　　　　　　　　　　　　　　　　　　　　　　　　（源氏・桐壺）

のガは，いまだ格接辞である。

....

[注1] 文法論の大枠は，おおよそ高橋太郎・金子尚一・松本泰丈・金田章宏・鈴木泰・須田淳一・齋美智子2005『日本語の文法』（ひつじ書房）に従う。
[注2] 川端善明1979のように，接辞イによって，非独立形が独立形になるという現象は普通認められているより一般的で，オク（ツキ）に対するオキのようにイ（甲類）が露出形語末にそのまま現れるものや，ア（ユヒ）に対するアシのようにシのようなイ母音を含む接辞をつけて独立するものまでも独立形に含めるという考えかたもある。それに従うなら，独立化の接辞イの有無を軸とする独立・非独立の対立は名詞全般に及んでいると考えることができる。ただし，名詞においては，露出形に格接辞などがついたものも非独立形であるから，いわゆる被覆形は，非独立形のなかで複合語を作る時のみに現れる特殊な非独立形であると位置づけられることになる。
[注3] 現代語においては，六活用形のうち，特に未然形は単に接続の形式にすぎなくなっているが，川端善明1979のいうように，古代においては，未然形は仮想的なムードを表す接辞を膠着させるものとして，可能的に未確定的な述べ方を表す形であり，連用形

は過去または完了を表す接辞を膠着させるものとして，可能的に確定的な述べ方を表す形であり，終止形はそのままの形で，現在目の前にあるという，即自的な現在を表す形であるというように，三活用形が述語的な述べ方にかかわる意味を異にして対立していたとみることが可能なら，古代語の活用形を考えるうえでは，一応未然形をたてておく必要はあると考えられる。

[注4] 馬淵和夫1968，川端善明1979，山口佳紀1985などによれば，未然形は元来，－ア－オ（乙類）－ウなどで終わる被覆形相当の動詞語根であり，それに独立化接尾辞のイ（甲類）がついて動詞独立形として連用形が成立するものと考えられている。そうした考え方によれば，それらの語末母音がおち，イが残って連用形が成立するのが四段活用で，それらとイが融合変化して語末母音がイ（乙類），エ（甲類）となって連用形が成立するのが上下二段活用である。そして，上下二段活用においては，このイ・エ（乙類）が未然形として資格も獲得することになる。終止形については，動詞語根のなかから語末母音がウ形態をもつものが独立して活用組織のなかにはいったとも，特殊な接尾辞をつけて被覆形から独立したともいわれるが，いずれにせよ連用形と対立する独立形であることは間違いない。また，川端善明1979によれば，連体形は，その装定という機能が述定と基本的に同一の関係性であることにもとづいて，終止形から二次的に成立したものであり，已然形は，下二段連用形の資格を獲得する以前に四段活用の第二連用形の役割を果たしていたエ（乙類）独立形が確定条件の意味を獲得したところに成立したものである。

[注5] 以下，動詞活用の歴史についてはおおよそ川端善明1982「動詞活用の史的展開」（『講座　日本語学2』明治書院）に従う。

[注6] 川端善明1979によれば，シは，本来，形容詞が「くはし女」「さかし女」のように複合語の前項として後項を修飾する関係にある時，その関係を確認し，形容詞を語として安定させるものであったものが，断止の形式となったものである。そして，ク活用が語幹にシをもたないのは，客観的状態・性質がすでにして安定的なものであったからであり，シク活用が語幹にシをもつのは感情の意味が語として不安定であり，安定を必要としたからであると説明できることになる。それに対して，カ行系の活用で，まず連用形のクは，ク語法のクなどと同じ形式名詞クを形容詞が連体修飾し，全体として不安定な情態性体言を作ったもので，それが安定を求めたところに，連用修飾という機能が生じたのであると考えられている。また同じ考えによれば，連体形キは連用形クに独立化接尾辞イがついて，体言的に安定したものである。ケは，そのキから出て，再度修飾的機能を付与されたものである。

[注7] ナリ活用とタリ活用の違いはおおよそ判断の種類の違いに対応し，ナリ活用が主語に対して包摂的な述語となるのに対して，タリ活用は主語に対して内属的な述語になるという差がある。この点については，鈴木泰1985「〈ナリ〉述語と〈タリ〉述語」（『日本語学』4-10）を参照。なお，タリ活用の形容詞は，近世以降，連用形のトと，連体形のタル以外が余り使われなくなり，現代では用言的性格はない。なお，ナリ活用は，中世においては，ルを落として，－ナという形を終止形にもつようになるが，近世になってそれも－ヂァ，－ダにとってかわられる。

[注8] 山田孝雄1913a参照。

第2章　古代語の文法・文法史　63

[注9] 鈴木泰1994「擬声語・擬態語」(『古代文学講座7』勉誠社)参照。
[注10] 山口佳紀1987「各活用形の機能」(『国文法講座2』明治書院)参照。
[注11] 青木伶子1952「奈良時代に於ける連体助詞「ガ」「ノ」の差異について」(『国語と国文学』29–7)
[注12] ユは「思ふ」「聞く」などにつくと、「思ほゆ」「聞こゆ」のように、オ列音から続いた。これらは、ふつう自動詞と考えられているが、此島正年1973によれば、

 (1) 物思ふと人には見えじ下紐の下ゆ恋ふるに月ぞ経にける (万葉3708)

のように、明らかに受動の意味を表している例が時々みられる。ヴォイスが動詞の自他と切り離すことできないことを示すものである。
[注13] 近藤政美1972, 73「平家物語における助動詞「す」「さす」について＋－受動的状態を表す用法を中心に——(上)(下)」(『説林』21, 22) 参照。
[注14] Takeuchi, L. 1987、鈴木泰1992参照。
[注15] 細江逸記1932参照。
[注16] 以上テンス・アスペクトについては、鈴木泰2009参照。
[注17] 山口堯二1991「推量体系の史的変容」(『国語学』165)参照。
[注18] 濱田敦1948「上代における願望表現について」(『国語と国文学』25–2)参照。
[注19] この点からはむしろ、ケム形は、過去推量というより、過去時制のヴァリアントとして、推量的な過去といったほうがよいものである。そして、そのような過去というテンスを表すという性質が一般に時の接辞の接続面である連用形にその接続面を求めさせているのである。なお、完了ないし過去と推量はともにその出来事の成立に立ち会っていない出来事を表す場合があるという点で関係が深く、ケム形にもほとんど過去と区別のつかない用法がある。

 (1) なほ翁の年こそ聞かまほしけれ。生まれけむ年は知りたりや(大鏡・序)

[注20] 山口佳紀1985参照。
[注21] ラム形は現在推量などと称されて、未来推量のム形、過去推量のケム形と整然たる体系をなすようにいわれるが、断定のテンスに過去、現在、未来という対立がないのに、推量のテンスにそうした対立があるとは考えにくい。

〔参考文献〕

石垣謙二 1955『助詞の歴史的研究』(岩波書店)
春日和夫 1968『存在詞に関する研究』(風間書房)
川端善明 1979『活用の研究Ⅱ』(大修館書店)
北山谿太 1951『源氏物語の語法』(刀江書院)
此島正年 1966『国語助詞の研究——助詞史素描』(桜楓社)
——— 1973『国語助動詞の研究——体系と歴史』(桜楓社)
小林好日 1936『日本文法史』(刀江書院1970再版)
佐伯梅友・鈴木康之監修　日本文法研究会編 1988『概説・古典日本文法』(桜楓社)
阪倉篤義 1966『語構成の研究』(角川書店)
鈴木　泰 1999『改訂版　古代日本語動詞のテンス・アスペクト——源氏物語の分析

──』（ひつじ書房）
鈴木　泰 2009『古代日本語時間表現の形態論的研究』（ひつじ書房）
鈴木　泰 2012『語形対照──古典日本語の時間表現』（笠間書院）
橋本進吉 1969『助詞・助動詞の研究』（岩波書店）
細江逸記 1932『動詞時制の研究』（泰文堂）
築島　裕 1969『平安時代語新論』（東京大学出版会）
土井忠生・森田武 1975『新訂国語史要説』（修文館）
富士谷成章 1773『あゆひ抄』（1960 中田祝夫・竹岡正夫『あゆひ抄新注』風間書房）
松村　明 1957『江戸語東京語の研究』（東京堂）
馬淵和夫 1968『上代のことば』（至文堂）
森重　敏 1959『日本文法通論』（風間書房）
湯沢幸吉郎 1929『室町時代の言語研究』（大岡山書店 1955 風間書房再版）
山口佳紀 1985『古代日本語文法の成立の研究』（有精堂）
山田孝雄 1913a『奈良朝文法史』（宝文館 1954 再版）
　──── 1913b『平安朝文法史』（宝文館 1952 再版）
ロドリゲス 1608『日本大文典』（土井忠生訳・1955 三省堂）
Syromiatnikov, N.A. 1981 *The Ancient Japanese Language.* Moscow : "Nuka" Publishing House.
N.A. スィロミャートニコフ　植村進訳 2006『近世日本語の進化』（松香堂）
Takeuchi, L, 1987 *A study of Classical Japanese tense and aspect.* Copenhagen : Akademisk Forlag

第3章
現代語の語彙・語彙論

1 語彙とはなにか

　語彙には単語の集合という意味がある。日本語の語彙とは，日本語として話したり書いたりするという言語活動の中で使われる単語の総体をさす。単語は語彙を構成するメンバーである。ある個人が話したり書いたりする積極的な言語活動に使うことのできる語彙を表現語彙といい，聞いたり読んだりしてわかる語彙を理解語彙という。一般に，理解語彙は表現語彙より大きい。日本語の語彙の数は，各種の専門語を含めれば何十万語にも達するほど大きなものであるが，それらの語彙のうち，日常もっとも普通に使われ，社会生活をいとなむうえで必要とされるものを，とくに基本語彙と呼ぶことがある。ソーンダイクによる英語の基本語彙(2000語)は，このような観点から選ばれたものの例である。また，ある限られた語彙で，いろいろといいかえることによって，日常の言語生活を可能にしようとする意図で選び出された基礎語彙というものもある。オグデンによる Basic English (850語)や土居光知による「基礎日本語」(1100語)がその例である。

　語彙は，ある特定の個人，ある作品，ある時代，ある地域など，その範囲を限って，志賀直哉の語彙，「暗夜行路」の語彙，奈良時代の語彙，沖縄方言の語彙というふうに用いられることもある。

　辞書の見出し語は語彙の目録にあたるものである。辞書は，単語を一定の基準にしたがって配列し，個々の単語について意味・発音・表記・文法的特徴・文体的特徴などの情報を記述したものである。

　語彙は，また，文法と対立して，単語の意味的な側面をさすことがある。単語の語彙的意味というのは，個々の単語がもっている固有の意味をいう。「山」の〈高く盛り上がったところ〉，「高い」の〈空間上，上にあるさま〉，「見

る」の〈目で対象をとらえること〉といったそれぞれの他の単語から区別される意味が語彙的意味の例である。単語における文法的な側面とは，文や句などに見られる他の単語との結びつきの法則（統語論的な性質）と単語自身の語形変化や内部構造（形態論的な性質）をさし，品詞やその下位区分など単語のグループに共通する一般的な形式面をいう。これに対して，単語の語彙的な側面は，それぞれの単語の個別的な意味内容をさし，現実にある，さまざまな対象・性質・動きなどを一般的に写しとったものである。

語彙には，こうして単語の集合体という用法と単語の意味的な側面という二つの意味がある。

2　単語とはなにか

単語は，現実世界に存在する人・もの・状態・性質・動作・作用・数量・空間・時間といったさまざまな断片を切り取って，それに名づけをしたものである。単語の中には現実に存在していなくても，われわれ人間が想像した世界のものごとを名づけることもある（たとえば「河童」「龍」のような動物や「優曇華」のような植物）。単語は，現実の，あるいは人間の観念をも含めて現実をこえる言語外的な世界の断片を一般的に写し取ったものであるといえる。

どの単語にも意味と形式がある。単語にとって意味とは現実の断片を切り取った一般的な写しであり，形式とは音声である。音声だけあって，意味をもたない単語は存在しないし，意味をもってそれが音声と対応していない単語も存在しない。すなわち，単語にあっては，意味と音声が互いにささえあっているのであり，どちらも欠くことができない。「山」という単語についていえば，〈陸地で，まわりより高く盛り上がったところ〉というのが意味であり，[yama]というのが形式すなわち音声である。単語は，このように一定の意味と一定の音声が結びついたものであり，意味と音声からなる統一体である。

単語の意味と音声との関係は，原則として，恣意的である。〈陸地で，まわりより高く盛り上がったところ〉という意味[yama]という音声とが結びついているのは，日本語での約束ごとである。同じような意味内容を，英語

ならばmountainといい，ドイツ語ならばBerg，中国語ならshanというといったように民族語ごとに異なった音声と対応している。同じ言語の中で，ある語形の指し示す内容が歴史的に変化してしまうことがあるのも，単語の意味と音声とのあいだに必然的な関係が成立していないからである。

しかし，単語の中には，現実の音を語彙の単位としたものも少なからず存在する。オノマトペと呼ばれる単語群で，犬の鳴き声を「ワンワン」と表現したり，犬のものを「ワンワン（幼児語で）」というときの「ワンワン」がそうであり，「ブーブー」が車の音や車それ自体を表すのもそうである。オノマトペは，狭くはいわゆる擬声音（擬音語）をさすが，ものごとの様子を表す擬態語を含むこともあり，日本語ではこの擬態語に属する語彙が豊富である。

3　単語の性質

単語は，一定の意味と一定の音声が結びついたものであるが，この意味と音声との統一体である単語には，文法的特徴や文体的特徴がそなわっている。

単語は，また，発話の流れ（談話, discourse）や書かれたテキスト（文章, text）から，他と相対的に切り離される意味的，文法的，音韻的な諸側面をもった単位でもある。すなわち，前後の形式から相対的に独立した単位であるという性質をそなえている。単語は発話やテキストの中でくりかえし現れる安定した単位なのである。単語の多くは，既存のものとして，われわれに与えられたものである。単語には，原則として，既成品（できあいのもの）であるという性質があり，辞書の見出しのように目録として並べ上げたり，語彙頻度表のようにそれを数え上げたりすることができるという性質をもっている。ただし，日本語は，合成語を臨時的に作ることができるという性質をもった言語であり，言語活動に際して，その時その場で要素を組み合わせて，辞書に登録されていない単語を作りだすことがある。臨時的な合成語は句と同じようにその都度言語主体の責任のもとに創造されるという性質をそなえている。

3.1 単語の文法的な性質

　単語は，実際の言語活動においては，文を構成する要素として現れる。文は，現実をいくつかの部分に分割して写し取るものであるから，現実を一般的に写し取った単語を組み合わせて現実のできごとを再構成する。文の中での単語は，他の単語との前後関係（語順）によって，また，その単語で文がきれるかそれとも他の語句につながっていくかという接続関係によって，あるいは，語形変化をしたり，助詞のような付属形式をしたがえることによって，主語述語の関係や修飾語被修飾語の関係など文の成分になるという文法的な機能を果たしている。「遊び」と「遊ぶ」や「食事」と「食べる」は意味の上では共通しているが，「遊び」「食事」は，「遊びが　多すぎる」「食事を　早くすませる」のように，「が」や「を」をともなって，文の中では主語や目的語になることが基本的な役割である単語で，「本」や「コーヒー」と同様に名詞の仲間である。一方，「遊ぶ」「食べる」は，「遊んだ・遊ぼう・遊べ・……」「食べた・食べよう・食べろ・……」のような語形変化をもち，文の中では述語になることを本務とする単語で，これは動詞である。名詞や動詞というのは，単語を文法的な性質によって分類した単語のグループのことで，品詞（parts of speech）と呼ばれる。品詞とは単語にそなわっている文法的な特徴にもとづく単語の種類わけのことである。単語の語彙的な意味は，一つ一つの単語によって異なるものであるが，文法的な特徴は，一定の単語群に共通したものである。たとえば，「本」「コーヒー」「遊び」のような名詞は，主語や補語などの機能を果たすために格の体系を発達させ，形態的には格助詞をしたがえるという特徴があるが，このような特徴は名詞一般にみられる共通した特徴である。また，「遊ぶ」「食べる」のような動詞はムードやテンスやアスペクトといった文法的なカテゴリーをそなえているが，これも多くの動詞に共通してみられる特徴である。文法的な特徴というのは，文の中で果す役割やその役割に応じて単語が形をかえたり，付属的な形式をしたがえたりすることである。単語の中には，他の単語との依存関係をもたず，単独で文を構成するものがあり，「あら」「おや」「さよなら」といった感動詞の類がそうである。感動詞は単語と文とが未分化で，単語がすなわち文であると

いう特徴をもつものである。
　ここで，単語の文法的なすがたと語彙的なすがたの違いにふれておこう。
　動詞のような語形変化をする単語は，文の中では，次のようにさまざまな形式で現れる。
　　（1）　メキシコ料理のタコスというやつをはじめて<u>食べた</u>。
　　（2）　今度いっしょにお好み焼きを<u>食べよう</u>。
　　（3）　この地方で蛸を<u>食べる</u>人はいない。
　　（4）　ラーメンを<u>食べながら</u>夢中でおしゃべりをしている。
　上に現れた「食べた（。）」「食べよう（。）」「食べる（人）」「食べながら（……おしゃべりをしている）」は，語彙的には「食べる」という一つの単語の文法的に異なる語形である。英語でいえば，eat, eats, ate, eating などの形式に相当する。これらは，文の中での実現形としての単語である。単語の文法的なすがたをさして，語形（単語形式, word-form）という用語を使うことがある。それらの単語は，その語形にささえられて，(1)(2)は終止用法，(3)は連体用法，(4)は連用用法という接続（切れ続き）による違いがみとめられ，さらに，(1)の「食べた」では，〈過去・断定〉，(2)の「食べよう」では，〈勧誘〉，(4)の「食べながら」では，〈同時性〉といった文法的意味が取り出せる。(3)の「食べる」はテンスやムードなどの文法的な意味を欠いた不定詞のような用法である。こうした文法的な意味は，単語の文中の位置や語形によって担われている。このような一つ一つの文法的な語形に対して，そうしたいくつかの語形を統一する，レキシコンの単位としての単語が，単語の語彙的なすがたである。単語の語彙的な側面をさすときに，語彙素（語彙単語, lexeme）という用語を使うことがある。語彙素と文法的な語形との関係は次のようにまとめることができる。

　　　語彙素　　　文法的な語形
　　［食ベル］　　食べる／食べた／食べろ／食べて／食べながら／……
　　［高イ］　　　高い／高かった／高く／高ければ／……

　文法的な語形のうち，［食べる］や［高い］は基本形式として特別扱いされることがある。

3.2　単語の文体的な性質

単語には，どのような場面でも使用されるものもあれば，特定の場面でしか用いられないものもある。

　　（1）　きのう，神田でおもしろい本をみつけたので，それを買った。
　　（2）　昨日，神田で興味ある書籍をみつけたので，それを購入した。

これら二つの文は，同じ内容を述べてはいるが，使用されている単語に違いがみられ，(1)が日常的で話しことば的であるのに対して，(2)は文章語的書きことば的である。それらの違いは，「きのう」と「昨日（サクジツ）」，「おもしろい」と「興味ある」，「本」と「書籍」，「買う」と「購入する」といった単語の相違にもとづくものである。「きのう」「おもしろい」「本」「買う」は，話しことばでも書きことばでも広く使用される単語であるが，「昨日」「興味ある」「書籍」「購入する」のような単語は，もっぱら書きことばの世界で用いられる文体的にいくらかかたい単語である。単語の中には，「朝っぱら」「つら」「ぬかす」「やばい」のように日常のくだけた会話で使われるものもある。「昨日」「書籍」「購入する」のような単語は，書きことばや格式ばった話しことばで用いられる単語で，文章語という。また，「朝っぱら」「つら」「ぬかす」などはごく親しい間で使われるくだけたことばで，俗語という。単語のこのような性質を文体的特徴という。「きのう」「本」「買う」などはどのような場合でも用いられる文体的に中立的な単語といえる。

3.3　単語という単位

文の構成要素である単語は，一般に，社会的には，われわれにすでにあるものとして与えられたものであり，個人的には，その言語の使い手の脳にたくわえられたものである。単語は，ある特定の個人に属するのではなく，その言語を用いる集団に共有されているものである。その場で臨時的に作り出されるような合成語を除けば，単語はわれわれが勝手に作り出すことができない性質のものである。単語とともに言語のもっとも重要な単位である文は，コミュニケーションの単位であり，言語活動の中で，単語を材料として，

話し手や書き手の責任において，その時その場で創造されるものである。単語を組み合わせて作られる句や文は，社会的に与えられたものではなく，その数は無限である。文は，異なりとして数え上げたり，並べ上げたりすることはできないが，単語は目録として並べ上げることができる。

単語は，談話やテキストにおいて，他と相対的に独立した単位であり，数え上げることができるという性質をもっているが，次の具体例によって，このことを確認しておこう。

（1）「きみあしたどこいく？」
「奈良公園。」

（2）ひさしぶりにともだちをたずねる。はなしがはずむ。

（3）雨はふるふる，
城ヶ島の磯に，
利休鼠の雨がふる。

話しことばである(1)からは，「君」「あした」「どこ」「行く」「奈良公園」という，それぞれ前後から区別される単位を取り出すことができる。また，書きことばである(2)からは，「ひさしぶり」「に」「友達」「を」「たずねる」「話し」「が」「はずむ」という単位が得られる。これらが一般に単語と呼ばれている単位である。これらのうち，「に」「を」「が」といった形式は発音するときには前の形式とひとつづきに発音され，独立性が弱く，また，実質的な意味を担うものではない。これらの形式が単語であるとしても，「ひさしぶり」「友達」「たずねる」のような形式と同じ資格をもつものではないので，付属語や付属形式として，一般の単語と区別されるのが普通である。

(3)のテキストからは，「雨」「は」「ふる」「ふる」「城ヶ島」「の」「磯」「に」「利休鼠」「の」「雨」「が」「ふる」の単語が得られる。ところで，このテキストにはいくつの単語があるかという問いは二義的である。テキストに現われる単語の総数をいう場合と，くりかえし現れるものを同じものとして一つとして扱った単語の総数をいう場合とである。前者を延べ語数といい，後者を異なり語数という。(3)のテキストでは，付属語もふくめた場合，延べ語数が13語で異なり語数は9語である。単語には，どのような言語活動にも用いられる基本的なものもあれば，特定の分野にしか用いられない特殊なも

のもあって，出現のしかたはまちまちである。語彙の数量的な性質については，単語の使用率の分布をはじめ，統計学的な調査研究が行われ，語彙使用におけるさまざまな法則や特徴が指摘されている。

「馬があう」「道草をくう」「図に乗る」「口が軽い」といった慣用句は，形式上は単語の結合体であるけれども，意味上は要素に分割できず，その結びつきは固定的で，全体で単語に相当するものである。次の例文の(4)(5)は同じ統語構造のもとに，下線部分について，(4)は一般の句として，(5)は慣用句としての意味が読み取られる。

　　(4)　途中で<u>昼飯をくって</u>，遅くなった。
　　(5)　途中で<u>道草をくって</u>，遅くなった。

例文(4)の「昼飯をくう」が構成要素の意味と「名詞ヲ＋動詞」という統語構造にささえられて，全体の意味が構成されるのに対して，例文(5)の「道草をくう」では，構成要素と統語構造から〈ほかのことをして，時間をついやす〉という全体の意味をもとめることができない。慣用句の形式上の固定性と意味上の非分割性とが，句のレベルを単語のレベルにひきもどしている。つまり，慣用句は特殊な句であるので，レキシコンのメンバーとなるのである。

4　単語の意味

　個々の単語がもっている意味には，一般的であるという性質がある。単語の意味は，現実そのものではなくて，われわれが話したり書いたりするという言語行為の結果得られる現実世界の一般的な写しである。「灰皿」という単語についてこのことを考えてみよう。「灰皿」には，材質の点では，ガラスでできたもの，金属製のもの，木製のものなどがあるし，かたちにも，四角いもの，丸いものなどさまざまなものがあるが，〈タバコの灰や吸い殻を入れるための器〉という性質をもっている点で共通している。また，「食べる」という単語は，人間が食卓で食事をとる場合，歩きながらりんごをかじる場合，魚が餌を食う場合などでは，実際の動きはまちまちで，かなり違っている。現実の動きは違っていても，〈生き物が栄養物を喉を通して体内に

とりこむ〉という一般的な特徴が共通していて，このような動きに対していずれも「食べる」という単語でいい表すことができる。単語の意味は，このようにその単語が表せるものに共通している一般的な特徴のことである。辞書に記述されるべき単語の意味は，特定の実体や特定の動きではない。

　個々の単語は，他の単語と区別される個別的な意味をもっている。「机」は〈作業をするための，床に平行な台〉，「ペン」は〈インクをつけて，文字や線などをかく道具〉といった個別的な意味をもっている。このような意味を語彙的意味，もしくは辞書的な意味という。もっとも，単語が談話やテキストの中で用いられるときには，その時その場で限定されたものごとを指し示すであろう。そのような意味は文脈的意味と呼んで，語彙的意味と区別されるものである。

4.1　意味の階層性—同位語，上位語・下位語—

　単語は，意味内容が他の単語と孤立した姿でばらばらに存在するのではなくて，グループを作ったり，となりあったり，向かいあったりして他の単語と関係しながら存在している。語彙は，それゆえ，単語のよせあつめではなく，互いに関係づけられた一定の体系であるといえる。

　次の単語は，どのようなグループの単語であろうか。
　　（1）「鯉」「鮒」「鮎」「はや」「なまず」
　　（2）「ミルク」「ジュース」「酒」「ビール」「ワイン」
　　（3）「こわす」「つぶす」「曲げる」「打つ」「たたく」
　　（4）「すたすた」「てくてく」「とぼとぼ」「よちよち」「しゃなりしゃなり」
　　（5）「丸い」「四角い」「とがった」「角張った」「斜めの」

　（1）は「魚」の名前である。いずれも「淡水魚」であり，必要に応じて，「鯖」「鰺」「さんま」などの「海水魚」と区別される。「魚」もしくは「淡水魚」は，「鯉」「鮒」「鮎」などを包摂するもので，「魚」「淡水魚」は「鯉」「鮒」「鮎」などに対して上位語，逆に「鯉」「鮒」「鮎」などは「魚」「淡水魚」に対して下位語であるという。「淡水魚」「海水魚」は「魚」の下位語である。（2）は，

いずれも「飲み物」(「飲料」「ドリンク」)の下位語にあたる。「酒」「ビール」「ワイン」は「アルコール(飲料)」に属し、「飲み物」の下位グループを作っている。(3)は〈対象に力を加える動作〉を、(4)は〈歩くときの特徴〉を、(5)は〈形の特徴〉を、それぞれ意味する単語のグループであるが、適当な上位語はみいだせない。それぞれの単語のグループは、なんらかの指標にもとづいて、さらに細かく分類できることもある。たとえば、(3)は、〈対象に変化をもたらす〉ものと〈対象の変化に関与しない〉ものに分けることが可能で、以下のように分類できる。

　　（a）〈対象に力を加え、その対象に変化をもたらす動作〉
　　　　「こわす」「つぶす」「曲げる」
　　（b）〈対象に力を加え、その対象の変化には関与しない動作〉
　　　　「打つ」「たたく」

(4)の単語は、〈人間の歩く様子〉という点で共通した意味をもっているが、以下にみるように、その主体や歩き方などの点で違いがみとめられる。

　　すたすた：急ぎ足で歩くさま
　　てくてく：長い距離をひたすら歩くさま
　　とぼとぼ：力なく歩くさま
　　よちよち：幼児が心もとなく、たどたどしく歩くさま
　　しゃなりしゃなり：女性が身をしなやかに動かして気取って歩くさま

(5)の単語は、なんらかの〈形の特徴〉を表している語群であるが、品詞が形容詞(「丸い」「四角い」)、動詞(「曲がった」「角ばった」)、名詞(「斜めの」)にまたがっていて、文法上の統一性に欠けている。

4.2 類義語

よく似た意味をもつ二つ以上の単語を類義の関係にあるという。とくに、単語(A)と単語(B)との間に、語形が違ってはいるが、その意味が完全に重なり合うペアを同義語と呼ぶことがある。同じ文脈に単語(A)(B)いずれをおいても意味の差が生じないものである(例「投手」と「ピッチャー」、「電子計算機」と「コンピュータ」など)。ただし、形式が異なる以上、意味も異なると

いう主張があり，完全な同義語というものが存在しないともいわれる。

　複数の単語の中核部分の意味が共通しているものがある。たとえば，「父」の意味を，［親］［男性］［一世代上］［直系］という意味特徴の束としてとらえるとき，これらの意味特徴は「おとうさん」「パパ」「おやじ」などの単語についても共通している。単語の意味の中核的な部分で，このような意味特徴を明示的意味（denotation）ということがある。しかし，これらの意味群がまったく同じ使われ方をするわけではない。「おとうさん」はよびかけには使うが「父」は使わない。「パパ」は子供がよく使うことばである「おやじ」は父親を親しんで，くだけた場面で使うことばである。このような，単語の意味の中核部分をとりまく，さまざまな意味的な特徴を暗示的意味（connotation）という。暗示的な意味特徴とは，語感，方言と標準語の違い，古語と新語の違い，文章語と俗語の違いなどにかかわるもので，いくつかの尺度をもつ開いた概念である。使用者や場面によっても違ってくる。

　類義語は，普通次の三つのタイプに分けられる。

（a）　一方の意味が他方に含まれるもの。
　　　「辞典」と「字引」，「治療する」と「なおす」のような例。
（b）　部分的に重なりあうもの。
　　　「道」と「通り」，「のぼる」と「あがる」のような例。
（c）　となりあっていて，重ならないもの。
　　　「軽震」と「弱震」，（鉄道用語での）「運賃」と「料金」

((((((（コラム)))))))

文脈にしばられた類義性

現実のものごとと単語との関係は多様である。次のテキストの下線部の単語はいずれも同じ対象をさしている。
　　(a)　男は道端に<u>コスモス</u>を見つけた。そっと近づいてその<u>花</u>のかおりをかいだ。
　　(b)　<u>ベランダ</u>に出てみると，<u>そこ</u>は日の光をうけてあたたかかった。
　　(c)　<u>息子</u>をさがしたのだが，<u>信夫</u>の姿はどこにもなかった。
　　(d)　山の中で，<u>切株</u>を見つけた。それは，<u>椅子</u>にするのにちょうどよかった。
それぞれのテキストの単語間の関係は，(a) では，下位語（コスモス）と上位語（花），(b) では具象語（ベランダ）と指示語（そこ），(c) では普通名詞（息子）と固有名詞（信夫），(d) では対象の実質をさす語（切株）とその機能をさす語（椅子）というふうにさまざまである。

第3章　現代語の語彙・語彙論

(a)のタイプは，上位語と下位語の関係にある語に成り立つ類義で，「字引」は「辞典」の他に「字典」をも意味する。「なおす」は「修理する」ことや「修繕する」ことも表す広い意味の単語である。(c)は，専門用語としては，厳密に使い分けられるべき単語が，日常語の中にあって，はっきりした区別をしないで使用する場合の例である。

　類義関係にある単語の意味の違いを確認するためには，文脈を用意し，いえるかいえないかを判定する方法がとられる。次の(1)(2)の例文のうち，(1)が自然にいえるのに，(2)は不自然である。「階段を」は移動の経路を表し，「二階に」は移動した結果の位置を表している。「のぼる」も「あがる」も〈下から上への移動〉を表すという点で共通した意味をもっているが，「のぼる」が移動の過程に焦点があり，「あがる」が移動の到達点に焦点があることが，このような例文を吟味することによって明らかになる。

　（1）　階段をのぼって，二階にあがる
　（2）＊階段をあがって，二階にのぼる

　「のぼる」の移動の過程に焦点があることは，連続する動きや動作そのものに意味の中心があるのに対して，「あがる」の到達点に焦点があることは非連続的な動きと関わって，変化を意味することが多い。本来の位置の変化から状態の変化（「雨があがる」「舞台であがる」）にもおよぶことになる。

4.3　対義語

　共通の意味領域にあって，ある意味特徴が相互に向かい合っている関係のひとくみのペアを対義語という。対義語には，以下のようなさまざまなタイプのものがある。

(a) 相補関係：「男」と「女」，「ある」と「ない」，「等しい」と「異なる」のようなペアで，ある意味の枠の中で，概念の領域を二分するもの。一方が肯定されれば，他方が否定される関係がなりたち，この関係は，動詞の文法範疇の肯定―否定の関係と重なる。

(b) 両極関係：「頂上」と「ふもと」，「始まり」と「終わり」，「満点」と「零点」のようなペアで，空間・時間やなんらかの数量上の両極を表す単語間に

なりたつもの。

(c) 程度性をもつ対義語:「大きい」と「小さい」,「重い」と「軽い」,「ぬれた」と「乾いた」のようなペアで, ものごとの性質を相対的に表していて, 両者の差は程度の問題である。

(d) 反照関係:「上り坂」と「下り坂」,「行く」と「来る」,「売る」と「買う」のようなペアで, 一つのものごとを異なる視点から名づけた単語間になりたつもの。「教える」と「教えられる (=教わる)」,「授ける」と「授けられる (=授かる)」もこの仲間であり, 動詞の能動形と受動形の関係と重なる。

(e) 前提関係:「先生」と「生徒」,「医者」と「患者」,「親」と「子」のようなペアで, 互いに相手の語を前提に名づけられたもの。

(f) 変化に関する対義語:
（1） 位置の変化「あがる」と「さがる」,「入る」と「出る」,「前進」と「後退」のようなペアで, 空間上の変化が逆方向である。
（2） 状態の変化「寝る」と「起きる」,「結ぶ」と「ほどく」,「生産」と「破壊」のようなペアで, 相互にもとの状態に移行する関係である。

対義語のペアは, 一般に, 語種, 文体的特徴などが共通しているもので,「素人」と「プロ」(語種が違う),「おやじ」と「母」(文体的特徴が違う)のようなペアは, 対義語と意識されにくい。「ふもと」と「頂上」は和語と漢語の違い

(((((((コラム)))))))

「セーターを着る」「ズボンをはく」と「セーターを／ズボンをぬぐ」

単語の意味の対立には, しばしばつぎのようなことが起こる。「帽子をかぶる」「セーターを着る」「ズボンをはく」のように衣類を身につけるときには, その動作を違った単語で言い分けるのに,「{帽子を／セーターを／ズボンを} ぬぐ」のように, 身体から衣類をとるときには同じ単語で言い表すことができる。これは, 身につける行為の方がその逆の行為よりも重要であるという認識を反映しているのであろうか。「雨」や「風」という現象が生じるときには,「雨が降る」「風が吹く」と言い分けるのに, これらの現象が消えるときには,「{雨が／風が} やむ」のように同じ単語でいえる。ひととの出会いの挨拶に, その時間帯によって,「おはよう」「こんにちわ」「こんばんわ」などと使い分けるのが, 別れの挨拶の「さようなら」「バイバイ」などは, 時間に関係なく用いられる。

第3章 現代語の語彙・語彙論

があるが，文体的な特徴が共通していて，対義語と意識される。

5　単語の形式

　日本語の音節は，子音と母音一つずつからなるものがほとんどで，その種類はきわめて少ない。短いものは，「目」「歯」「手」「木」「葉」のような基本的な単語に限られ，長いものは「たつのおとしご」「りゅうぐうのおとひめのもとゆいのきりはずし」といった動植物の名前や「セラミックス系高温超伝導体」「国際電信電話諮問委員会」といった専門語や組織名などにしばしばみられる。もっとも一つの単語であるか，それとも，いくつかの単語からなる句であるかの判定がむずかしいものもある。語彙全体の中では，3音節と4音節の単語がもっとも多く，長い音節の借用語や専門語などは，3〜4音節になる傾向がつよい（バイト＜アルバイト，マスコミ＜マスコミュニケーション，ワープロ＜ワードプロセッサー，国体＜国民体育大会，原発＜原子力発電所，ほか弁＜ほかほか弁当，など）。

　「帰る」「変える」「買える」「飼える」，「効果」「高価」「硬化」「降下」「考課」「降下」「硬貨」「校歌」「高架」「工科」「黄禍」……のような単語は，共通の音をもっているが（アクセントを考慮しないことにする），意味はそれぞれ違っている。このような単語の関係を同音語（同音形式）と呼ぶが，同音語が多いことが日本語の語彙の特徴の一つとされる。とくに漢語においていちじるしい。「発音」「撥音」，「配水」「排水」「廃水」のような同音語は意味も似ていてまぎらわしく，言語生活に混乱をもたらすことがある。同じ文脈で使いうるような同音語では，「ワタクシリツ（私立）」と「イチリツ（市立）」といい分けたり，「カネヘンノコウギョウ（鉱業）」といって，「工業」と区別したりすることがある（このような同音語による病理的な現象を同音衝突という）。同音語は同じ品詞の単語間でのみ成立するのでなく，「帰る」と「蛙」，「よく（寝る）」と「欲」のような品詞の異なる単語間にも起こりうる。従来，このようなタイプのものは，同音語と意識されにくかったが，ワープロが普及するにともなって，ローマ字やカナから漢字に変換する際のあらたな問題となっている。

日本語の語彙には，古くは，
　（a）　ラ行音ではじまる単語がない。
　（b）　ガ行音，ザ行音，ダ行音，バ行音を語頭にもつ単語がない。
　（c）　撥音，促音，長音がない。
という音声上の特徴があった。しかし，漢語や洋語などの借用語の使用によって，そのような特徴はなくなってしまった。
　日本語には，畳語と呼ばれる同じ形式のくりかえしからできた単語が目だつ。朝鮮語，中国語，インドネシア語などに，このようなくりかえし形がみられるが，英語などの印欧語ではめずらしい。畳語には，次のような意味上の特徴がある。

・多数性を表す　　　　　「人々」「神々」「山々」「国々」
・連続する運動を表す　　「泣く泣く」「泣き泣き」「恐る恐る」「かえすがえす」
・様子を強調する　　　　「黒々」「とろとろ」「がらがら」「のびのび」「悠々」「ときどき」「ところどころ」

　こうしたくりかえしの形式は，実体については，対象の数が多いことを，動作・作用のような動的な属性については，くりかえし行われること，すなわち運動の回数が多いことを，ある状態・性質のような静的な属性については，様子・時間・空間などの連続や広がりを表している。いずれもものごとの多数性，多回性，連続性を意味していて，形式上のくりかえしと意味上のくりかえしが対応している。言語の形式と意味とのあいだに有契性がみられる例である。
　畳語は，擬声語・擬態語にも多く現れる。擬声語は，擬音語とも呼ばれ，現実の音を語彙化したもので，擬態語は，ものごとの状態の感じを語彙化したものである。「戸が<u>がたがた</u>いっている。」の「がたがた」は擬声語で，「働きすぎで，身体が<u>がたがた</u>になった。」の「がたがた」は擬態語である。日本語には，こうした擬声語・擬態語が目だち，その多くは副詞である。擬声語，擬態語は畳語に限らない。これらの単語は，音表象上の構造性をもっていて，「あはは」「いひひ」「うふふ」などの「笑い」を特徴づける擬声語は，開母音：閉母音，前母音：後母音の対立によって，「ひゅうひゅう」「びゅう

びゅう」「ぴゅうぴゅう」のような「風の音」は清音：濁音：半濁音の対立によって風の特徴をいいわけている。また，擬態語は，
　「きらり」「きらっ」「きらきら」
　「ぎらり」「ぎらっ」「ぎらぎら」
　「ぴかり」「ぴかっ」「ぴかぴか」
のような形態上の特徴をもっていて，「－り」「－っ」は瞬間的な動作・作用を「きらきら」「ぎらぎら」「ぴかぴか」のようなくりかえし形は，連続して起こる動作・作用を表すという違いがある。擬声音の場合には，こうした形態上の違いは瞬間的な音か，時間の幅を感じさせる連続的な音かの対立を意味する。

　次の文章には，擬声語・擬態語が多用されていて，一回性瞬間性と多回性連続性の違いがたくみに表現されている。

　　二人は泣いて泣いて泣いて泣いて泣きました。
　　そのときうしろからいきなり，
　「わん，わん，ぐわあ。」と言う声がして，あの白熊のような犬が二匹，扉をつきやぶってへやの中に飛び込んできました。かぎ穴の目玉はたちまちなくなり，犬どもはううとなってしばらくへやの中をくるくる回っていましたが，また一声，
　「わん。」と高くほえて，いきなり次の扉に飛びつきました。扉はがたりとひらき，犬どもは吸い込まれるように飛んで行きました。
　　その扉の向こうのまっくらやみのなかで，
　「にゃあお，くわあ，ごろごろ。」と言う声がして，それからがさがさ鳴りました。
　　へやはけむりのように消え，二人は寒さにぶるぶるふるえて，草の中に立っていました。
　　見ると，上着は靴やさいふやネクタイピンは，あっちに枝にぶらさがったり，こっちの根もとにちらばったりしています。風がどうと吹いてきて，草はざわざわ，木の葉はかさかさ，木はごとんごとんと鳴りました。

（宮沢賢治「注文の多い料理店」）

また，擬声語・擬態語には，次のような清音と濁音の語形上の対立をもつものが多くみられ，このような清濁の対立は，意味の上でも，ある種の対応があることが知られている。
　　清音系：「かたかた」「さらさら」「とんとん」「こんこん」……
　　　　　　（小さい，軽い，おだやか，快い，……）
　　濁音系：「がたがた」「ざらざら」「どんどん」「ごんごん」……
　　　　　　（大きい，重い，はげしい，不快，……）
　なお，人間の心の様子を表している「わくわく」「はらはら」「いらいら」のような単語を擬情語と読んで，擬声語・擬態語と区別することもある。

6　単語の出自

　日本語の語彙は，出自の違いから和語，漢語，洋語，混種語に分けられる。和語は日本語固有のことばであり，漢語と洋語は日本語以外の言語から借用したことばである。借用語（外来語）を漢語と洋語に分けるのは，日本語の歴史的な事情にもとづく。しばしば，漢語を和語といっしょにして，洋語のみを外来語としてあつかうのは，漢語が日本語に入ってからの時間が長いことと和語も漢語と同じように漢字で表記されることが多く，文字の上での共通性があるからであろう。漢語を使った文体が正式の文章であるといった認識も，漢語を固有語に近づけている理由であろう。混種語は，和語・漢語・洋語のまざったものである。こうした，和語・漢語・洋語のような単語の出自による違いを語種という用語で呼ぶことがある。
　和語は，やまとことばとも呼ばれ，日本語固有のことばであり，もともと日本語としてあった単語，あるいは，それの形を変えたものやそれにならって造られた単語をいう。日常もっともよく用いる基本的な語彙の多くは和語であり，この和語は，すべての品詞にわたっている。すなわち，「山」「川」「わたし」のような名詞をはじめ，「歩く」「そびえる」のような動詞，「赤い」「うれしい」のような形容詞，「ゆっくり」「もっと」「おそらく」のような副詞，「いわゆる」「きたる」のような連体詞，「しかし」「また」のような接続詞，「ああ」「まあ」のような感動詞といったふうにあらゆる品詞にみられる。さ

らに，いわゆる助詞や助動詞といった付属形式のほとんどは和語である。

　漢語は，字音語とも呼ばれ，中国から借り入れた単語，あるいは，それにならって造られた単語である。和語が話しことばでよく用いられる日常的な語彙に傾くのに対して，漢語は書きことばに特徴的な性質，すなわち文章語に属するものが多い。漢語は名詞に多く，とりわけ，抽象名詞や学術用語に目だつ。漢語を動詞や形容詞（形容動詞）として用いるためには，「参加する」「協力する」「大切な」「親切な」のように「-する」「-な」をそえればよく，いずれも生産的で多くの語彙がある。動詞では，和語の「なおす」に対応する「治療する」「修繕する」「修理する」……，「はいる」に対応する「入学する」「入園する」「入院する」「入室する」……のように漢語の方が意味が細分化されていて，分析に言い表しているものが多い。形容詞（形容動詞）では，和語の形容詞が少なくて非生産的なところを漢語系の形容詞が補っている。漢語は副詞にも浸透していて，時間を表す「年々」「当時」，数量に関する「少々」「若干」，程度を表わす「大層」「随分」，情態を表す「極力」「急遽」などがある。また，「全然」「無論」「是非」「多分」のように陳述的な副詞にも漢語がみられる。このほか，漢語には，「全-人類」「新-首相」「同-教授」といった接頭辞性の形式，「音楽-性」「都会-的」「見つけ-次第」といった接尾辞性の形式などもある。なお，「マージャン（麻雀）」「チャーハン（炒飯）」「シューマイ（焼売）」「メンツ（面子）」など近代中国語からの借用語は漢語に含めないのが普通である。

　洋語は，古くはポルトガル語，スペイン語，オランダ語から，明治以降は英語をはじめとし，フランス語，ドイツ語，イタリア語などから借り入れた語彙のことである。芸術用語（「アトリエ」「クレヨン」「ジャンル」），料理用語（「コロッケ」「ソテー」「コンソメ」），美容や服飾に関する用語（「ルージュ」「シュミーズ」「ネグリジェ」）はフランス語起源，医学用語（「ガーゼ」「クランケ」），登山やスキーに関する用語（「ピッケル」「アイゼン」「ゲレンデ」）はドイツ語起源，音楽用語（「オペラ」「カンタータ」「コンチェルト」）はイタリア語起源というふうに専門分野によって，違った言語から借り入れている。日本にとって新しいものや概念をどこから取り入れたかを反映するものである。英語からの借用語は，日常語と専門語の違いをとわず広い範囲に及んでおり，今日もふえる一方

で，洋語全体の80％以上の割合をしめるにいたっている。英語教育が普及し，ほとんどの日本人が多かれ少なかれ，英語にふれていて，話しことばの中で英語風に発音されたり，書きことばの中で原つづりのままで表記されたりすることもあって，外国語としての英語と英語からの借用語の区別がつけにくい場合がある。国際化が進む中でこの傾向はますます強くなるであろう。洋語は，もっぱら名詞として，また「-する」「-な」をそえた形式で動詞，形容詞（形容動詞）として機能する。副詞の例はみあたらない。洋語が日本語の語彙としてとりこまれると，発音が日本語風に手なおしをうけるのにくわえて，原語とのあいだに意味のずれが生じてしまうことがある。つまり，その語が原語の中でもっていた意味と日本語の中で使われるときの意味とが異なるわけである。ドイツ語起源の「アルバイト」は，原語では〈仕事〉や〈労働一般〉をさすが，日本語では，〈本業に対する副業〉や〈内職〉を意味するし，「トランプ」は英語では〈切札〉を意味するが，日本語では〈カード〉や〈カードを使ってのゲーム〉をさす。このことは，日本人の外国語学習や外国人の日本語学習の際に問題が生じる。日本語を学ぶ外国人にとって，洋語の学習がもっとも困難であることがしばしば話題になる。洋語の中には，もともとが共通する単語であったものが，日本語に取り入れられた原語と時代によって，違った発音と意味をもつことがある。「トロッコ」と「トラック」，「チャコ（裁縫の道具）」と「チョーク」，「ガラス」と「グラス」，「カルタ」「カード」「カルテ」などがその例である。

　借用語の中には，漢語，洋語に属さないものもある。たとえば，朝鮮語から入ったものとして，古くは「寺」「兜」などが，新しくは「キムチ」「カルビ」「オンドル」などがあり，アイヌ語からは「ラッコ」「鮭」「昆布」などがある。さきにあげた近代中国語から借り入れた「マージャン」「チャーハン」なども漢語，洋語に入らない借用語である。また，漢語や洋語などの中には，もともとは，中国語や西洋語ではなく，日本語として取り込まれたのが，中国語や西洋語であったという単語もある。「葡萄」はギリシア語に，「旦那」はサンスクリット語に起源があるとされるが，日本語の語彙の中では漢語であり，ポリネシアの言語にみなもとをもつ「タブー」は英語を介して日本語に入ったのでこれは洋語とみなされる。

現代の日本語の語彙の中で漢語や洋語のしめる割合はきわめて高い。借用語が固有日本語の不足している部分を補って埋め合わせているだけでなく，さまざまな文体的な特徴をおびて類義語をつくっている場合も多くみられる。たとえば，「ほほえみ」「微笑」「スマイル」はだいたい同じ意味を表すが，語種は，それぞれ和語，漢語，洋語と違っている。こうした例は以下のように，日本語の語彙の中で数多くみいだすことができる。

〈和語〉	〈漢語〉	〈洋語〉
はやさ	速度	スピード
かたち	形式	フォーム
とりけし	解約	キャンセル
おもいつき	着想	アイディア
切る	切断する	カットする
あつらえる	注文する	オーダーする

　一般に，和語は日常語の特徴，漢語はあらたまった文章語の特徴，洋語は新しさを感じさせるといった特徴をそれぞれもち，文体的な特徴や暗示的な意味の差で類義語を関係を作っている。このようなタイプの類義語の存在を，語彙をゆたかにするものと肯定的にみるか，いたずらに複雑さをもたらしているものと否定的にみるかの判断はむずかしい。「ホワイトボード」と

((((((((コラム))))))))

「鉛筆1本」と「ヒット1本」
日本語では，ものを数えるときに，「1本」「2枚」「3個」といったふうに数字に「本」「枚」「個」のような類別辞をつける。鉛筆や棒のような細長いものには「本」を，紙や皿のようなすっぺらいものには「枚」と，箱やりんごのような立体的なものには「個」といった具合に，多くはものの形によって使い分けるようである。しかし，野球のヒットや映画や注射のようなものごとにも「1本」「2本」と言い表すことがある。鉛筆とヒットと映画と注射を同じ類別辞で数えるのだが，それはどうしてであろうか。ヒットはボールが弧を描いて長く飛んでいく姿を細長いものとみたてたものであろう（もしくは細長いバットから起こった運動がヒットであり，道具の細長いという特徴に由来しているのかもしれない）。映画はフィルムが細長いものであること，注射は細長い針で打つというところから「1本」「2本」と数える習慣がついたのであろう。このように一見無関係とも思われるもののなかにも，典型的なものと周辺的なものとになんらかのつながりがあるものである。あるとき，「きのう，そこで，蛇を1本見ました。」という外国人の日本語を聞いたことがある。この人は，細長いという性質を動物にも拡張してしまったのである。

「白板」,「コンピュータ」と「電算機」のように借用語と訳語の競合などは混乱と考えられなくもない。話しことばにしろ,書きことばにしろ,一定の言語活動を行うのに必要とされる語彙量は日本語の場合,表現のゆたかさを保障する一方で,他方では,言語の使い手の学習や記憶の負担を重くしているといえる。

7 単語の構成

7.1 単純語・合成語(複合語・派生語)

単語には,意味をもった要素に分けられないものと分けられるものがある。
  (a)「雨(あめ)」「傘(かさ)」「山」「椅子」「ガソリン」「歩く」
  (b)「雨傘(あまがさ)」「山桜(やまざくら)」「回転椅子」「ガソリンスタンド」「歩き回る」
  (c)「小道」「真心(まごころ)」「春めく」「子供っぽい」「漫画チック」

(a)の単語は,それぞれが意味の最小単位で,意味をもつ部分に分割することができない。このような単語を単純語という。これに対して,(b)の単語は,「あま-がさ」「やま-ざくら」「回転-椅子」「ガソリン-スタンド」「歩き-回る」という意味をもった要素に,また,(c)の単語は,「こ-みち」「ま-ごころ」「春-めく」「子供-っぽい」「漫画-チック」という意味をもった要素に分割することができる。このような単語を合成語という。意味をもった最小の形式を形態素(morpheme)もしくは形態(morph)という。ある意味を担った形式の具体的な実現形を形態,それらを抽象した単位を形態素と使い分けることがある。「あめ」と「あま」,「かさ」と「がざ」などは,共通する意味をもっていて,形式が部分的に異なるものである。このような関係にある形態を異形態(allomorph)という。「真心」「真っ先」「真ん中」のような合成語における「ま-」「まっ-」「まん-」のような形式,動物を数えるときの「一匹」「二匹」「三匹」における「-ぴき」「-ひき」「-びき」のような形式もそれぞれ異形態の例である。「あめ」「かさ」のような形態は単独で単語となれるもの

で，独立形態 (free form)，「あま-」「-がさ」「-ごころ」のような単独では単語になる資格をもたず，つねに単語の部分になる形式を拘束形態 (bound form) と呼んで区別することもある。(a) のような単純語は，一つの形態からなる単語で，それぞれが形態であり，かつ単語である。(b) と (c) の合成語は二つ以上の形態素からなる単語である。(b) の合成語は，単語として独立できる形態素の組合せからなる単語で，このような合成語を複合語という。単語として独立できる性質の造語成分を語基 (base) と呼ぶ。一方，(c) の合成語は，「あめ＜さめ」「こころ＜ごころ」「春」「子供」「漫画」のような語基とそれ自体単語の資格をもたない「こ-」「ま-」「-めく」「-っぽい」「-チック」からなる単語で，このような合成語を派生語と呼んで，複合語と区別する。それ自体は単語の資格をもたず，もっぱら合成語を作るための形式を接辞といい，「こ-」「ま-」のような語基の前につくものを接頭辞，「-めく」「-っぽい」「-チック」のような語基の後につくものを接尾辞という。

　合成語の中には，構成要素の結びつきが強くて固定的なものもあれば，結びつきがゆるくて臨時的なものもある。たとえば，かたちのうえでは同じ複合動詞のようにみえるものの中にも，「繰り返す」「出かける」「ふりかえる」のような単語は，要素の意味を組み合わせたというより全体で一つの意味をになっていると考えられるもので，このような単語は辞書の見出し語として登録されるであろう。このような単語は，現代語では単純語に近い。しかし，「読み比べる」「歩き疲れる」「食べ始める」のような複合動詞の場合は，二つの語彙的意味をもった要素が組み合わさってできたもので，全体の意味は，これらの要素から導き出せる。このような合成語は，言語活動の場でその都度作りだされる性質のもので，辞書の見出し語に登録されにくい。「偏る＜かた-よる」「導く＜みち-びく」「遡る＜さか-のぼる」「緒＜いと-ぐち」「蛤＜はま-ぐり」のような漢字による表記が合成語である（あった）ことの意識を失わせている。

　合成語をつくる要素としての接辞には，生産性の高いものと低いものがある。現代語の生産的な接辞としては，以下に示すように和語よりはむしろ漢語の方が多い。

「お-菓子」；「うれし-さ」「うれし-がる」「山田-さん」
「新-人類」「前-会長」「未-解決」「不-自然」「非-公開」「御-連絡」；「参考-人」「教育-者」「社会-性」「交通-費」「都会-的」「空間-上」

　洋語の中にも,「アンチ巨人」「ウルトラ右翼」「乙女チック」「ゆっくりズム＜ゆっくり＋イズム」のような接頭辞や接尾辞としての用法が次第に造語力をたかめている。和語の「か-」（か細い）,「け-」（け高い）のような接頭辞や「-めく」（春めく, 秋めく）,「-ばむ」（黄ばむ, 汗ばむ）のような接尾辞は現代語ではもはや生産的でない。

　「あわて-ふためく」の「ふためく」や「かなぐり-すてる」の「かなぐり」のような形式は他の結びつきの可能性がなく, 唯一の形態素と呼ばれる。

　合成語では, 要素の組み合わせの際に統語上の規則が適用される。「子育て」は「子供を育てること」に,「山登り」は「山に登ること」に由来して,〈目的語＋動詞〉の構造である。漢語の場合は中国語の統語法が反映していて,「育児」「登山」のように〈動詞＋目的語〉の構造をとる。漢語の中には, このルールを逸脱した「盲導犬」「券売器」「足温器」のようなものもある。

　合成語の形式上の構造が同じであっても, 要素間の意味的な関係がさまざまなものがありうる。「鹿狩り」は〈鹿を狩ること〉,「茸狩り」は〈茸を狩ること〉で, 共通する意味構造をもっているが,「鷹狩り」は〈鷹を使って, 小鳥を狩ること〉であり,「紅葉狩り」は〈紅葉を鑑賞すること〉である。「餡パン」と「ジャムパン」は同じタイプの意味構造,「うぐいすパン」はこれとは別の構造ということになる。「卵焼き」と「目玉焼き」も要素の意味関係は同じではない。合成語における構造には一定の規則はみられるが, その規則にしたがわないものもある。

7.2　合成語における変音現象

　合成語の前要素と後要素の結びつきの部分で次のような音声上の変化が起こることがある。
　　（1）　前要素の最後の母音が変わる例
　　　　　あま-がさ＜あめ, こ-だち＜き（木）, ほ-かげ＜ひ（火）

第3章　現代語の語彙・語彙論　　89

（2） 後要素の最初の子音が変わる例
あまーがさ＜かさ，さかーだる＜たる，渡りーどり＜とり
おっーぱらう＜はらう
（3） 前要素の最後の音節が特殊音節になる例
おっーぱらう＜おい（促音化），ぶんーなぐる＜ぶち（撥音化）
（4） 前要素と後要素の間に結合音が入り込む例
きりーさめ（kiri-s-ame），詩ー歌（si-i-ka）

（1）の前要素の母音の交替は転音とも呼ばれ，「あま＜あめ」「さか＜さけ」「いな＜いね」のようなa＞eの場合に多い。（2）は連濁，半濁音化と呼ばれる。このような現象は「親子」「たかひく」「読み書き」のような並列構造には起こらない。また，「いろはガルタ」「雨ゴート」のような例外はあるが，洋語には原則として起こらない。「かげ」「かぎ」「くび」のような第2音節以降に濁音をふくむ要素には起こらない。しかし，「渡り鳥」では起こるが，「焼き鳥」で起こらず，「干し草」で起こり，「枯れ草」では起こらないというふうに個別的である場合もあり，一般化したルールはたてにくい。（3）の促音化や撥音化を起こすと文体の上で，俗語的な特徴をおびる。（4）の例は少ない。なお，「きりさめ」の「さめ」は，「小雨」「氷雨」などの単語にもみられるが，「さーあめ」に由来し，「さ」は〈小さいこと〉を表したという説がある。

8　単語の位相

　実際の言語活動における単語の使用はさまざまな様相を示すが，このような現象を位相という。位相には，話し手や書き手といった表現主体による違いによる場合，どのような内容を表現するかという内容の違いによる場合，口頭で行なうか文章で行うかといった表現様式の違いによる場合，あらたまった場面かくだけた場面かといった場面の違いによる場合などがある。そのような違いは，語彙に限らず，発音・文法・文字などにも表れるが，語彙の面でいちじるしい。

（1）　表現主体による違い
　表現主体による違いには，次のようなものがある。

（a） 性別による違い。
自分をさす場合の「僕」「おれ」の男性語と「あたし」の女性語の対立や「お財布」「お勧め」などの美化語が女性の使用に片寄るといった特徴。
（b） 年齢による違い。
「おてて」「（お）ねんね」「だっこ」などの単語は，幼児自身の使用と幼児に対する使用に限られる。若者は，流行語として「ぶっちする（＝約束をやぶる，サボる）」「ルンルン（＝浮かれた様子）」などの「若者ことば」を多用する。これらの多くは俗語の特徴をもつ。
（c） 職業など社会的なグループによる違い
学生がもっぱら用いる「カテイキョー（家庭教師）」「パンキョー（一般教育）」といった学生語，「ドタキャン（土壇場でキャンセルすること）」「デルモ（モデル）」などの業界用語など，ある社会集団に所属する者同士で使われる。特定の集団が仲間うちだけに通じるようなことばは隠語と呼ばれる。

(2) 内容による違い

これには，特定の専門分野において使われる専門語がある。専門語はそれぞれの専門家によって使われる語彙であるから，社会的なグループによる違いという面もある。今日，専門分野が多岐にわたっており，そのうえ，それぞれの分野での専門語彙はおびただしい数にのぼる。現代の科学の進歩，とりわけ技術の世界でのめまぐるしいまでの発達は各種の専門語彙を増加させている。現代用語を収めた分厚い辞典・事典が何種類も出て，毎年版をあらたにしている。そこには，経済，産業，社会，政治，サイエンス，テクノロジー，文化，生活，スポーツ，国際関係などに分野が分かれ，さらにそれぞれが細分化され，おびただしい用語が収録されている。専門語も専門外の人にも普及して，日常生活の中で使われるようになると，一般の語彙と区別がつかなくなる。医学用語の「アレルギー」，化学用語の「プラスチック」，自動車用語の「アクセル」などは専門語でもあり，日常語でもある。

(3) 表現様式による違い

音声を媒介とする話しことばと文字を媒介とする書きことばがある。話しことばのもっとも重要なはたらきは，音声以外の他の手段と合わせて，他人とのコミュニケーションをはたすことである。書きことばの方は，伝達の他にも，正確な記録，深い思索や文芸作品をうみだすための表現手段という側面もあわせもっている。文字によれば違いが明かであっても，発音では区別されない「高度」「光度」「硬度」のような同音語については，話しことばでは，「たかさ」「あかるさ」「かたさ」というような耳で聞いて分かる単語が選ばれるべきであろう。両者の表現様式における単語の違いは，主として日常会話に用いられる単語か，文章を書くとき，あるいは，あらたまった場面での講演やスピーチなどの話しことばに用いられる単語かという文体的特徴の違いと重なってくる。

(4) 場面による違い

あらたまった場面や公式の文書などに限って用いられる単語もあれば，逆に，くだけた場面でしか用いられない単語もある。このような特徴をもたず，日常的な会話や普通の文章に用いられる一般的で，中立的な単語もある。このような特徴は，ことばの機能による分類といってもよく，3.2でとりあげた文体的特徴と重なりあう。このような違いは相対的で，絶対的固定的な特徴ではない。漢語は文章語の性質をおびていることが多い。

……………………………………………………………………………………

〔参考文献〕
池上嘉彦 1975『意味論―意味構造の分析と記述―』(大修館書店)
─── 1978『意味の世界』(日本放送協会)
教科研東京国語部会 1964『語彙教育』(むぎ書房)
金田一春彦 1988『日本語　新版 (上) (下)』(岩波書店)
国広哲弥 1982『意味論の方法』(大修館書店)
斎藤倫明編 2002『朝倉日本語講座4　語彙の意味』(朝倉書店)
柴田省三 1975『英語学大系7　語彙論』(大修館書店)
柴田　武 1988『語彙論の方法』(三省堂)
鈴木孝夫 1973『ことばと文化』(岩波書店)
─── 1990『日本語と外国語』(岩波書店)
田中章夫 1978『国語語彙論』(明治書院)
玉村文郎 1984,1985『語彙の研究と教育 (上)(下)』〈日本語教育指導参考書12,13〉(国

立国語研究所）
玉村文郎編 1989『講座　日本語と日本語教育　第6巻／第7巻』（明治書院）
西尾寅弥 1971『形容詞の意味・用法の記述的研究』（秀英出版）
――― 1988『現代語彙の研究』（明治書院）
林　大 1964『分類語彙表』〈国立国語研究所資料集6〉（秀英出版）
――― 2004『分類語彙表―増補改訂版』〈国立国語研究所資料集14〉（大日本図書株式会社）
宮地　裕 1982『慣用句の意味と用法』（明治書院）
宮島達夫 1971『動詞の意味・用法の記述的研究』（秀英出版）
――― 1981『専門語の諸問題』（秀英出版）
――― 1994『語彙論研究』（むぎ書房）
森岡健二 1987『語彙の形成』（明治書院）
森岡健二／山口仲美 1985『命名の言語学』（東海大学出版会）
森田良行 1988『基礎日本語辞典』（角川書店）
森田良行／村木新次郎／相澤正夫編（1989）『ケーススタディ　日本語の語彙』（おうふう）

第4章
古代語の語彙・語彙史

1 はじめに

　この章では，古代語の語彙について，その体系や語構成法・造語法の特色，文体・位相的な側面について述べる。また，語彙体系の変遷すなわち語彙史についても，具体的なテーマを取り上げて述べていきたい。時代区分は，最も一般的な呼称に従い，上代（奈良時代およびそれ以前），中古（平安時代），中世（院政・鎌倉・室町時代），近世（江戸時代），近代（明治以降）とする。

2 古代語の語彙体系

2.1 語の出自

　日本語の語彙の性格に関して，まず問題になるのは，もともと固有の日本語である和語（やまとことば）と，本来中国語からの借用語である漢語（字音語），さらに，特に近代においては，西洋語を中心とするいわゆる外来語という三種の別があり，それぞれが独自の領域を保ちつつ同義や類義の意味の関係を形作っていることである。漢語は，上代においてすでに日本語の体系の中に大きな位置を占めるものとなっており，その影響は，単に語彙の面のみにとどまらず，字音語として音韻の面にもかかわり，漢文の訓読を通じて文法的な面，さらには文体的な面にまで大きな影響を与えている。

　漢語は，原則として和歌には用いられないのであるが，きわめて早く借用されたとみられる「馬」「梅」あるいは「菊」などは，和歌のなかでも自由に用いられており，すでに和語に同化したものとみることができる。『正倉院文書』の中に「僧」の注として「法志」（法師）とした例があるのも，漢語が日

> ((((((((コラム))))))))
>
> **料理を料る！**
> 　残暑しばし手毎にれうれ瓜茄子（俳諧・西の雲〈芭蕉〉）
> この「れうれ」は「料れ」で，つまり「料理」を動詞に活用させた「料ル」の命令形である。このように漢語名詞の語末の音を利用して動詞に仕立てたものとして，ほかにも次のような例がある。
> ○我も我もとさうぞき，けさう（化粧）じたるを見るにつけても（源氏物語・葵）
> ○こなたは，さいわい天下にかくれもない絵書じゃほどに，身共が顔を，いかやうにもおさいしきゃれ（天理本狂言・金岡）
> 「サウゾク」は，「装束」を活用させ，「サイシク」は「彩色」を活用させたもの。ほかにも，「サウドク」（「騒動」から），「モンダフ」（「問答」から）などがある。また，「シフネシ」は「執念」を形容詞に活用させたものであり，漢語の巧みな和語化といえよう。なお，和語の場合にも「夜」を「およる」（寝ルの意の女房詞。「お」は接頭語「御」）に，「境」を「さかふ」に活用させた例がある。

常的な語彙として一般化し，和語と同様な意識で用いられていることを示すものである。「女餓鬼」「男餓鬼」（万葉集・巻16・3840）のように，和語と漢語とが合成した例も古くから認められる。

　中古では，女流仮名文学作品などに代表される和文体と，漢文訓読文体，さらには記録文体（文体については第5節参照）とが，それぞれ別個の体系を形作っている。しかし，和文体のものにおいても，当然漢語は使用されており，たとえば，

（１）　いづれのおほむ時にか，女御更衣あまたさぶらひ給ひけるなかに
　　　　　　　　　　　　　　　　　　　　　　　　（源氏物語・桐壺）
（２）　験者の物の怪調ずとて，いみじうしたりがほに独鈷や数珠などもたせ，……護法もつかねば，あつまりゐ念じたるに

　　　　　　　　　　　　　　　　　　　　　（枕草子・すさまじきもの）

のように，官名・職名，宮廷における制度や行事名などのほか，漢語サ変動詞の例なども見られる。「愛敬づく」「気色ばむ」「艶だつ」「乱がはし」のように漢語に接尾語をつけて動詞や形容詞を作ることもあり，また，「才才し」「怠怠し」「乱乱じ」のように，漢語の畳語（重複形）に「し」を付けて形容詞を作る例もある。これらは，やはり漢語を和語化して取り入れたもの，和語と同化させたものといえるであろう。

なお,本来和語であったものに漢字をあて,それを音読して漢語のように用いた例もある。「ひのこと→火事」「かへりこと→返事」「おほね→大根」「をこ→尾籠(びろう)」「はらをたつ→立腹」などの類で,和製漢語と呼ばれている。漢語のほか,古代朝鮮語・梵語,あるいは東洋の諸語もさまざまに取り入れられ,日本語の中に同化している。

中世,室町時代の末以降になると,もっぱら西洋語が取り入れられるようになる。「パン」「タバコ」「カステラ」「カッパ(合羽)」「カルタ」などは,ポルトガル語に由来するものであり,その品物の流入とともに,名前が取り入れられたものである。スペイン語由来のものには「メリヤス」がある。近世においては,蘭学の発達に伴い,「アルコール」「ガラス」「ゴム」などのオランダ語も取り入れられている。幕末から明治時代にはいると,ドイツ語(カルテ・ガーゼ〈医学用語〉,ピッケル〈登山用語〉など),フランス語(オムレツ〈料理用語〉,シャンソン・アトリエ〈芸術用語〉)などのほか,特に英語の影響が著しく,文明開化の流れの中で,英語由来の外来語が増加した。和製英語も多く作られている。また,西洋の新しい事物・科学技術・学問などの概念を受容するにあたって,基本的には訳語をあてるという方法がとられたため,特に漢語を利用した訳語が数多く生み出されるようになり,近代語の語彙体系は,それ以前とはかなり相違するものとなっている。

2.2 語種・品詞と使用頻度

和語と漢語の量的な使用比率はどの程度のものであろうか。宮島達夫他『古典対照語い表(フロッピー版)[注1]』(笠間書院)によると,『万葉集』以下『徒然草』に至るまでの14作品における和語・漢語・混種語(和語と漢語との混合)の語種別統計数値は次のようになる。

(語種別統計・異なり語数)

	徒然	方丈	大鏡	更級	紫	源氏	枕	蜻蛉	後撰	土佐	古今	伊勢	竹取	万葉	計
和 語	2896	896	3359	1769	2104	9936	4413	3279	1916	926	1989	1586	1203	6478	19677
漢 語	1190	231	1230	146	276	1020	640	235	6	44	4	89	88	20	3264
混種語	154	21	230	35	88	465	193	84	1	14	1	17	21	7	936
計	4240	1148	4819	1950	2468	11421	5246	3598	1923	984	1994	1692	1312	6505	23877

(語種別統計・異なり比率)

	徒然	方丈	大鏡	更級	紫	源氏	枕	蜻蛉	後撰	土佐	古今	伊勢	竹取	万葉	計
和語	68.3	78.0	69.7	90.7	85.3	87.0	84.1	91.1	99.6	94.1	99.7	93.7	91.7	99.6	82.4
漢語	28.1	20.1	25.5	7.5	11.2	8.9	12.2	6.5	0.3	4.5	0.2	5.3	6.7	0.3	13.7
混種語	3.6	1.8	4.8	1.8	3.6	4.1	3.7	2.3	0.1	1.4	0.1	1.0	1.6	0.1	3.9

(語種別統計・延べ語数)

	徒然	方丈	大鏡	更級	紫	源氏	枕	蜻蛉	後撰	土佐	古今	伊勢	竹取	万葉	計
和語	14740	2235	24101	6890	7732	194745	30243	21459	11933	3369	10000	6729	4864	50031	389071
漢語	2116	268	4349	295	849	10529	2164	774	21	103	13	183	220	25	21909
混種語	256	24	762	58	156	2518	498	165	1	24	2	19	40	14	4537
計	17112	2527	29212	7243	8737	207792	32905	22398	11955	3496	10015	6931	5124	50070	415517

(語種別統計・延べ比率)

	徒然	方丈	大鏡	更級	紫	源氏	枕	蜻蛉	後撰	土佐	古今	伊勢	竹取	万葉	計
和語	86.1	88.4	82.5	95.1	88.5	93.7	91.9	95.8	99.8	96.4	99.9	97.1	94.9	99.9	93.6
漢語	12.4	10.6	14.9	4.1	9.7	5.1	6.6	3.5	0.2	2.9	0.1	2.6	4.3	0.0	5.3
混種語	1.5	0.9	2.6	0.8	1.8	1.2	1.5	0.7	0.0	0.7	0.0	0.3	0.8	0.0	1.1

　どの作品においても，異なり語数と延べ語数を比較すると，漢語の比率は異なり語数の場合の方が高い。逆にいうと，和語の比率は，延べ語数の方が高くなっている。これは，基本語彙に属する和語が多くあり，その使用頻度が高いことを示すものである。

　前述したように，和歌においては漢語の使用はきわめてまれである。散文においては，たとえば『源氏物語』の場合，異なりで8.9％，延べで5.1％という比率で漢語が使用されている。『大鏡』や『方丈記』『徒然草』で漢語の比率が高くなっているのは，院政期以降の漢文訓読文体，和漢混淆文体の文章の発達にかかわるものであろう。この表には取り上げられていないが，『平家物語』（覚一本）になると，異なり語数に関していえば，和語よりも漢語の方が比率が高くなっている。このように，和語と漢語との比率は，時代的な推移とともに，文章の性格が大きくかかわっているのである。

　なお，品詞別の語彙の比率も，文体とかかわって問題となる。大野晋は，品詞別の使用率にもとづいて（イ）万葉集，（ロ）随筆グループ，（ハ）日記グループ，（ニ）物語グループ，に分け，名詞の比率が（イ）→（ニ）の順に減少

し，これに対して形容詞・動詞の比率が（イ）→（ニ）の順に増大すると指摘している[注2]。その後，諸氏によってさまざまな考察がなされている。

2.3 語彙体系とその変遷

　語彙の体系はさまざまな観点からとらえられる。品詞分類は〈品詞〉という文法的な性格による語彙の体系化であり，動詞の活用型式，自動詞と他動詞，形容詞のク活用とシク活用，副詞の下位分類なども同様である。また，一音節語・二音節語のような音節数による分類は，形態的な観点によるものである。これに対して，親族語彙・人体語彙・動植物語彙・気象語彙などと呼ぶのは，意味的な観点によって把握したものである。以上のような具体的な指示物に対応する名詞語彙のほか，移動を表す語彙，感情・感覚を表す語彙などの観点から，動詞や形容詞・形容動詞などの語彙が体系化される。

指の呼び方

個々の単語は、それ自身単独で存在しているわけではなく、さまざまな類縁関係の中で、体系の一環として存在しているのである。

身体語彙を例として見てみよう。前田富祺は、上代から現代にかけての指の呼び名の変遷を調査し、前ページの図のように整理している。(『国語語彙史研究』明治書院)。

「指」をさす語が、「オヨビ」から「ユビ」に交替しており、それぞれの指の呼び名にも消長がみられる。「〜ノユビ」の形から「〜ユビ」の形に変化したのも、体系的な推移である。

また、頭部を指す語としては、古くから「カシラ」「カウベ」があり、またその周辺には、「(オ)ツブリ」「(オ)ツムリ」「カブリ」「ナヅキ」「ヅ」「クビ」などが一つの語群を形成している。「アタマ」は、本来頭部の一部分(ひよめき)をさすものであったが、中世の頃から、頭部全体をさすものに意味が拡大し、頭部をさす語彙の中で、中心的な位置を占めるようになったのである。宮地敦子は、頭部を中心とする身体語彙の構造と変化に関して、次のような結論を示している(『身心語彙の史的研究』明治書院)。

- 〔頭〕をあらわす語は他の部位をあらわす語にくらべて多くの語が消長・交替した(基礎語でも表現価値にかかわる語は変化しやすいことの反映ではないか)。
- 同じ部位をさす語が同時期に二つ以上用いられたばあい、それぞれの語が同じレベルで併用されるのではなく、一時期には一つの代表語の存在するのが普通である。
- 身体語の意味変化は、部分または内部から、より大きな部分または全体への移行が多く、その逆は見つかりにくい。
- 身体語の用法については、もと人間・動物共用であったものが、人体語としては廃用に帰し、非人体語(動物・道具・地形さらに抽象語)として残存することがある。
- 或る身体語の衰滅によって他の新語が補塡されるばあい、近代以降には漢語・外来語から供給されることが多い。

国立国語研究所編『日本言語地図』(第3集、1968初版)の第101図「あたま(頭)」の項には、「アタマ」や「カシラ」のほか「ドタマ」「ビンタ」「ノウテン」

> (((((((コラム)))))))
>
> **方言周圏論**
> 民俗学者・方言学者の柳田国男が，カタツムリの方言分布をもとに『蝸牛考』(1930。初稿は1927)を著し，「方言周圏論」を提唱したことはよく知られている。すなわち，デデムシ系・マイマイ系・カタツムリ系・ツブリ系・ナメクジ系という各系列の全国分布を見ると，文化の中心地において新しい語形が発生すると，古い語形は同心円的に外周の地域に追いやられ，その結果，古語が辺境の地に残るというのである。フランスの言語地理学などでも同様の考え方は提出されていたが，柳田の論はそれを明確化するものであった。
> このような立場から方言の分布図を解釈することによって，語の新旧と，その地理的な変遷の過程を探ることができる。これは，方言語彙が各地に伝播していく一つの姿を示すものである。ただし，この周圏論は，地理的な伝播過程すべてを説明するものではなく，この考えが適用できるのは，主として語彙(俚言)の範囲に留まるものといわれている。音韻・アクセントや文法的な形式の変遷は，別の立場からとらえなければならない。

「ツムリ」など86種の形が示されている。現在の日本全土における多様な広がりを示すものであるが，これはまた，歴史的な変遷の結果を示すものということができるであろう。方言の地理的分布から語の発生や伝播のさまを考察する言語地理学の研究成果は，文献による史的変遷の研究とも重なるところが大きい。

3　古代語の語構成・造語法

3.1　語の派生

現代語においては，和語の造語力は，漢語の場合と比較するとあまり高くない。しかし，元来はさまざまな形で語を派生・複合させており，古代語の造語力はかなり高いものだったといえるのである。阪倉篤義は，「古代日本語においては，主として語尾の母音を交替させることによってあたらしい単語をつくりだす，といふ造語法がかなり自由におこなはれ得た」(『語構成の研究』角川書店)として，上代における／a／―／i／の交替(アサム―イサム[諫])，／a／―／ë／の交替(アカ―アケ[赤])，／i／―／u／の交替(イダク―ウダク[懐])などの語形式を整理して示している。また，子音の交替とし

ては，／m／—／b／（オモムクーオモブク），／n／—／m／（ヒネモスーヒメモス），／s／—／t／（フサグーフタグ）などがある。子音の着脱としては，／w／（アレーワレ），／m／（ウダグームダク）などの例が見られる。

　これらの中には上代においてすでに生産性を失ったものがあるが，母音や子音の交替という手段一つによっても多彩な語形を派生していることが知られるであろう。

3.2　接辞の添加

　接頭語や接尾語の類，すなわち接辞の添加した派生語も上代以来数多く見られる。接頭語としては「い隠る」のイ，「さ霧」「さ走る」のサなど一音節のものは，多く意味も不明確で生産的な造語性は早くに失われていたとみられるが，敬語接頭語のオ・オン（御）などは漢語のゴ（御）とともに，現代においても生産的な力をもっている。二音節のアヒ（相），ウチ（打），モノ（物）などになると，意味も明瞭であり，のちまで生産的な造語力を発揮してきている。

　接尾語はきわめて多彩であり，接尾語の添加による語の派生がきわめて旺盛なものであったことが知られる。たとえばアカ（赤・明）ような語基（「形状言」のようにも呼ばれる）に種々の接尾語が接してアカサ・アカミ・アカゲなどが生じている。特に形容詞を派生するシが接してアカシ（赤し）が生じ，動詞を派生するスが接してアカス（明かす）が生じるように，共通の語基をもととして，各品詞に派生している例は数多い。アク（明く）・アカル（明かる）も同源のものであり，アカリ（明かり）はアカルの連用形から転じた名詞である。

　このほか，情態性の接尾語としてはカ（さやか・しづか），ヤカ（あざやか・こまやか），ラカ（きよらか・たからか），ヨカ（すくよか・ふくよか）などが発達しており，動詞を作る接尾語としてはフ・ブ（歌ふ・大人ぶ），ガル（あはれがる），バム（気色ばむ），メク（時めく）などが，特に中古を中心として発達している[注3]。

　動詞の自他に関して，カクル—カクス（隠），トホル—トホス（通），ノコル—ノコス（残），ヨル—ヨス（寄）［以上の〜ルは四段活用］，また，アラハル

―アラハス（現・表），コボル―コボス［～ルは下二段活用］など，～ルと～スとの対応関係を有する例が多いが，この～ルはいわゆる受身の助動詞のル・ラルと，また，～スはいわゆる使役の助動詞ス・サスと同源のものと考えられる。通常助動詞として扱われるル・ラル，ス・サス自体も，接尾語的性格が強いのである。

　時代が下るとともに，接尾語では「的」「性」「力」など，造語力の強い漢語の力に押されて，和語の造語力は弱まってきているが，その発達をたどってみると，和語の場合も一つの語基から多数の語形を派生しており，本来はきわめて発展的・生産的な造語力を有していたといえるのである。

3.3　複合語

　語基に接辞の添加した派生語に対して，複合語は語基と語基との結合したものをさす。複合語は古代以来，複合名詞・複合動詞のほか，複合形容詞・複合形容動詞・複合副詞と，さまざまなものがある。その意味的構造は並列関係のもの（海山・上り下る）と修飾関係のものとに分けられる。修飾関係のものの意味的関係は多彩である。

　並列関係の一種としての畳語は「山々」「人々」「ところどころ」などの名詞，「行き行く」「成り成る」などの動詞もあるが，副詞や形容詞・形容動詞の語幹となるものが特に多い。キラキラシ・カルガルシ・スガスガシ，また，ヅタヅタニ・ツギツギニなど。

　複合語の一種として，サ変動詞「ス」が後項に位置するものも多い。「イホリ（庵）ス」「カヘリコトス」「ハカリコトス」のような「名詞＋ス」のほか，連用形名詞に「ス」が接した「アリキ（歩）ス」「カヘリミ（返り見）ス」「ヒデリ（日照）ス」などの例がある。このような用法は「漢語＋ス」の形，すなわち漢語サ変動詞の発達と密接に結びつくものである。動作性を有する漢語の場合，「ス」を後接することによって，サ変動詞として用いられる。「愛ス」「訳ス」「信ズ」などの一字漢語，「愛育ス」「転変ス」「流浪ス」などの二次漢語の類である（一方，情態性の強い漢語の場合は，「奇ナリ」「美麗ナリ」など，また，「爛漫タリ」「堂々タリ」など，ナリ活用あるいはタリ活用の形容動詞として用いられる）。

このサ変動詞「ス」の複合形は，動詞語彙の中で，現代語に至るまで，重要な役割を果たすものとなっている。

4 語形変化と語義変化

4.1 語の変化の要因

語の変化，特に意味の変化の要因に関して，S.ウルマンは，アントワヌ・メイエの説を引いて，次の六点を挙げている（池上嘉彦訳『言語と意味』大修館書店）。

(1) 言語的な原因
(2) 歴史的な原因（具体物・制度・科学的概念などの変化）
(3) 社会的な原因（かぎられたグループの中での意味の特殊化や一般化）
(4) 心理的原因
　(a) 感情的な要因
　(b) タブー
(5) 外国語の影響
(6) 新しい名称に対する必要性

これらの諸要因は日本語の場合にもほぼそのまま適用できるであろう。それぞれに関しての具体的な検討が必要であるが，基本的には言語内の要因と言語外の要因という観点からとらえることができる。

4.2 語形の変化

語形の変化は，純粋に言語内の要因によるものと認められる。ただし，誤った語源意識（民間語源）による語形の変化や，他の語との類推・意味の混同による語形の変化などは，心理的な要因とも関連している。言語内の要因による語形変化は，次のように，音の脱落・添加・交替・融合・転倒としてとらえられる。

音の脱落

音節の脱落……ハチス（蓮）→ハス，カハハラ（川原）→カハラ，ユカタビラ（浴衣）→ユカタ［語形の一部の省略］

母音の脱落……イダク（抱）→ダク，カリイホ（仮庵）→カリホ，アブラアゲ（油揚）→アブラゲ

子音の脱落……ツキタチ（一日）→ツイタチ，スキガキ（透垣）→スイガイ，カリヒト（狩人）→カリウド

音の添加

子音の添加……マアオ（真青）→マ（ッ）サオ→マッツァオ，ハルアメ（春雨）→ハルサメ

促音・撥音などの添加……ヤハリ（副詞）→ヤッパリ，ミナ（皆）→ミンナ

音の交替

母音の交替……ノゴフ（拭）→ヌグフ，ヒキシ（低）→ヒクシ，カヘ（エ）ル（蛙）→カイル

子音の交替……フタグ（塞）→フサグ，ケブリ（煙）→ケムリ，オビタタシ→オビタダシ［清濁の交替］

音の融合

母音の融合……ケフ（今日）→キョウ，ハラオビ（腹帯）→ハルビ，メヲト（妻夫）→ミョート

音の転倒

音節の転倒……ツゴモリ（晦日）→ツモゴリ，シタツヅミ（舌鼓）→シタヅツミ［濁音節の転倒］

　このような変化の結果，新しく生じた語形が一般的なものとして定着した場合，語形の歴史的な交替現象とみなされる。ただし，新しい語形が，一時的な，あるいは一地域での使用に留まるものもある。「音の転倒」の例にあげた「ツゴモリ→ツモゴリ」などは，幼児に多く見られる単純ないい誤りであるが，「ネタ」［タネ（種）から］「ダフ屋」［フダ（札）屋から］などになると，意図的に転倒させたものであり，隠語の造語法の一種となっている。

　これらの音韻的な変化のほか，意味と関連して，「アラタシ（新）」と「アタ

ラシ(惜)」の混同から「アタラシイ(新)」の形が生まれたり,「ヤブル(破)」と「サク(裂)」との混淆(contamination)で「ヤブク」の形が生まれたりする場合がある。「一生懸命」は,「一所懸命の地」の「一所」を「一生」に誤って用いるようになったものであり,こうした(誤った)語源意識から変化が生じることもある。

なお,「書キテ」「読ミテ」が「書イテ」「読ンデ」に,「白キ花」「白ク咲ク」が「白イ花」「白ウ咲ク」になるような音便現象は,音の脱落・交替が規則的に生じたものである。また,「受ク(ル)」が「受ケル」に,「過グ(ル)」が「過ギル」に交替したものは,二段活用の一段化という文法的な体系の変遷(活用型式の単純化)を示すものである。

4.3 語義の変化

語の意味の変化の型として,意味の範囲の変化,意味の転換,意味の価値・評価の変化という観点からとらえることができる。
[意味の範囲の変化]
 意味の拡大……アタマ(頭)[頭部の一部から頭部全体をさすものに],ゴザアル(御座有る)・ゴザル[「居る」の尊敬語から「行く・来る・居る」の尊敬語および丁寧語に],瀬戸物[瀬戸産の物の意から陶器一般に]
 意味の縮小……サカナ[「酒菜」の意で魚肉・野菜など広くさしたものから魚類をさすものに],ツマ[夫をも妻をもさしたものから妻をさすものに]
[意味の転換]
 近接的意味への転換……カナシ[いとしく思う「愛し」の意から悲哀の意へ],気ノ毒[自分自身の困惑の気持ちから,相手に対する同情の気持ちへ]
 比喩的転換……アシ(脚)[動物の四肢から机などをささえるものの意に転用],ヤマ(山)[盛り上がった地形の比喩から,山場,あるいはやま勘の意に転用]
[意味の価値・評価の変化]

意味の上昇……僕［下僕の意から自称詞に］
意味の下落……坊主［その寺の主の僧の意から単なる僧の意へ］，亭主［宿の主人の意から夫の意へ］
評価の変化……シアハセ（仕合）［めぐりあわせの意から幸福の意へ］，分限（ブンゲン・ブゲン）［身のほど・分際などの意から金持ち（分限者）の意に］，因果［原因結果の意から悪い結果，不運の意へ］

　実際の意味の変遷の過程はかなり複雑であり，上にあげたいくつかの要素が複合していることも多い。「意味の価値の変化」で挙げた上昇の例は，実際にはなかなか見出しにくい。これは敬語の待遇価値が，その語が広く用いられるとともに，下落する傾向が強くなる（例，貴様［二人称の敬意表現から軽卑表現へ］など）のと共通するものであろう。ただし，最近のものとして，つまらないことにかかずらう意の「こだわる」が，徹底的に追求するというプラス評価にも用いるようになった例などを挙げることもできる。「意味の下落」の例にあげた「坊主」は，坊主頭（の人）の意に，さらには，坊主頭の少年，そして，（一般に）少年をさすものともなっている。「比喩的転換」や，「意味の拡大」が，連鎖的に生じているのである。

　以上のような語義変化の結果，もとの意味がまったく失われると，新しい意味に交替することになる。また，もとの意味も残って意味を張り合うに至ることもあり，この場合は多義語ということになる。ただし，多義語であるか別語であるかの境界は微妙なことも多い。たとえば「アヤマル（誤）」は，過失を犯す意味であるが，その過失を自ら認めるというところから，謝罪するという意味が生じた。この二つの意味は，本来は多義語であるが，「誤」「謝」という別の漢字表記をとることにも支えられて，現在では別語に分化したものとしてとらえるのが一般的であろう。

　「評価の変化」の例にあげた「シアハセ（仕合）」は，近世初期の頃までは，
（１）　大やしろで年をとってから，一段仕合がようござる
　　　　　　　　　　　　　　　　　　　　　　　　（虎明本狂言・福の神）
（２）　此間（このあひだ）（＝最近）は仕合があしう御ざる程に，今日は罷出（まかりいで），よひ物のあらばとらうと存る　　　　　　　　　　　　　（同・やせ松）
のように「仕合はせが良い・悪い」のどちらにも用いるものであった。「シア

第4章 古代語の語彙・語彙史　107

ハセ」そのものは，運・めぐりあわせという意味の語であり，評価に関しては，本来中立であった。ただし，「一段の仕合はせぢゃ」「仕合はせをする」のような用法ではもともとプラスの意味を表している。そのようなところから，近世において次第にプラスの意味に用いることが多くなり，やがて表記も「幸せ」となって定着したのである。

5 文体と位相

5.1 和文語・漢文訓読語・記録語

　古代における語彙の性格，また，その変遷をとらえる上で，和文体あるいは漢文訓読体といった文体的な性格を考慮することが重要である。中古において，女流の仮名文学作品に代表される和文と，漢文訓読文とでは，語彙的な相違が大きいが，その典型的なものとして，ほぼ同義な概念を表しながら，和文だけに用いられもの（和文特有語），漢文訓読文だけに用いられるもの（漢文訓読特有語）という対立の認められる場合がある。築島裕の調査によって示すと，次のように各品詞にわたるものとなっている（『平安時代語新論』東大出版会）。片仮名は漢文訓読語，平仮名は和文語である。

　　助動詞・接尾語の類……ゴトシ―やうなり，シム―す・さす（使役），ザル・ザレ―ぬ・ね（打消）

　　接続詞……（カルガ）ユヱニ・カレ・ココヲモテなど―されば，シカウシテ―さて，シカルニ・シカルヲ―されど・さはあれど

　　副詞……［陳述副詞］アニ―など，アヘテ―え（…ず），カツテ―つゆ（…ず）［程度副詞］スコブル・ハナハダ―いみじく・いたく・いと，マスマス―いとど・いよいよ［情態副詞］アラカジメ―かねて，コトゴトク―すべて，タガヒニ―かたみに，ツトニ―はやく

　　形容動詞……イルカセ―なほざり，オゴソカ―いかめし，スミヤカ―はやし・とし

　　動詞……イキドホル―むつかる，イコフ―やすむ，ウム（倦）―あく，オソル―おづ，ケス（消）―けつ，サク（裂）―やる，ソナフ―まうく，

ツラナル―ならぶ
　形容詞……イサギヨシ―きよらなり・うるはし，イソガハシ―いそがし，
　　　ハナハダシ―いみじ
　名詞……トモガラ―ひとびと，カウベ(頭)―かしら・みぐし，スナ(砂)
　　　―いさご，マナコ―め(目)

　このような対立関係が生じたのは，特に訓読語において，上代語を継承する傾向が強かったことが一因となっている。しかし，逆に，訓読語において，音便形など新しい要素が顔を見せることも多い。中世以降になると，このような対立のうち，どちらか一方だけが日常口語で用いられて，他方が衰退したり(「タガヒニ」と「かたみに」，「トモガラ」と「ひとびと」など)，一方が文章語的あるいは雅語的なものとして文体的な機能を分けあって用いられたり(「コトゴトク」と「すべて」，「スミヤカ」と「はやし」など)するようになっている。

　以上の和文語，漢文訓読語とともに，変体漢文(和化漢文)で書かれた記録体の文章においても特有の用語が見られる。「間(アヒダ)」(形式名詞としての用法)，「相共(アヒトモニ)」，「ツラツラ」(副詞)，「以外(モッテノホカ)」，「件(クダンノ)」などである。この変体漢文は，本来の漢文の意味・用法から離れ，日本語を書き表す文章として発達してきたものである。このような記録体の文章・用語も，中世以降の和漢混淆文の発達に大きな影響を与えるものであった。

5.2　口語の語彙と文語の語彙

　口語体と文語体との相違は，中世における口語の発達・変遷とともに大きくなった。前述の頭部をさす語の場合でも，室町時代の口語では「アタマ」が普通になり，文語的な表現として「カシラ」や「カウベ」が用いられている。文末指定辞は，文語では「ナリ」であるが，室町時代の口語では「ヂャ」や「ゾ」が用いられている。漢籍などの講義聞書である抄物(しょうもの)には，
　(１)　漢書ノ始ナンドデ不審ナ事ゾ。ワルクスレバマギレテワケガナイ
　　　ゾ。一歳ノ首ニハ冬十月トアリアリスルホドニ，チャットハ理ガ
　　　不済ゾ。　　　　　　　　　　　　(史記抄・五，項羽本紀)

(2) 清賞ハ清イ者ゾ。賞ハ気ノ高イヲ云ゾ。スンズラトシテ，人ノ物
ヲ賞スル如クニ，善物ト云心ゾ。　　　　　　　　　（蒙求抄・一）

のように，ゾ体で記された口語体のものが多くあり，「ワケ（訳）ガナイ」のような日常口語，「チャット」「スンズラト」のような擬声語・擬態語の類がしばしば用いられていて，口語の語彙の様相をうかがうことができる。

室町時代末期から江戸時代初期にかけてのキリシタンの人々の手においても，日本語学習のための口語体のテキスト類が作られている。次に，1593（文禄2）年に天草で活字印刷された『天草本イソポ物語』と，近世初期に仮名草子として出版された国字本の『古活字本伊曽保物語』の本文を対比して示そう（天草本は原文ローマ字。古活字本では，原文仮名書きの箇所を漢字に改め，その部分を振り仮名の形で示す）。

(3) アル冬ノ半ニ，蟻ドモアマタ穴ヨリ五穀ヲ出イテ，日ニサラシ，
風ニ吹カスルヲ，蟬ガ来テ，コレヲモラウタ。蟻ノ言ウワ，「御
辺ワ，過ギタ夏・秋ワ何事ヲ営マレタゾ？」。蟬ノ言ウワ，「夏ト
秋ノ間ニワ，吟曲ニトリ紛レテ，少シモ暇ヲ得ナンダニヨッテ，
何タル営ミモセナンダ」ト言ウ。蟻，「ゲニゲニソノ分ヂャ。夏・
秋歌イ遊バレタゴトク，今モ秘曲ヲ尽クサレテヨカラウズ」トテ，
散々ニアザケリ，少シノ食ヲ取ラセテ，戻イタ。

（天草本イソポ物語・蟬ト蟻トノ事）

(4) 去ほどに，春過，夏たけ，秋も深くて，冬の頃にもなりしかば，
日のうらうら成時，蟻穴よりはひ出，餌食を干しなどす。蟬来り
て蟻と申は，「あないみじの蟻殿や，かゝる冬ざれまで左様に豊
かに餌食を持たせ給ふ物かな。我に少の餌食を賜り給へ」と申け
れば，蟻答云，「御辺は春秋の営みには何事をかし給ひけるぞ」
と言へば，蟬答云，「春秋身の営みとては，木末にこたふばかり
なり。其音曲に取乱し，暇なきまゝに暮らし候」と言へば，蟻申
しけるは，「今とてもなど歌ひ給はぬぞ。謡長じては終に舞とこ
そ承れ。いやしき餌食を求めて，何にかはし給ふべき」とて穴に
入ぬ。　　　　　　　　　（古活字本伊曽保物語・下・蟻と蟬の事）

現在普通には「蟻とキリギリス」として伝わっている寓話である。教訓（天

草本「下心」)の箇所は省略した。下線を付した会話部を比較すると,本文の相違自体がかなり大きいが,天草本の口語体・口語語彙,国字本の文語体・文語語彙という相違が知られるであろう。ただし,二人称代名詞「御辺」など,両本に共通の用語(中・近世語)も認められるのである。

　中世の口語を反映するものとして,狂言のことばも注目される。ただし,狂言台本は,多く近世にはいってから書き留められるようになったもので,中世語を継承する部分とともに,近世の語彙を取り入れた部分もあるので,注意しなければならない。たとえば,「気ノ毒(ナ)」は近世の口語において困惑の意を表すものから同情の意を表すものに転換しているのであるが,近世初期の大蔵流狂言台本虎明本(1642,大蔵虎明書写)では「気ノ毒」はまったく使用されていない。これに対して,近世後期に書写された虎寛本(1792,大蔵虎寛書写)には,困惑の意とともに,同情を表す「気ノ毒」が多く用いられている[注4]。近世における新しい意味・用法が取り入れられているのである。

　また,狂言には「ゴザアル」「ゴザル」よりも敬意の軽い尊敬語(一種の親愛語)として,「オリャル」「オヂャル」が用いられているが,虎明本ではより古い「オリャル」と,新たに発達した「オヂャル」とが共用されているのに対して,虎寛本になると,近世初期のなまの俗語「オヂャル」の使用を避け,「オリャル」に統一している。時代的な変遷とは異なる形で,用語の取捨選択がなされているのである。このように,狂言台本の詞章は,ある特定の一時期の話しことばを直接反映したものではありえないのであるが,そこには中世から近世にかけてのさまざまな言語史的な問題が提示されているのである。

5.3　語彙の位相

　ことばが表現主体(話し手・書き手)あるいは表現様式の違いに応じてさまざまに異なる姿をとる現象を位相という。これは物理学などの術語であったものを,菊沢季生が日本語研究に適用したものである[注5]。年齢・性別・職業・社会的地位などの別による言語の相違は,社会言語学的な研究対象となるが,特に語彙的な特徴のある社会集団に関して「位相語」と呼んだり(「幼

児語」「老人語」「女性語」「学生語」など），話し手の別による言語の相違を「位相差」としてとらえることができるので，特に語彙・文体に関して，「位相」という概念は有効である。イエズス会が刊行した長崎版『日葡辞書』（1603～1604）には，Cami（上。近畿方言），Ximo（下。九州方言）のような方言の注記のほか，卑語 B.（Baixo 下品な），婦人語（Palaura de molheres），幼児語（Palaura de meninos），仏法語（Bup.），文書語 S.（Scriptura），詩歌語 P.（Poesia）などの別を注記し，位相的な差異に注意を払っている。

　位相語としての特徴をもつものとして，宮中などに仕える女房のことば（女房詞），武士のことば（武士詞・武者詞）などが注目されている。女房詞は，中世に，宮中や院に仕える女房達が使い始めたもので，それが公家社会に広がり，将軍家や武家，さらには一般の女性の間でも，婉曲的な表現による上品な物いいとして用いられるようになったものである。酒を「九献」，餅を「かちん」のようにいい，第一音節に「文字」を付けて「しゃもじ」（杓子），「かもじ」（髪），「はもじ」（はづかし）のように用い，また，接頭語「お」を冠して「おひや（し）」（水），「おしろい」（白粉。白イ物ノ意）のように用いた。これらの中には一般語彙として使用されるようになったものも多い。空腹の意のヒモジイは，「ひだるい」の文字ことば「ひもじ」を形容詞に活用させたものである。

　武者詞は，中世の武士が戦場用語として用い出したもので，「敵に射らる」と受身に表現するのを嫌って「射さす」といったり（積極的な使役表現ではなく，結果としてその状態を容認するという意味である），戦いに敗れて陣を帰すことを「開陣」「陣を開く」というなど，不吉なことばを口に出すことを恐れる忌詞的な性格が強い。馬が土煙を立てるのを，味方の場合には「馬ボコリ」（誇ルの意に掛ける）といい，敵方の場合には「馬ケブリ」（負ケップリの意を掛ける）のように使い分けた例もある。上述の「開く」の用法は，会や宴席などを「お開きにする」という形で，現代にまで受け継がれてきている。

　表現様式に関するものでは，口語（話しことば）と文語（書きことば）という文体的な相違も位相の差に含めることがある。散文語に対する歌語も，古くからその特徴が認められる。『万葉集』において，「朝月夜」「葦別け小舟」「夕浪千鳥」のように韻文としての修辞的な用語が見られ，また，次のよう

> ((((((((コラム))))))))
>
> **「遊ばせ詞」と「持前の詞」**
>
> 式亭三馬の代表作の一つ，滑稽本『浮世風呂』（文化5年〈1808〉～10年）には，性別・年齢・階層・出身地など，位相の異なる多彩な人物が登場し，そのことばづかいは江戸語の実態をよく描き出しているものとみられる。次は，下女二人の会話である。
>
> ●コウ，おめヘン所のおかみさんもお髪はお上手だの。■なんの，しやらツくせヘ。お髪だの，へつたくれのと，そんな遊せ詞は見ツとむねヘ。ひらつたく髪と云なナ。おらアきつい嫌だア。奉公だから云ふ形になつて，おまへさま，お持仏さま，左様然者を云て居るけれど，貧乏世帯を持つちやア入らねヘ詞だ。せめて湯へでも来た時は持前の詞をつかはねヘじやア，気が竭らアナ。●そんなら，うぬが所のかゝアめは，髪を引束やアがることが，上手だナ。■ヲイ，上手だがどうした。（二編巻之下）
>
> 奉公先での「遊ばせ詞」，「左様然者」のことばづかいと，自分たちの「持前の詞」との対比が巧みに描写されている（以下，乱暴にいおうとして，わざと卑罵表現を用いており，誇張されているが）。

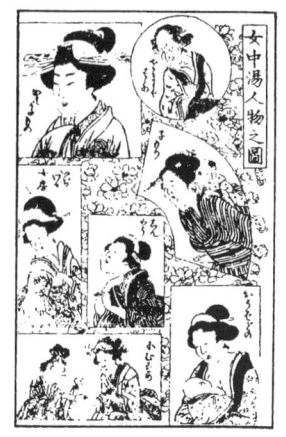

に，借訓仮名として「鶴（ツル）」を用いていながら，歌語としては「たづ」を用いるなど，当時すでに日常語と歌語との区別があったことが知られる。

（5）大和恋ひ眠の寝らえぬに情なくこの渚崎廻にたづ（多津）鳴くべしや
　　　　　　　　　　　　　　　　　　　　　　　　（万葉集・巻1・71）

（6）山の辺の御井を見がてり神風の伊勢少女ども相見つるかも（相見鶴鴨）
　　　　　　　　　　　　　　　　　　　　　　　　（同・巻1・81）

「あをによし」（「奈良」にかかる），「あしひきの」（「山」にかかる）などの枕詞の発達も，歌語としての意識を物語るものである。ただし，上代語の確実な資料はほとんどが韻文であるため，当時の散文の実態は分からない点が多い。

第4章 古代語の語彙・語彙史

中古になると，掛け詞・縁語・枕詞の使用など，和歌特有の語彙・表現は一層洗練されたものとなった。雅語としての意識が強くなり，日常の口語（俗語）とは大きな距離を持つようになったのである。のちの連歌や俳諧になると，題材の広がりとともに，用語においても，俗語を積極的に取り入れるようになっている。

....

[注1] MS-DOSテキストファイルによるフロッピー版。宮島達夫編『古典対照語い表』（1971, 笠間書院）に示された数値が訂正されている。

[注2] 大野晋「基本語彙に関する二, 三の研究—日本の古典作品における—」（国語学・24輯, 1956。『文法と語彙』〈岩波書店, 1987〉所収）

[注3] これらの接尾語のうち，現代語において生産性を発揮しているのは，「～（タ）ガル」くらいであろう。その代わりに，「～ソウ」（「楽しそう（だ）」「行きたそう（だ）」）など新たな接尾語が発達している。「～ポイ」は，「大人っぽい」「色っぽい」「安っぽい」など，限定された語に付くものであったが，最近の若者ことばでは，「嘘っぽい」「駄目っぽい」など，いろいろな語に付けて用いるようになっている。生産性を発揮しているのだといえようか。

[注4] 柳田征司「虎明本狂言と虎寛本狂言との語彙の比較—困惑の気持を表わす感情語彙について—」（安田女子大学紀要・1, 1967。『室町時代語資料による基本語詞の研究』〈武蔵野書院, 1991〉所収）参照。

[注5] 菊沢季生『国語位相論』（『国語科学講座』明治書院, 1933）

［参考文献］
安部清哉他 2009『シリーズ日本語史2　語彙史』（岩波書店）
楳垣　実 1963『日本外来語の研究』（研究社）
大野　晋 1987『文法と語彙』（岩波書店）
菊沢季生 1933『国語位相論』（『国語科学講座』明治書院）
国語語彙史研究会編 1980～刊行中『国語語彙史の研究1～』（和泉書院）
阪倉篤義 1966『語構成の研究』（角川書店）
阪倉篤義編 1971『講座国語史3　語彙史』（大修館書店）
佐藤喜代治 1971『国語語彙の歴史的研究』（明治書院）
佐藤喜代治編 1982～83『講座　日本語の語彙』（全12巻。明治書院）
田中章夫 1978『国語語彙論』（明治書院）
田中章夫 1999『日本語の位相と位相差』（明治書院）
築島　裕 1969『平安時代語新論』（東京大学出版会）
広田栄太郎 1969『近代訳語考』（東京堂出版）
前田富祺 1985『国語語彙史研究』（明治書院）

峰岸　明 1969『平安時代古記録の国語学的研究』（東京大学出版会）
宮地敦子 1979『身心語彙の史的研究』（明治書院）
宮島達夫・中野洋・鈴木泰・石井久雄編 1989『フロッピー版　古典対照語い表』（笠間書院）
森岡健二 1991『改訂近代語の成立―語彙編―』（明治書院。初版1969）
森岡健二他編 1982『講座日本語学4　語彙史』（明治書院）
森岡健二他編 1982『講座日本語学5　現代語彙との史的対照』（明治書院）
柳田国男 1930『蝸牛考』（刀江書院。『定本柳田国男集第18巻』〈筑摩書房, 1963〉所収）
山田孝雄 1940『国語の中に於ける漢語の研究』（宝文館）
吉田金彦・築島　裕・石塚晴通・月本雅幸編 2001『訓点語辞典』（東京堂出版）
Stephen Ullmann 1962 *Semantics: An introduction to the Science of Meaning*（池上嘉彦訳『言語と意味』〈大修館書店, 1969〉）

第5章
現代語の音声学・音韻論

1 音声とその役割

　「音楽こそ世界共通の言語である」などといわれることがある。なるほど音楽は民族の壁を越え，時空を越えて人々を感動させたりするのであるから，上のようなことを言われれば，素直に納得する人も多いに違いない。しかし，よく考えてみると，音楽には根本的に言語とは異なる点があることに気づく。たとえば，「音楽を解する」などともいうが，その場合の解する内容というのは，いわば「感情」に関わることであって，「何が，どうして，どうなったか」などという「情報」までは含まれない。それに対して音声言語の場合には，感情も程度に応じて表し得るが，何よりも情報伝達機能がある。

　情報伝達の役割を担うためには一定のルールが必要とされ，そのことから，音声は自然界や日常生活でよく耳にする音（オト），それにヒトの生理的現象によって生じる「咳」や「くしゃみ」などとは区別される。音声を用いた音楽活動もある。言葉を用いず，アカペラやハミングなどによってメロディーのみを口ずさむこともあるが，本章でいう音声とは，主として，ヒトの音声器官で生成され，一定の規則に従って表される言語運用時のさまざまな音声表出そのもののことである。

　音声が連続して表出される際に，個々の音声は発話者の心理状態や前後の音声による口腔や鼻腔の構え，発話者自身の使い慣れた言語習慣の傾向，個人的な癖などによってじつに多様な影響を受けた現れ方をする。厳密な言い方をすれば，我々がそこまでことこまかに観察できるとは限らないにしても，まったく同じ音声を二度，三度と繰り返して発することは，実は，非常に難しい。ちょうど，肉筆で幾度か署名を繰り返したとして，同一人物のものであることは疑われないものの，大きさや線の太さ，インクのかすれ具合

までまったく同じにはできないのとよく似ている。

　このように，見方によっては無限に近いともいえる音声ではあるが，個々の共通点や相違点には，ある言語音の識別や運用にとって意味のあるものとないものが設定されている。したがって，音声を研究の対象とする場合，個々の相違点をどこまでも追求する方法（「音声学 (phonetics)」）と，意味の弁別に直接役立たない点は捨て去り，同じ機能をもつものをひとまとめにして抽象化し，体系的に整理しようとする方法（「音韻論 (phonology, phonemics)」）が考えられる。

　音声学では，音声の表す「意味・情報」から離れて，音声そのもの，発音運動そのものに着目し，一般の使い手には気づかれないような個々の微細な違いまでとらえ，できるだけ詳細に記述しようとする。また，その記述の対象によって下位分類され，複数の言語に見られる，ある種の音声に関する共通点や相違点を検討し，音声の普遍性を論じようとする「一般音声学」と，ある特定の言語の音声について種々の点を論じる「特殊音声学・個別音声学」がある。

　音声学の観察方法には，聴覚印象などによる「主観的方法」と人工口蓋，音響分析機器，呼気流量測定器，テープレコーダーその他の録音機器などによる「客観的方法」がある。また，研究の方法としては，次の三つの側面が考えられる。

　一つ目は，生理的な面からの研究である。

　音声器官の働きをいろいろに組み合わせて言語音を作り出すことを「調音」という（言語障害などを扱う分野では「構音」ともいう）が，その調音の仕方を観察して記述しようとするところから，「調音音声学」(articulatory phonetics) と呼ばれる。たとえば，ある音を発する際の口腔内の舌の接触の仕方や口のすぼめ方など調べようとするのがそれで，一般的にはもっともよく知られた側面である。

　二つ目は，物理的な面からの研究である。

　話者の音声器官から発せられた音声が空気中の分子を振動させ，音波となって聞き手の耳に到達する間の様子を，音響機器等を使って分析するから，「音響音声学」(acoustic phonetics) と呼ばれる。音響機器を用いて，波形な

どを抽出し，さまざまな角度から検討を加えるというのがそれで，最近では，コンピュータの普及によって，音響分析の手段そのものは，急速に広まりつつある。

　三つ目は，心理的な面からの研究である。

　言語音の「聞こえ」の問題を扱う。聞き手が音声のどのような要素に聞き取ったかについて，聞き手の反応を観察・分析するところから，「聴覚音声学」（auditory phonetics）と呼ばれる。ある音声が人によってどう聞こえるかについての反応を聴取実験等によって明らかにしようとするものである。

　これらのほかに，「実験音声学」（experimental phonetics）という言い方もあるが，これは機器等を用いた種々の実験によって得られた資料を，目的に応じて，上記の三例のような側面から調べようとする場合の呼び方である。

2　音声と音韻の関係

　音声が「意味」とは無関係に，言語習慣として発せられた個々の音（オン）そのものであるとするなら，音韻は，ある一つの言語体系の中で，意味のある音連続を形成するために個々の音の特徴がどんな役割を果たしているかを考えることから始まる。一口に音韻といっても，実のところ，立場によって定義に微妙な違いがあるが，ここでは，次のように考えることとする。

　たとえば，音声としては互いに微妙に異なるAの音とBの音があったとして，双方の機能が同じであるとすれば，「AとBは同じ音韻に属する」という。（逆にAとBがそれぞれ異なる機能を有し，異なる音韻に属する場合，AとBは「対立する」という。）言い方を変えれば，音韻とは，ある言語の中で，機能の同じ音声をひとくくりの束にしてまとめ，その代表として抽出した抽象的な概念のことである。したがって，音声は実際に発音したり聞いたりすることができるが，音韻は，いわば複数の音声実現に共通する特徴のうち，観察者が代表的と考えたイメージを示すだけであって，それを聞いたり発音したりすることはできない。

　なお，音韻の他に「音素（phoneme）」という用語も広く使われているが，本章では，音韻を音素とアクセント素（後述）の総称と見なす。更に，音素は，

日本語の場合，母音音素，半母音音素，子音音素，モーラ音素等に分けられる。五十音図の例で考えてみると，ア行（母音），ン，ッ，ー，「アイ，オイ，ウイ」の「イ」以外のほとんどの仮名は1文字で子音＋母音，半母音＋母音，子音＋半母音＋母音などのように，幾つかの音素によって組み合わされた「音節」を表している。

　さて，たとえば，撥音の「ン」（促音「ッ」と共にモーラ音素の一つ）を単独で読み上げよといわれたらどうするであろうか。読む人によって [un]，[m]，[n]，[ŋ]，鼻母音の一種など発音の仕方が異なることであろう。これは，「ン」という抽象的な文字記号を見た人々が，現実には環境によっていろいろと異なった現れ方をする音声のいずれかを恣意的に思い浮かべ，発音したからである。この場合，仮名の「ん」「ン」は音素記号の /N/ に対応し，その共通点はいずれも通鼻性があることを示している。そして，それが実際に発音されたとき，環境により異なって現れる [un]，[m]，[n]，[ŋ]，鼻母音の一種などを音素 /N/ の「異音（allophone）」であるという。ちょうど標札とその家の家族個々人の関係に似ているであろう。これらがどんな場合にどんな環境の下で現れるものか，それぞれの共通点・相違点は何かなどを理解するためには音声器官の名称やその働きについて知る必要がある。

3　音声器官とことばの伝達過程

　音声言語が発せられて聞き手に伝えられるまでには，大まかにいって次のようなプロセスが考えられよう。

　まず，何かの思考内容〈意識〉が成立して，それを話そうという欲求〈表現意図〉が生じる。

　次に，それをどのように言うか，具体的にどんな語句を用いて表出させるかというような言語処理の過程を経て，音声器官に〈指令〉が送られることになる。音声器官は，その指令に従って発音行動を行い，一定の規則通りに連続した音声が発せられる。〈発声・発話〉である。

　音声は声帯の振動や音声器官の狭めの程度によって生じたきしみ音などが空気分子に伝わり，その振動が音と同一方向に伝わる粗密波となって聞き手

の耳に伝えられる〈伝播〉。鼓膜に伝えられた音声は、やがて言語中枢神経に伝わる信号に変換されるなどしながら〈聴取〉聞き手の側で言語として処理〈意味分析〉され、どんな語句がどういう手順や機能で伝えられたか〈認識〉される。聞き手の処理能力に応じた意味内容・表現意図として、聞き手に理解されるわけである。

　音声器官の働きは、以上のような過程の一環として位置づけられるのであるが、音声器官そのものの働きを考えてみると、音声の原音を発するための「発声機能」と、その原音からいろいろな音色を作り出し、組み合わせるための「調音機能」がある。

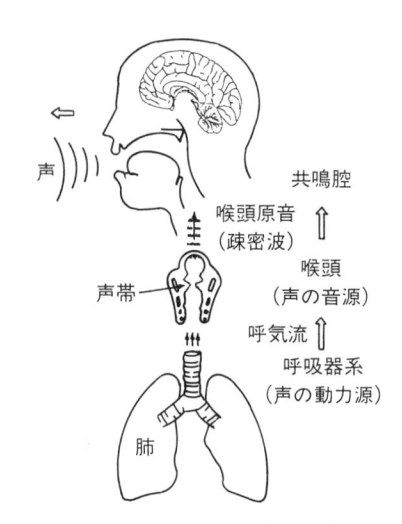

図1　脳、口、咽頭、肺の関連図
（廣瀬肇「発音の生理的しくみ」『講座日本語と日本語教育』第2巻　明治書院をもとに作成

　〈発声〉運動のためには、まず呼吸器が関与する。吸気で拡大した肺から呼気が送り出される。呼気は、肋骨間の筋肉（「肋間筋・胸筋」）、腹筋、それに横隔膜を介在させて行われる調節作用により、強弱等を伴って喉頭を通過する。

　喉頭内には呼気や吸気が通過する関所のようなところ（「声門（glottis）」）があって、そこの扉に当たる筋肉が開閉し、呼気をそのまま通したり、せき止めたりする。

　この扉の働きをする二本の筋肉を「声帯（vocal cords）」という。（その上部は仮声帯や喉頭蓋と呼ばれる「蓋」によりおおわれ、吸気と共に外部から異物が侵入するのを防いでいる。）

　音声の原音を発しようとする時、声帯は閉じられている〈第2図のE〉。肺から呼気が送られ続け、声門（声帯は門の扉に当たる）直下の呼気圧が高まると、呼気は閉じられた声帯をこじ開けるようにして更に上部の声道方向へと上昇する。声帯が振動して音声の原音を発するのは、この時に生じる振動音

〈前方〉
〈後方〉

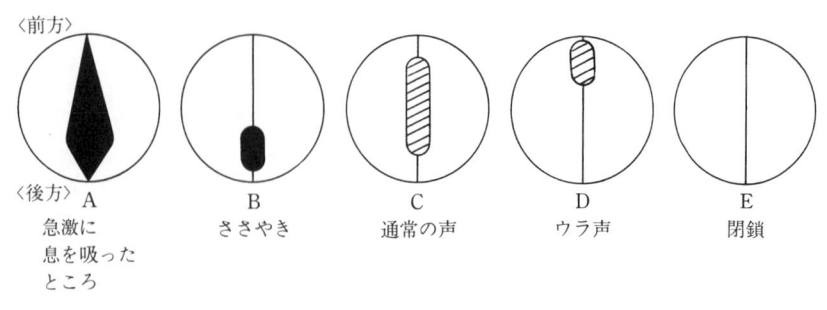

A 急激に息を吸ったところ　　B ささやき　　C 通常の声　　D ウラ声　　E 閉鎖

図2　声帯の状態

であり，これが声（コエ）の原音となる。（この原音に，口腔内の形状に応じた音色がつけられる。）

　この声を伴って発せられる音声を「有声音（voiced sound）」という。しかし，中には開かれた状態の声門を呼気が通過し，声帯が振動しないものもある。この場合，声門より上の声道のどこかで呼気流に対する閉鎖や狭めが形成され，それによってある種の音色がつけられて表出されるが，このように声の伴わない音声を「無声音（non-voiced/voiceless sound）」という。

　なお，声帯は通常の呼吸時には開いており，急激に吸気を送り込んだりするときには更に大きく開く。「ささやき」の場合は，図2のBのように一部だけ開いていて声帯の振動は伴わないが，これも無声音の一種である。

　なお，声の高さは，主として喉頭に属する輪状甲状筋の働きによる喉頭の上下運動によって声帯に緊張〈甲状軟骨の上昇〉や弛緩〈甲状軟骨の下降〉を与え，声帯の閉じ方が変えられるが，緊張状態では振動数が増えて高い音を発し，弛緩状態では振動数が減って低い音を発するというように声の高さが調節される。

4　音声器官各部の名称

　次頁のような図を口腔（コウコウ）（医学では「コウクウ」）断面図という。微妙な個人差はともかくとして，一般成人の音声器官の概略について解剖図をもとに描いたものである。通常，断面図は左向きに書かれることが多く，音声器官の各

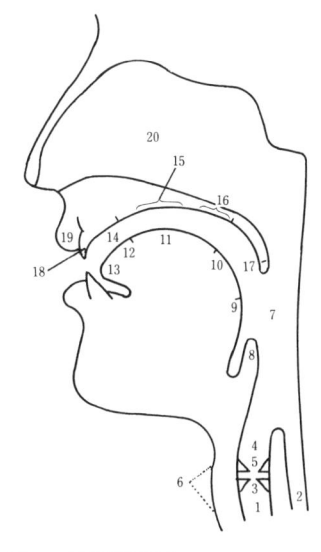

1.気管, 2.食道, 3.真の声帯,
4.仮声帯(室皺襞), 5.モルガー
ニの室, 6.喉頭, 7.咽頭, 8.喉
頭蓋軟骨, 9.舌根, 10.後部舌背
（奥舌）, 11.中部舌背（中舌）,
12.前部舌背（前舌）, 13.舌先,
14.歯茎, 15.硬口蓋, 16.軟口蓋
（口蓋帆）, 17.口蓋垂, 18.門歯,
19.唇, 20.鼻腔

図3　口腔断面図

部分には名称がつけられている。我々が観察した音声について，誰かに説明しようとする場合や，ある音声と音声の違いなどを考え，問題点を整理しようとする場合，これらの区分や名称は共通の分類や伝達の手段として大変役立つであろう。

　図3のうち，両唇から喉頭直前の位置まで（口腔も鼻腔も含む）を声道と呼ぶ。このうち，とくに口腔内では，目指す発音に応じて次々とさまざまな形状を形成するために，実にダイナミックな筋肉運動が展開される。

　個々の音声によって定められた発音運動のピーク時をとらえて，その時，口腔内のどこが中心となって活躍しているかを記述するための基本として，次のような分類が必要となる。

1) まず，口腔内を上顎と下顎とに大きく二分し，積極的には動きにくい上顎のどこかに，比較的動きやすい下顎部位の一部が接触もしくは接近し，その間に呼気が狭めを通過してさまざまな音色を作り出すことを「調音（articulation）」（医学等では「構音」），その運動に関わる器官をとくに「調音器官」という。

2) このうち，上顎各部の総称を「調音点 (point of articulation)」，下顎各部の総称を「調音者 (articulator)」と呼ぶ。
3) 調音者が調音点に接近してある種の音声を発する場合，接近の程度によって，きしみ音を伴うものと伴わないものがある。このようにきしみ音を伴うものは「噪音 (noise)」であり，きしみ音を伴わないものは「楽音 (musical sound)」であるという。
4) 言語音で言えば，一部に例外はあるものの，楽音は「母音 (vowel)」に，噪音は「子音 (consonant)」に多い。中には噪音がたいそう弱くなった「半母音 (semi-vowel)」とよばれるものもある。なお，[m] [n] などの鼻音は楽音に含まれるし，筆者の生まれ育った青森県深浦方言の狭母音 [i̥] [ɯ̥]（[ɯ̥mi̥]「海」，[i̥de]「痛い」などに見られる）には，それぞれ [z] [v] のような，噪音的要素も多分に認められる。
5) 母音，子音，半母音のように調音器官が一定の構えをして発せられる個々の言語音のことを「単音」という。
6) 単音には，その音を発する構えのピーク時に当該音が聞こえる「継続音」（摩擦など）と，その構えを解除した直後でなければ聞こえない「瞬間音」（破裂音など）がある。

5 音声記号

　口腔断面図や各部の名称を，発音の仕方「調音法」や場所「調音点」によって記号化・分類したものが音声記号およびその一覧表であるが，次に示すのは「国際音声学協会の音声字母表」である。表の中で「両唇音」とあるのは，調音時に上唇と下唇で閉じたり，狭めたりすることを意味するが，「歯音と歯茎音」とあるのは，上の門歯の裏もしくは上の門歯の歯茎に舌先を接触させたり接近させたりして発音するものであることを意味する。「そり舌音」は歯茎後方に向かって舌先をそらせた状態で発音するものである。このように「両唇音」以下，右一列に並ぶ名称は，主として「調音点」について説明した欄である。また，この名称の並べ方は，左方向が口腔の前方，右方向へ行くにつれて口腔の奥ということになる。表の左，縦方向に「閉鎖音」「鼻

表1　国際音声字母（1993年改訂・1996年修正）

子音（肺臓気流）

	両唇音	唇歯音	歯音	歯茎音	後部歯茎音	そり舌音	硬口蓋音	軟口蓋音	口蓋垂音	咽頭音	声門音
破裂音	p b			t d		ʈ ɖ	c ɟ	k g	q ɢ		ʔ
鼻音	m	ɱ		n		ɳ	ɲ	ŋ	N		
ふるえ音	B			r					R		
はじき音				ɾ		ɽ					
摩擦音	ɸ β	f v	θ ð	s z	ʃ ʒ	ʂ ʐ	ç ʝ	x ɣ	χ ʁ	ħ ʕ	h ɦ
側面摩擦音				ɬ ɮ							
接近音		ʋ		ɹ		ɻ	j	ɰ			
側面接近音				l		ɭ	ʎ	ʟ			

枠中に記号が二つ並んでいるものは、向かって右が有声音、左が無声音。
網かけは調音が不可能と考えられる部分。

子音（肺臓気流以外）

吸着音		有声入破音		放出音	
ʘ	両唇	ɓ	両唇	ʼ	例：
ǀ	歯	ɗ	歯（茎）	pʼ	両唇
ǃ	（後部）歯茎	ʄ	硬口蓋	tʼ	歯（茎）
ǂ	硬口蓋歯茎	ɠ	軟口蓋	kʼ	軟口蓋
ǁ	歯茎側面	ʛ	口蓋垂	sʼ	歯茎摩擦

母音

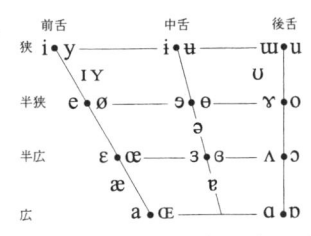

前舌　　　　　中舌　　　　　後舌
狭　　i・y　　　ɨ・ʉ　　　ɯ・u
　　　　ɪ ʏ　　　　　　ʊ
半狭　　e・ø　　ɘ・ɵ　　　ɤ・o
　　　　　　　　ə
半広　　ɛ・œ　　ɜ・ɞ　　　ʌ・ɔ
　　　　　　　　ɐ
　　　　æ
広　　　a・ɶ　　　　　　　ɑ・ɒ

縦の線を挟んで記号が二つ並んでいるものは、向かって右が円唇、左が非円唇。

その他の記号

- ʍ　無声両唇軟口蓋摩擦音
- w　有声両唇軟口蓋接近音
- ɥ　有声両唇硬口蓋接近音
- ʜ　無声喉頭蓋摩擦音
- ʢ　有声喉頭蓋摩擦音
- ʡ　喉頭蓋破裂音
- ɕ ʑ　歯茎硬口蓋摩擦音
- ɺ　歯茎側面はじき音
- ɧ　ʃとxの同時調音

二重調音と破擦音は、必要があれば、2つの記号を⌒で結合させて表すことができる。

k͡p　t͡s

超分節音

- ˈ　第1強勢
- ˌ　第2強勢　ˌfoʊnəˈtɪʃən
- ː　長い
- ˑ　半長い
- ̆ 　特に短い
- |　小（フット）グループ
- ‖　大（イントネーション）グループ
- .　音節の切れ目　ɹi.ækt
- ‿　切れ目のない

補助記号

下に伸びた記号にはその上に付けてもよい。例：ŋ̊

無声化した	n̥ d̥	息もれ声の	b̤ a̤	歯音の	t̪ d̪
有声化した	s̬ t̬	きしみ声の	b̰ a̰	舌尖の	t̺ d̺
有気音化した	tʰ dʰ	舌唇の	t̼ d̼	舌端の	t̻ d̻
より丸めの強い	ɔ̹	ʷ 唇音化した	tʷ dʷ	鼻音化した	ẽ
より丸めの弱い	ɔ̜	ʲ 硬口蓋化した	tʲ dʲ	ⁿ 鼻腔開放の	dⁿ
前寄りの	u̟	ˠ 軟口蓋化した	tˠ dˠ	ˡ 側面開放の	dˡ
後ろ寄りの	e̠	ˤ 咽頭化した	tˤ dˤ	開放のない	d̚
¨ 中舌寄りの	ë	˜ 軟口蓋あるいは咽頭化した	ɫ		
× 中央寄りの	ě	より狭い	e̝	(ɹ̝ = 有声歯茎摩擦音)	
音節主音の	n̩	より広い	e̞	(β̞ = 有声歯茎接近音)	
音節副音の	e̯	舌根が前寄りに	e̘		
r 音化した	ɚ ɝ	舌根が後ろ寄りに	e̙		

トーンとアクセント

平ら		曲線	
e̋ または ˥	超高平ら	ě または ˩˥	上がり
é ˦	高平ら	ê ˥˩	下がり
ē ˧	中平ら	᷄ ˩˧	高上がり
è ˨	低平ら	᷅ ˧˩	低下がり
ȅ ˩	超低平ら	᷈	上がり下がり

- ↓ ダウンステップ
- ↗ 全体的の上昇
- ↑ アップステップ
- ↘ 全体的の下降

（鹿島央『基礎から学ぶ音声学』スリーエーネットワークをもとに作成）

音」などとあるのは,「調音法」の説明で,母音の「狭」「半狭」とは,その母音を発音する際の舌の高さ,口の開け方などを意味している。

6 日本語の短音節表と音素記号(音韻記号), 音声記号

　記号について説明する前に,整理しておかなければならないことがある。音韻と音声の関係である。例えば,ある仮名についての具体的音声を思い浮かべた場合,それはいくつかある現実音のうちの一つに暫定的な代表性を認めて設定したものであり,絶対的なものとは考えない方がよいであろう。

　表1に記載されているような音声記号を用いて書き表す場合は [　],音素記号(音韻記号)の場合は / / の中に書き入れるが,相互の関係を分かりやすく示すために,これらを短音節表に当てはめれば次のようになる。

　各行の子音部についてと [　] の音声記号,/ / の音素記号を比べてみると,音声記号の種類の方が多いことに気づくであろう。

　これは,具体音を可能な限り詳細に書き分け,それに伴って種類や表記法が増える傾向にある音声表記と,音声そのものとしては多少の違いがあっても,機能的に同じであれば,可能な限り簡潔にまとめて種類は整理しようとする音素表記との違いによるものである。(音韻論は,別名「機能音声学」とも言う。)

　前頁の表の / / は,外来語等も含め,実質的に日本語の音韻体系を示したものであるが,これらが音節の組み合わせとして発音され,実際に表出されたものが日本語音声として観察され [　] で示されることになる。

　個々の音節は,単独で発音した場合と他の音節との組み合わせで発音した場合とでは音声がかなり異なることも多い。また,単独で発音した場合に限って見ても,各行の子音は,各列の後続母音と互いに影響を受け合い,発音の仕方はかなり異なることが多い。厳密にいえば,その子音と母音の境界を明確に特定するのも易しいことではない。我々が言語音として聞き分ける場合には幾種類もある音声の構成要素のうち,意味の弁別に最小限必要な要素以外は無視して聞くようになっているため,細々したところには気づかな

い。極端にいえば，必要以上の点については習慣的に聞き取りが難しくなって，聞き分けのレパートリーに制約を受けることもある。

表2　日本語の短音節表，音素・音声記号

```
            直音の音節                    拗音の音節           合拗音の音節
   / hi   he    ha    ho    hu      hja   hjo   hju  ( hwi  hwe  hwa  hwo)/
   [ çi   he    ha    ho    Φu      ça    ço    çɯ̈    Φi    Φe    Φa    Φo ]
⑩〈ひ    へ    は    ほ    ふ      ひゃ  ひょ  ひゅ  フィ  フェ  ファ  フォ
   / i    e     a     o     u       ja    jo    ju   ( wi   we    wa   (wo)/
   [ i    e     a     o     ɯ       ja    jo    jɯ̈    wi    we    wa    wo ]
①〈い    え    あ    お    う    ⑭や    よ    ゆ   ⑯ウィ  ウェ   わ    ウォ
   / ki   ke    ka    ko    ku      kja   kjo   kju /
   [ ci   ke    ka    ko    ku      ca    co    cɯ̈ ]……([kj])
②〈き    け    か    こ    く      きゃ  きょ  きゅ〉
   / gi   ge    ga    go    gu      gja   gjo   gju /
   [ ɟi   ge    ga    go    gu      ɟa    ɟo    ɟɯ̈ ]……([gj])
③〈ぎ    げ    が    ご    ぐ      ぎゃ  ぎょ  ぎゅ〉
   /(ti)  te    ta    to   (tu)                       (tju) /
   [ ti   te    ta    to    tɯ                         tjɯ̈ ]
⑥〈ティ  て    た    と   トゥ                        テュ〉
   /(di)  de    da    do   (du)                       (dju) /
   [ di   de    da    do    dɯ                         djɯ̈ ]
⑧〈ディ  で    だ    ど   ドゥ                        デュ〉
   / si   se    sa    so    su     (sje)  sja   sjo   sju /
   [ çi   se    sa    so    sɯ̈      çe    ça    ço    çɯ̈ ]……([ʃ])
④〈し    せ    さ    そ    す      シェ  しゃ  しょ  しゅ〉
   / ci   tse   tsa   tso   tsɯ̈   (cje)  cja   cjo   cjɯ̈ /
   [ tɕi  tse   tsa   tso   tsɯ̈    tɕe   tɕa   tɕo   tɕɯ̈ ]……([tʃ])
⑦〈ち    ツェ  ツァ  ツォ  つ      チェ  ちゃ  ちょ  ちゅ〉
   / zi   ze    za    zo    zu    ( zje) zja   zjo   zju /
   [dzi   dze   dza   dzo   dzɯ̈    dze   dza   dzo   dzɯ̈ ]……([dʒ])
⑤〈じ    ぜ    ざ    ぞ    ず      ジェ  じゃ  じょ  じゅ〉
   (ぢ                      (づ)                (ぢゃ ぢょ ぢゅ)
   / ni   ne    na    no    nu      nja   njo   nju /
   [ ɲi   ne    na    no    nu      ɲa    ɲo    ɲɯ̈ ]……([ɲ])
⑨〈に    ね    な    の    ぬ      にゃ  にょ  にゅ〉
   / ri   re    ra    ro    ru      rja   rjo   rju /
   [ ɾi   ɾe    ɾa    ɾo    ɾu      ɾja   ɾjo   ɾjɯ̈ ]
⑮〈り    れ    ら    ろ    る      りゃ  りょ  りゅ〉
   / pi   pe    pa    po    pu      pja   pjo   pju /
   [ pi   pe    pa    po    pɯ̈      pja   pjo   pjɯ̈ ]
⑫〈ぴ    ぺ    ぱ    ぽ    ぷ      ぴゃ  ぴょ  ぴゅ〉
   / bi   be    ba    bo    bu      bja   bjo   bju /
   [ bi   be    ba    bo    bɯ      bja   bjo   bjɯ̈ ]
⑪〈び    べ    ば    ぼ    ぶ      びゃ  びょ  びゅ〉
   / mi   me    ma    mo    mu      mja   mjo   mju /
   [ mi   me    ma    mo    mɯ      mja   mjo   mjɯ̈ ]
⑬〈み    め    ま    も    む      みゃ  みょ  みゅ〉
```

＊①～⑯は各行の説明順
＊＊……([　])は，従来の文献に多く見られる記号の使用例

（上村幸雄「五十音図の音声学」『講座日本語と日本語教育』第2巻明治書院を参考にして作成）

7 各行の異音

上記の表で見ても分かるように，各行を通して最も後続母音の影響を受け易いのは「イ列」，次いで「ウ列」の子音である。とくに「イ列」は，大部分の行で子音の音声記号が「ア列」「ウ列」「エ列」「オ列」と異なっている。

これは，母音「イ」と「ウ」がいずれも狭口母音であり，前者では前舌，後者では奥舌を他の母音の場合よりも更に口蓋に近づけて発音されることに影響されたものと考えられる。わけても母音「イ」は狭めが強く，各行の中で特徴的である。

7.1 ア行音：

ここには母音が5種類並んでいるが，これらは，次のように，五つの母音音素に分けられる。

前舌狭口母音：「イ」/i/　　　　　奥舌狭口母音：「ウ」/u/
前舌半狭口母音：「エ」/e/　　　　奥舌半狭口母音：「オ」/o/
中舌広口母音：「ア」/a/

これらのうち，とくに狭口母音（調音時の舌の位置が高いところから高母音とも呼ばれる）「イ」と「ウ」が無声子音に狭まれると，標準的日本語などでは感情が込められたりする場合でなくても「無声化」現象が起こって，その部分がささやきのようになる。これなどは，通常の声を伴う [i] [ɯ]（[u] は円唇で，[ɯ] は平唇のウの地域差あり）とは違った異音であり，[i̥] [ɯ̥] と記号化される。その他，[カカシ] のはじめの [a]，[ココカラ] のはじめの [o]，[ケッシテ] の [e] などのように，そこにアクセントの高さがなく，同じ音節が続いたり，促音が続いたりした場合，それにフォーマルで緊張した話し方では文末 [デス] [マス] の [ɯ] なども [無声化] することがある。場面によっては，不平をいう場合の [円唇化] した母音，笑みを浮かべながらの「張唇化」した母音，文の主要部以外のイントネーションにより弛緩して発音をした場合等の「あいまい化」*した母音なども観察される。

＊何を「あいまい」であるとするかは，言語によって異なり得る。ある言語や方言では

口の開け方や舌の盛り上げ方が中間音的であっても，他の言語や方言では，それが代表性を伴った一個の独立した母音であったりするからである。

7.2　カ行音：

　ア列のカ，エ列のケ，オ列のコの子音は，まず，硬口蓋と奥舌で閉鎖が行われ，その後も肺から呼気を送り続けることによって閉鎖した位置より奥で呼気圧が高まり，破裂させる [k] である。イ列，キャ行音（拗音）では硬口蓋と中舌で閉鎖する [c] であるが，とくに若年層にはエ列にも [c] の目立つことがある。（「コレダキェ」のように聞こえた時の子音がそれである。）なお，これらの子音を発音している瞬間に，喉仏のところに手を当ててみても，次の母音の発音が始まるまでは声帯の振動が響いて来ることはない。無声子音だからである。

　[k] も [c] も音素 /k/ の異音，キャ行の [c] の場合は，子音 /k/ と半母音 /j/ の組み合わせと考えられる。このようにすれば，[c] は，音素 /k/ が狭母音 /i/ や半母音 /j/ の直前に来た場合に硬口蓋化した異音であると整理して解釈できることになる。[k] も [c] も次の母音の違いによって住み分けがなされているが，そのような分布状況を「相補分布」，そのような条件によって実現される異音の現れを「条件異音」と言う。

7.2.1　ガ行音：

　頭子音（語頭での子音）として発音した場合，ガ行の子音はカ行の子音に有声音の要素（破裂以前の閉鎖段階から声帯振動）が加わったものといえる。したがってゲ，ガ，ゴ，グ四子音は，有声軟口蓋破裂音の [g] である。ギャギャ行を文献の多くは [gi], [gja] [gjü] [gjo] としているが，この場合，調音点は軟口蓋というよりも硬口蓋にさしかかっているから [c] の有声音側に用意されている有声硬口蓋破裂音の [ɟ] を用いることも考えられるが，あまり一般的ではない。

　ガ行音が語中に位置した場合，伝統的には有声軟口蓋鼻音の [ŋ] で発音

される。いわゆる鼻濁音である。軟口蓋と奥舌で閉鎖し声帯振動を伴いつつ，声の鼻腔を通して出されるものであるが，若年層はもちろん中年層あたりでもあまり聞かれなくなった。地域的に見ると，東北地方では若年層でも広く用いられ，関西地方から九州地方にかけては殆んど聞かれない。例外的に一部若年層の間などで助詞の「ガ」などに鼻音を用いる例が聞かれることもあるが体系的な用い方ではないことから部分的に学習したもののようである。

　ガ行鼻音が用いられない場合，ゆっくりめの丁寧な発音では有声軟口蓋破裂音の [g]，自然な速さになると多く観察されるのは有声軟口蓋摩擦音の [ɣ] が多い。(「はがき」: [haɣaci]，「かご」: [kaɣo] など)

7.3　サ行音:

　ア列のサ，ウ列のス，エ列のセ，オ列のソの子音は，歯茎の前部あたり（地域や個人により上の前歯の裏で狭めを作る摩擦音であるが，英語の [θ] に近い発音をする人もある）に舌端を接近させ，そこに呼気を送り込むことによって，[θ] よりも鋭い音色の摩擦音を発生させる [s] である。

　イ列，シャ行各列（拗音）では，歯茎より更に上部の硬口蓋と前舌で狭めを形成し発音される [ɕ] (curly-tail c) である。文献によってはこれを [ʃ] (esh, 古くは long s) で説明している。従来の文献の中では，むしろ [ʃ] と表記されることが圧倒的に多い。日本語音声だけについて記述するのであれば [ʃ] でも十分に事は足りる。簡略表記として定着している点も認められる。しかし，たとえば他の言語の類似音と比較したりする場合には，使い分けが必要になるであろう。厳密にいえば，[ɕ] と [ʃ] では唇の形や舌の形状や聞こえに少なからぬ違いが認められるからである。前者は張唇であるが，後者は両唇の左右両端にある口角を中央方向に狭めること。舌面が前者はほぼ平坦であるといえるが，後者には唇のすぼめや突き出しが認められるなどの違いにより音色や響きが異なる。なお，サ行の子音は，いずれも無声音である。

　ここでも [s] [ɕ] は，音素 /s/ の異音，シャ行の [ɕ] は /s/ と /j/ の組み合わせで生じたものとする考えがある。

7.3.1 ザ行音：

ザ行の子音が「サ行の子音＋有声音の要素」である（[s] の有声音）[z] で発音されるためには「母音間に位置した場合」（「語中」としただけでは不十分）でなければならない。それ以外の頭子音として，あるいは撥音の直後（促音に先立たれることはない）では，次の項で述べる「ツ」の子音（無声歯茎破擦音）に似た，有声歯茎破擦音の [dz]（「ザッシ」「カンゼン」）で発音される。この条件異音で発音することに慣れた日本語話者にとって，語頭で [z] を発音することは存外難しい。

ジャ行音については，やはり口蓋音の要素があって，従来の文献の多くは [dʒi] [dʒe] [dʒa] [dʒo] [dʒü]（有声<u>硬口蓋歯茎破擦音</u>），母音間では [d-] がとれ，有声摩擦音の [-ʒ] であるとしているが，「シ」の子音で [ɕ] を採用したような方式に従えば，[dʑ]（有声<u>歯茎硬口蓋破擦音</u>）と母音間の摩擦音 [-ʑ-] が考えられる。（なお [dʑ] は，一体となったと考えれば，[d] の「尾巻き」なしで [dz] でもよいとされる。

7.4　タ行音：

ア列のタ，エ列のテ，オ列のトの子音では，舌先と，上の前歯と歯茎の中間あたり（個人により歯か歯茎のみもある）で閉鎖させ，更に呼気を送り続けることによって口腔内部の呼気圧が高まり，やがて破裂させる [t] である。一般に，語頭で発音された場合，それに，とくにどこか特定の音節を強調して発音した場合には，破裂と同時に呼気流出の音も目立って聞こえる「帯気音」[tʰ] となる。この帯気性は語頭に多いとは言うものの条件異音と言えるほど規則的ではなく，「自由異音」と言ってよい。

イ列のチおよびチャ行音（拗音）の子音 [tɕ]（従来の文献では [tʃ] が多い），ウ列のツの子音 [ts] では，始まりの部分は閉鎖から破裂音になるが，その直後に摩擦音となる。これを先のザ行で述べた [dz] と同様「破擦音」といい，シやスの子音と区別される。

なお，シやチなどの子音は調音時に，後続の母音 [i] という前舌面が硬口

蓋に接近する狭母音につられて，前舌面が硬口蓋に一時的に接触した後，接近の状態に変化するが，このような硬口蓋との関わりの深い子音を口蓋音という。また，「アセ」というつもりが「アシェ」(この例では第2音節の子音が歯茎音から口蓋音に変化) のように実現された場合，この変化のことを「口蓋音化」または「口蓋化」という。逆に，「ワタシ」が「ワタスィ」(この例では第3音節の口蓋音→歯茎音) のように口蓋音のつもりが歯茎音となった場合のことを「歯茎音化」という。

タ行音の子音もまたすべて無声音である。

タ，テ，トの子音は，音素 /t/ で共通する。更に，外来語の発音等も考慮にいれれば，イ列でも「ティー」の [ti]，ウ列でも「トゥー」の [tu] が広く普及しており，これらも /t/ の仲間に入る。チ，ツの子音 [tɕ] [ts] は破擦音の音素 /c/ (音声記号の [c] とは別物) に属する異音と考えることもあり得る。歯茎の破擦音はウ列以外にも「ごっつぁん」「ごっつぉう」「ツェツェばえ」などの例がある。チやチャ行の子音は音素 /c/ が /i/ や /j/ の直前に現れたときの異音と考えることもできる。

7.4.1 ダ行音

ダ行の子音は，「タ行の条件＋有声音の要素」といえる部分が多い。ダ，デ，ドは [d] (有声歯茎破裂音)，ヂはジと同じで [ndz] (有声歯茎硬口蓋破擦音)，[ʑ] (母音間で有声歯茎硬口蓋摩擦音)，ヅとズも同じで [dz]，[z] (母音間) であるが，外来語の発音も考慮に入れた場合，ディ [di]，ドゥ [dɯ] の有声歯茎破裂音や，デュ [djɯ̈] (硬口蓋寄りの歯茎破裂音，舌面はジュ [dʑɯ̈] 口蓋音ほど高くない) もあげられよう。

7.5 ナ行音：

ア列のナ，ウ列のヌ，エ列のネ，オ列のノの子音は [n] で，いずれも舌先と上の前歯または歯茎との境目で閉鎖を形成する。しかし，タ行の子音と異なるのは，舌先の閉鎖と同時に口蓋帆が垂れ下がるようにして奥舌面やそ

の後方に接し，口腔を塞ぐ。そのため，声を伴った呼気は，口腔ではなく鼻腔を通って出されることになる。鼻をつまむと発音できなくなるのはそのためである。これらを「鼻音」といい，「口音」と区別される。「口音」は，口蓋帆が奥舌後方に下がるのではなく，むしろ上がって咽頭壁に接することにより鼻腔を塞ぎ，音声は口腔を通って出される。

イ列のニ及びニャ行音（拗音）の子音は [ȵ] である（伝統的には [ɲ] が用いられる）。[ȵ] と [ɲ] の関係も [ɕ] と [ʃ] の関係と同じである。調音点は，[tɕ] とほぼ同じ場所で，前舌面と硬口蓋によって閉鎖を形作る。ただし，西日本で成育した中高年層の中には，これも歯茎音で [ni] と発音する人が多く観察される。若年層には [n] を基調としながらも口蓋音を目指した [nj] が目立つ。文字通りの中間音声である。

[n] であれ [ȵ] であれ，発音時に手で喉仏にあたる部分を触ってみると舌先や前舌部で閉鎖中の段階でも振動が伝わって来る。これは声帯が振動しているからで，これらの子音が有声音であることの証拠である。この閉鎖解放前の声帯振動の有無だけにとどまらず，タイミングが有声破裂音を実現させるには大変重要であるにもかかわらず，学習者にも，時には教師にもあまり知られていないように思われる。

なお，タ行音の [t] を発する場合，閉鎖の段階では無音が続き，破裂が起こる瞬間にはじめて [t] を聞くことができるが，この種の子音を「瞬間音」(momentaneous) という。それとは対照的にナ行音の [n] や [ȵȵ] は閉鎖の段階から継続してその音を聞くことができ，このような子音を「継続音」(continuant) という。「継続音」と似たいい方に「持続音」(held-sound, static sound) というのがあるが，これは子音に限らず使われる呼び方である。

ナ行音の子音は，[n] [ȵ] 共に音素 /n/ の異音であり，[ȵ] はニやニャ行音の子音が狭母音 /i/，半母音 /j/ との組み合わせで口蓋音化したものと考えられる。

7.6　ハ行音：

ア列のハ，エ列のヘ，オ列のホの子音は，無声音で，声門を狭めて出され

る摩擦音の［h］である。よく，メガネのレンズにハーッと吹きかけるときの息に例えられる。母音［ア］の無声化したものと同じであるとの見方もあるが，試みに，ささやきで（つまり，すべて無声音にして）「春」と「有る」を発音し，［ha-］と［a-］の違いを第三者に聞き取らせてみると，違いがわかる。つまり，［h］のない「有る」の出だしでは瞬間的に声門破裂音［ʔ-］が聞かれるが，他方では聞かれない。なお，強調していうときの「ホ」の子音などは，声門摩擦音［h］以外に口蓋垂摩擦音の［χ］などで発音される例も多く観察される。

イ列のヒおよびヒャ行音（拗音）の子音は，硬口蓋に前舌から中舌にかけての舌の部分を接近させて発音する，無声の硬口蓋摩擦音［ç］である。シの子音は，前舌が硬口蓋と歯茎後部にもかかっており，［ç］よりやや前寄りの位置で発音される。試みに「ヒシ」とささやいてみれば，［ɕ］は［ç］よりもやや前寄りで発音されるため，舌の位置の微妙な違いに気付くであろう。

ウ列のフの子音は，上下両方の唇で狭めを作って発音される無声の両唇摩擦音［ɸ］である。よく，火を吹き消す時の唇の動態に例えられるが，それほど吹き方や両唇のすぼめ方が強いわけではない。強くはないが，両唇の透き間から直接息を吹き出すため，演歌歌手など口元でマイクを使う人々の中には，この両唇摩擦音の代わりに軟口蓋摩擦音の［x］を用い，マイクに直接息がかかって音が割れたりしないように代用する人もいる。

また，両唇摩擦音［ɸ］は，ファン，フィールド，フェンス，フォームの頭子音（単語の最初で発せられる子音）のような「合拗音」にも観察されるが，これなどは /h/ と /w/ の組み合わせで生じたものと考えられる。

上記のように，ハ行音の子音は異音もさまざまあるが，いずれも音素 /h/ に属するものである。

7.6.1 バ行音

ハ行音は無声摩擦音であるが，現代日本語では，バ行音は調音点，調音法ともに全く異なるものである。

語頭，撥音の直後では，上下の両唇を閉鎖させながら声を伴った呼気を口

腔内に送り続け、やがて破裂させる [b] で「有声両唇破裂音」である。これが母音間で発音された場合、ゆっくりめで丁寧に発音するのでなければ [bβ]（有声両唇破擦音）や [β]（有声両唇摩擦音）になることも多い。

ビ [bi] やビャ行音 [bj-] の子音 [b] は他のバ行音に比べて、両唇を両端に引く「張唇化」が顕著である。但し、例えば「ビョーイン」と「ビヨーイン」の [b] は前者が [o]（円唇）、後者が [i]（平唇）を目指した準備をはじめているため、唇の形状は「すぼめ」の度合いが異なる。

7.6.2　パ行音

パ行音は無声両唇破裂音 [p] で、有声音のバ行音 [b] と対立するものである。「対立する」とは、[pasɯ] 対 [basɯ] のように [p] と [b] の一点だけが異なることによって語の意味が変わるほどの相違点になるという弁別的働きがあることである。「パス」と「バス」の対を「ミニマル・ペア」「最小対語」と呼ぶ。ただし、このような無声音の閉鎖は有声音の閉鎖よりも調音者による緊張度が高めであるためか、環境によって変化を受けることが少なく、感情を伴った発音にでもならない限り [p] は [p]（無声両唇破裂音）である。これと同様のことはツ [tsɯ] やチュ [tɕɯ] の場合でも言え、[tsɯ] → [sɯ] とか [tɕɯ] → [ɕɯ] のようになることはない。一方、有声音の方は、緊張度が低く、[dzɯ] → [zɯ]、[dʑɯ] → [ʑɯ] のようになる。

ピ [pi] やピャ行音 [pj-] は「張唇化」が顕著である。これもまた、[ɸ] のように摩擦音化することは、笑いながら話したりするのでなければ起こりにくい。

7.7　マ行音：

マ行音の子音は、上下の唇を閉じて発せられる「鼻音」である。口蓋帆は咽頭壁に接触させず、音声は鼻腔を通って出されるが、同時に、閉じた唇の内側、すなわち、口腔内部の共鳴も関与する。「有声音」であり、「継続音」に分類される。同じマ行の子音でも、口腔内部の共鳴は、次の母音に応じて

微妙に異なる。試みに，鏡を見ながら「メモ」と発音し，始めの [m] と次の [m] を比べると，まったく同じではないことに気づくであろう。中でも，イ行のミおよびミャ行音（拗音）の子音が特異である。モの [m] などでは唇にやや「すぼめ」的要素が見られるが，ミの子音では，唇を左右に引く張唇音的要素が見られる。両者の後に母音 [-a] をつけるとすれば，前者では「モァ」，後者では「ミャ」のようになるであろう。しかしながら，これらの違いには意味を変える程の働きはないため，マ行音の子音は，いずれも音素 /m/ に属することになる。

7.8　ヤ行音：

ヤ，ユ，ヨの母音直前の単音 [j] を半母音と呼ぶ。調音の仕方を観察すると，母音 [i] の場合以上に前舌面を硬口蓋に接近させるが，かといって母音間の「ジ」の子音 [z] ほどに噪音が聞こえるわけでもない。見方によっては，この [j] のような単音を「半子音」と呼ぶ例も見られる。なお，音声記号 [y] は，[i] が円唇化した狭母音の記号として用いられる。このヤ行音をやや詳しく観察すると，[ヤマ] [ユミ] [ヨメ] のように語頭に現れる場合と，[オヤ] [アユ] [ブヨ] のように母音間に現れる場合とでは，幾分違いが認められる。前者は後者より「きしみ音」的要素が多く観察される。よく，メキシコのスペイン語やタイ語を母語とする人が日本語を話すと [ジャマ]（山）とか [ジュキ]（雪）のように発音する例が観察されるが，つい母語の音韻体系や音声実現様式に引き寄せて聞き取り，語頭のかすかなきしみ音を実際に日本語話者が行う以上に増幅して聞き取り，再現させるものであろう。なお，ヤ行音前半部の音素は /j/ で「半母音」であるとされる。

7.9　ラ行音：

よく知られているのは，舌先で歯茎のあたりを1回弾く，有声の「弾き音」[ɾ] だということである。それと，東京の下町で成育した人の一部（伝統的には，屋外での仕事に従事する人々に多いと言われる）に見られる「ふるえ音（顫動音）」

[r] も有名である。しかし、「ふるえ音」は、程度の差こそあれ名古屋の一部や大阪南東部でも聞かれるし、「弾き音」の地域でも、「弾き音」がラ行音を代表するとはいえるであろうが、それしかないというわけではない。また、とくに [ランプ] [コンラン] などのように語頭と撥音の直後で発音される場合、「弾き音」というよりは、「側面音」の [l] に有声の「破裂音」[d] の要素も加わって観察されることも多い。「弾き音」になるのは、母音間で行われる場合であるが、個人によっては、この「弾き音」にも破裂音的要素が観察される。イ列のリ、リャ行音（拗音）の [ɾ] には、やはり口蓋音的要素も観察される。

　結局、ラ行音の子音については、音素 /r/ 一つであるが、異音として母音間に現れる「弾き音」[ɾ]、それに、語頭と撥音の直後に現れる [l] が挙げられる。二つの異音は、互いに現れる環境が違うが、これの場合も「相補分布」と呼び、そのように規則的な分布をする異音を「条件異音」と呼ぶことができる。イ列や拗音の口蓋化音もまた「条件異音」である。それに対して、たとえば、強い呼気を伴う [tʰ] と、伴わない [t] のように、同じ音環境で双方に現れ得る異音を「自由異音」という。

　ついでながら、アメリカ中西部の英語で観察される母音間の [t] は、ちょうど日本語の「弾き音」に似ているとの見方もある。いずれも、調音点が歯と歯茎の境目よりやや上の歯茎または更にやや上の口蓋皺壁にさしかかるあたりで、舌も若干反り舌気味であるところが一部影響しているとも考えられる。また、スペイン語にも「側面音」や「ふるえ音」の他に1回だけ弾く「弾き音」があり、この場合は三者共意味の弁別に関与し、独立した音素として存在する。

7.10　ワ行音:

　現代日本語では、ア列のワの半母音 [w] が最も一般的で、次いで地域差や個人差はあるが、オ列の [ウォ]（助詞の「ヲ」をこのように発音する例もあり得る）、エ列「ウェ」、イ列「ウィ」のような外来語「ウェイト」「ウィーン」等の合拗音もあり得る。

7.11 撥音の「ン」

　これは，促音と並んで，モーラ音素であり，主母音がないのに一つの独立した短音節のような持続時間を伴って現れ得る特殊なものである。日本語の音節を「拍」の概念で説明し，各々の拍がほぼ同じ持続時間で現れる（「拍の等時性」）というとき，この撥音や促音を「特殊拍」という。

　前述の音韻のところで触れたように，モーラ音素 /N/（撥音）の異音は豊富である。この現象は，一つには音声が具体的に実現される際に，前後の音環境に影響される「環境同化」を起こすからである。主として，前接の環境から影響を受けることを「順行同化」，後接の環境を先取りするかのように影響されることを「逆行同化」というが，日本語の撥音や促音の場合は後者である。

　［エンピツ］［トンボ］［サンマ］のように [p] [b] [m] 等の両唇音の直前では，両唇による閉鎖を伴う鼻音の [m]

　［ハンタイ］［インド］［オンナ］［パンツ］［アンズ］のように [t] [d] [n] [ts] [dz] 等の歯茎音の前では，歯茎と舌先による閉鎖を伴う鼻音の [n]

　［パンチ］［カンジ］［ハンニン］の第一撥音のように [tɕ] [dʑ] [ɲ] 等の硬口蓋音の前では，硬口蓋と前舌による閉鎖を伴う鼻音の [ɲ]

　［エンカ］［センゴジュウ］［マンガ］のように [k] [g] [ŋ] 等の軟蓋音の前では軟口蓋と奥舌による閉鎖を伴う鼻音の [ŋ]

　［ハン］［パンフ］［カンシ］など語末，摩擦音の直前では，口蓋垂を奥舌後部に降し，通鼻音として出される口蓋垂鼻音の [ɴ]

　［ソンヲ］［シンイ］［センエン］（第一撥音）のように，母音間ではとくにゆっくり発音すれば [n]，でなければ [õ] [ĩ] [ẽ] のような「鼻母音」となって実現される。

7.12 促音の「ッ」：

　促音 /Q/ も上記の撥音同様，異音が逆行同化して実現されるものである。
　［ロッポ］［ハッピ］［ハッピャク］：[p]

［ウェッブ］：［b］（伝統的日本語では［bb］［dd］など有声破裂音による促音がなかったため，人によっては実現が困難で［pp］［tt］となる場合がある）

［カット］［ウッテ］：［t］

［ベッド］［ヘッド］：［d］

［イッチ］［ハッチャク］：［tɕ］

［イッコ］［サッカ］：［k］

［イッキ］［イッキョ］：[c]

［エッグ］［ウィッグ］［ドッグ］：［g］（但し，伝統的日本語音声に慣れた人には難しく「…ク」となる）

［イッソウ］［イッサイ］：［s］

［ヒッシ］［イッショ］：［ɕ］

ところで，母音の長短はどうであろうか。中には，母音の長い部分を /R/（「引き音」）とする場合もあるが，音素の数を少なく整理しようという原則に立った場合，長母音は，同じ母音が二つ並んだものと考え，別の音素として立てないこともできる。しかし，そうすると，1)「里親（satooja）」と2)「砂糖屋（sato:ja）」の区別がつかなくなるという議論（金田一春彦）もある。この場合［oo］と［o:］を比べると発音上の意識としては［oo］の中間に「くびれ」のようなものを感じるであろうが，［o]$_1$と［o]$_2$の間に声門破裂音を実現させたりしない限り，第三者には判別が容易ではないことも多いであろう。

8　音節

単音の説明をわかり易くするためにすでに短音節表などを示し，特殊音節（特殊拍）などにもふれてきたが，ここで「音節」についてまとめておく必要がある。

日本語で［tsɯ̈kɯe］（机）といった場合，日本語母語話者は［tsɯ̈-］と［kɯ-］の直後に切れ目を認め，全体として三つに区切って発音できる。

これに対して，英語で［fiŋgə］（finger）といった場合，英語母語話者は［fiŋ-］の直後だけに切れ目を認め，全体として二つに区切って発音する。また，双方共にそれ以上短く区切って発音することはできない。

第5章　現代語の音声学・音韻論

このように，その直前に切れ目があって，ひとかたまりとして発音される最小の単音連続（または，「机」の [e] のような単独の母音）を「音節」(syllable) という。
　音節を発する際には，呼吸筋の収縮により，呼気圧の上昇を伴う。その呼気圧は音節の中心部となる「頂点 (peak)」で著しい。したがって，聞き手にとって音節の頂点は聞き分けられるが，その周辺部は聞き分けにくい。
　音韻論では，音節の単音連続を「母音 (vowel)」「半母音 (semi-vowel)」「子音 (consonant)」の結合の仕方によって分類する。その構成要素の中で母音は単独で音節を形成することもでき，音節の中心にもなれるが，子音は常に音節の始めか終りに位置し（ごく一部の例外を除けば）それ自体で音節を形成することはできない。このように音節の中心となり得る言語音は「音節主音的 (syllabic)」，中心にはなれない言語音は「非音節主音的 (non-syllabic)，音節副音的 (asyllabic)」であるといわれる。（このような見方で考えると母音と鼻音は，発音中，口腔内で積極的な阻害を受けることがなく，聞こえもよいことから「楽音」，他の子音群は阻害され，その音色で使い分けることから「噪音」「きしみ音」と大きく分類することもできる。）
　音節はまた，母音で終わるかどうかによっても分類される。上記の例でいえば [tsü] [kɯ] [e] などは「開音節 (open syllable)」，[fiŋ] は「閉音節 (closed syllable)」である。
　日本語の音節を考える場合，上記のように単音連続を調音法による音色などの「聞こえ」を中心とした観点から区切って説明しようとする「音節」という単位とは別に，単音連続を「音数律的な観点から区切って得られる時間的単位（村崎氏 1990）」として，観念的な（頭ではそのつもりであっても，必ずしもその通りに実現されるとは限らない）「拍」あるいは「モーラ」という単位がある。
　この拍あるいはモーラの単位では先にもふれたように「撥音（はねる音）」や「促音（つまる音）」それ自体が一つの拍あるいはモーラと認められる。
　これら二つの異なった考えを簡単な表にすれば次のようになる。

音節の種類	音節構造				音節数	拍数	例
短音節	①母音：V				1	1	胃, 絵, 尾, 鵜
	子音＋母音：CV				1	1	蚊, 瀬, 田, 名
	半母音＋母音：SVV				1	1	矢, 輪
	子音＋半母音＋母音：CSVV				1	1	謝, 朱, 書, 居
長音節	①母音	：V	特殊拍	：N	1	2	オン, オッ, オー, オイ
	子音＋母音	：CV	＋	：Q	1	2	カン, カッ, カー, カイ
	半母音＋母音	：SVV		②(R)	1	2	ヨン, ヨッ, ヨー, ヨイ
	子音＋半母音＋母音	：CSVV		③V'	1	2	サン, サッ, サー, サイ

注―①：服部四郎氏は母音で始まる音節にも直前に咽頭子音 /ʔ/ を設置して「子音＋母音＝CV」とする。こうすることによって音節の種類が一つ整理できる。
②：(R)は長母音の長く引いた部分「引き音」に該当するものであるが、これも同一母音が二つ連続したもの「$V_1 + V_2$」と解釈すれば一層単純化する。
③：V'は ai, oi, ɯi の第2音 i に該当する。

　上の表の中で、短音節は全て母音で終っているから「開音節」である。長音節はN, Qで終る場合は「閉音節」、(R), V' が続く場合は「開音節」であると言える。撥音N, 促音Qは音節のはじめには生起し得ない。(「…んとに(本当に)」「…ったくもう(まったくもう)」などという書き方は、頭の中では「ほ」や「ま」を発音する「つもり」はあっても、実際には発音がほとんど聞こえない程度にしか実現されなかったことを示すものであろう。)(R)もV'もその理屈からすればN, Qに準じることとなろう。

9　文節（連文節）

　大相撲の勝力士やマラソンの勝者が息をハーハーさせながらインタビューを受けているところを聞いたことがあるだろうか。あるいは、瀕死の病人があえぎながら途切れ途切れにものをいうドラマの場面を思い起こしてもよい。

　[前へ…出タノガ…ヨカッタト…オモイマス…] などとやる、あの話し方である。これらを観察してわかることは、むやみな箇所で息継ぎをするのではなく、どんなに苦しくても助詞等の付属語が終るところまでは、たとえ大急ぎの発音にしてでもたどりつき、それからハーハー息継ぎをするというこ

とである。我々の言語中枢には，たとえ生理的に苦しくても，文中における最低限の意味のまとまりは大事にして発言しようという働きがあるもののようである。この文中での最低限のまとまりは自立語に付属語がついたもので，事実上「文節」であるが，個々の文節の音声的特色としてあげられるものの中に「アクセント」がある。[「マ⌐エエ…「デ⌐タノガ…「ヨ⌐カッタト…オ「モイマ⌐ス…]のように記号「の次から記号⌐の前まで高く発音され，他は低く発音される点がアクセントの音色実現であるといえる。

　アクセントによる声の高低の配置は社会的に定まっている。

　しかし，一文節毎に区切って発音された場合には，全ての文節についてアクセントが明瞭に実現されるが，二つ以上の文節が一続きで発音されたような場合には，終りの方へ行けば行く程，生理的条件も手伝って順次低下し，

　　　マ
　　　　エエデ
　　　　　　　タノガヨ
　　　　　　　　　　　カッタ……

のようにアクセントによる高低の差がほとんど目立たなくなってしまう。これをイントネーション論ではダウンステップという。この場合，アクセントの高さだけではなく調音活動の明瞭さも低下することになる。

10　アクセント

　「アクセント」ということばの意味するところはさまざまである。1)「芸術作品等で，ある印象を与えようとして，とくに強調したポイント」2)「ことばの"訛り"のような特徴」3)「ある言語の個々の語について，意味のまとまりを示すため，社会習慣的に定まっている<u>相対的な高さまたは強さの配置</u>」などがあげられるが，言語学で日本語のアクセントについて述べようとする場合は，3)の意味で用いられる。

　ただし，主として標準的日本語のアクセントに関してより厳密にいえば，「語」は「アクセント節」（事実上「文節」に該当）に，強さではなく「高さの配置」とする必要がある。また，「社会習慣的」の意味範囲も単純ではなく「地域」，「年令層」，「職業集団」等により体系的に，もしくは部分的に異なる例も見ら

れる。

　アクセントそれ自体は音韻論的なものであって音声そのもののことではない。言わばアクセントは頭の中で「ココカラココマデ高ク」…と考えている段階の発音計画に関わる項目であって，それが音声として実現される段階では，その時の音環境，心身の調子やイントネーションに影響を受けた結果として実現されるものである。だからこそ「相対的高さの配置」などと言われ，音声学的実現形にも配慮しているものと考えられる。アクセントそれ自体の実現は，高低の位置の指定程度のことであろう。

10.1　機能

　「アクセント」の第1の機能としてあげられるのは，言語一般に当てはまるのであるが，「統語論的機能（文法的な働き）」である。どこからどこまでが語のまとまりであるかを示す機能のことであって，そのまとまりが呼気の切れ目以外に，声の高さや強さの配置によって示される。高さで表す方を「高さアクセント（pitch accent）」，強さで表す方を「強さアクセント（stress accent）」という。

　第2の機能としては「音韻論的機能（意味を識別する働き）」がある。同じ音節連続（一音節が一単語の場合は同一の音節）であってもアクセントによる高さや強さの配置の違いによって意味の違いを表わすというもので，これを「音韻論的に有意味な高さ（または強さ）アクセント」であるという{例：$\overline{\text{ア}}$メ（雨），ア$\overline{\text{メ}}$（飴）}。ただし，この機能は前述の統語論的機能とは違って全ての言語や方言に備わっているというわけではない。

　日本語（東京共通語）のアクセントの場合，第1の機能はもちろんであるが，第2の機能もある。また，多くの語が2音節以上で構成されている「多音節語」の言語である。中国語のような「音節アクセント（一単語＝一音節）」ではなく，「単語アクセント」であり，「高さの配置」で識別するため「音韻論的に有意味な単語高さアクセント」であるということができる。これらの諸条件を図示すれば次のようになる。

日本語アクセントの位置関係

統語論的機能	高さアクセント	音韻論的機能	音節㋐	日本語の福島，栃木，茨城，宮崎方言，朝鮮，韓国語など
				中国語，ベトナム語など
			単語㋐	東京共通語など
	強さアクセント			英語，ドイツ語，ロシア語など
				フランス語，ポーランド語，チェコ語など

（㋐＝アクセント）

（統語論的機能は全ての言語のアクセントに備わっている。高さもしくは強さのある音節を中心としてどこからどこまでが意味のまとまりを表すかを示す。）

　統語論的機能はあっても音韻論的弁別機能は持たないアクセントの言語もある。そのような場合には、いずれの単語も同一のアクセント形式を備えていることから、単音連続形式が同じなのにアクセントによって意味が異なるなどということはない。たとえば強さアクセントのフランス語は、一部の外来語などによる例外を除けば常に語末の音節が強い。チェコ語はどの語も第1音節が強いという点で共通している。朝鮮・韓国語のソウル方言なども同様に音韻論的弁別機能はもたない。

　日本語の方言の中においても、福島，栃木，茨城，宮崎の各地，それに山形，宮城，福岡，熊本各県の一部で用いられているアクセントは、アクセントそれ自体による意味の弁別機能をもたず「無核アクセント」，「一型式アクセント」，また，形式が定まらない「無型アクセント」などと呼ばれるものがある。

10.2　標準的日本語アクセントの特色

　東京共通語を中心とするアクセントの体系については、文献も豊富で、アクセント辞典などによって、以前から広く知られている。たとえば、名詞アクセントの体系については、次のように紹介されている。（表2-4参照）

これは日本語の単語に「アクセントの型」が備わっているとの考えから説明したものである。まず，全体として高から低への変わり目のあるものを起伏式，変わり目のないものを平板式とする。起伏式は「語頭の第1拍だけが高いもの（頭高型）」「第2拍目から最終拍を除くいずれかの拍まで高いもの（中高型）」「第2拍目から最終拍までは高いが，次の拍（助詞等）からは低くなるもの（尾高型）」に分類される。平板式はそのまま平板型とされるが，1拍語の「日，柄，毛」などは，次の助詞等から高くなるため，「平板型」に分類され，「火，目，手」などは次の助詞から低くなる点だけを見れば「尾高型」に似たところもあるが「頭高型」に分類される。「尾高型」は2拍以上の語についていわれるものである。

　ここで，もう一度表全体をながめてみると，更に次のようなことがわかる。
1) 1拍語にはアクセント型が2種類あり，2拍語に3種類のアクセント型という具合で，n拍語には「n＋1」種類のアクセント型がある。
2) 第1拍目と第2拍目の高さが同じになることはない。すなわち，第1拍目が高ならば第2拍目は低，逆に第1拍目が低ならば第2拍目は高である。

　ただし，とくに2)については1語1語区切って発音した場合に限っていえることであって，実際に文節がいくつか連続して「句」単位で発音されると異なった現れ方をする。（…は語頭ならば「低」となって実現される箇所）
　　a)　コノ＋ワタシガ→コノワタシガ
　　　　ダイガクノ＋トモダチガ→ダイガクノトモダチガ
　　b)　コノ＋ヒラガナガ→コノヒラガナガ
　　　　ダイガクノ＋アンナイショガ→ダイガクノアンナイショガ
　　c)　ヨーチエンノ＋アンナイショガ→ヨーチエンノアンナイショガ
　　　　　　　　　（ガのような実線の下線は前の拍よりさらに低いことを示す）
　点線で示した部分は，その文節が句頭で（単独の文節がそのまま句として発音される場合もあり得る）発音された時には低であるが，このように句の中途に位置した場合には直前の拍と同じ高さになってしまう。しかし，一定不変なのは高から低に変わるところであり，高→低の変わり目だけでは指定されたままである。この低に変わる直前の高（「頭高型」の場合は第1拍目に該当するとこ

表2 アクセントの型（『日本語教育事典』より）

型の種類	拍数	1拍の語	2拍の語	3拍の語	4拍の語	5拍の語
平板式	平板型	ヒ(ガ)/日(が)	トリ(ガ)/鳥(が)	ワタシ(ガ)/私(が)	トモダチ(ガ)/友達(が)	アカンボー(ガ)/赤ん坊(が)
起伏式	尾高型		ハナ(ガ)/花(が)	オトコ(ガ)/男(が)	イモート(ガ)/妹(が)	アンナイショ(ガ)/案内書(が)
	中高型			オカシ(ガ)/お菓子(が)	ヒラガナ(ガ)/平仮名(が)	ニホンジン(ガ)/日本人(が)
					ドヨービ(ガ)/土曜日(が)	バンゴハン(ガ)/晩ご飯(が)
						オジョーサン(ガ)/お嬢さん(が)
	頭高型	ヒ(ガ)/火(が)	アメ(ガ)/雨(が)	ミドリ(ガ)/緑(が)	ネーサン(ガ)/姉さん(が)	ドチラサマ(ガ)/どちら様(が)

（●は名詞を構成する拍，○は助詞の1拍，ただし助詞「ノ」は「尾高型」を「平板型」に変えたりするため除く）

表3 アクセント型（『日本語教育事典』より）

	平板式	起伏式				
	(0型)	(01型)	(02型)	(03型)	(04型)	(05型)
1拍語	○-ガ	○-ガ				
2拍語	○-○-ガ	○-○-ガ	○-○-ガ			
3拍語	○-○-○-ガ	○-○-○-ガ	○-○-○-ガ	○-○-○-ガ		
4拍語	○-○-○-○-ガ	○-○-○-○-ガ	○-○-○-○-ガ	○-○-○-○-ガ	○-○-○-○-ガ	
5拍語	○-○-○-○-○-ガ	○-○-○-○-○-ガ	○-○-○-○-○-ガ	○-○-○-○-○-ガ	○-○-○-○-○-ガ	○-○-○-○-○-ガ

表4 アクセント表記法のいろいろ
（『日本語音声学』の表をもとに加筆）

```
 （平板型）（尾高型）（中高型）（中高型）（頭高型）
 ┌────┐ ┌────┐ ┌────┐ ┌────┐ ┌────┐
 │トモダチ│ │イモート│ │アマガサ│ │ムラサキ│ │マイニチ│
 └────┘ └────┘ └────┘ └────┘ └────┘
   ○—○—○—○…が ○—○—○—○＼が  ○—○—○＼○…が  ○—○＼○—○…が  ○＼○—○—○…が
             
  トモダチ  イモート  アマガサ  ムラサキ  マイニチ
```
（『明解日本語アクセント辞典』『NHK日本語発音アクセント辞典』など。）

tomodachi　ímoto　amagása　murásaki　máinichi
tomódachi　　　　　（研究社『和英辞典』）

ト モ ダ チ　イ モ オ ト　アマガサ　ムラサキ　マ イ ニ チ
（旺文社『小学国語辞典』など。）
三省堂『例解新国語辞典』

トマ**ダ**チ　イマ**ガ**ト　アマ**ガ**サ　ムラサキ　**マ**イニチ
（田代晃二『美しい日本語の発音』ほか。）

⓪　　④　　③　　②　　①
（三省堂『新明解国語大辞典』ほか。）
　　　　　　　　　　（三省堂『大辞林』）

| 0 | ト | ガ | ラ | マ |

（小学館『日本国語大辞典』）

トモダチが　イモートが　アマガサが　ムラサキが　マイニチが
下中中中　下上上上　下上上中　下上中中　上中中中

トモダチが　イモ ̄トが　アマ ̄ガサが　ムラ ̄サキが　 ̄マイニチが
（佐久間鼎『標準日本語の発音アクセント』）

| 平 | ト | ガ | ラ | マ |

集英社『国語辞典』

ろ）を「アクセント核」（服部四郎氏）と呼び，このアクセントにおける型の弁別的特徴を
1. アクセント核が有るか無いか
2. 有るとすればどのモーラに有るか

であるとし，そのアクセント核（「下げ核」）を /○○ ̌○/ のように表示している。これに従って4拍（モーラ）語までのアクセント体系を示すと次のようになる。

```
 ╱○   ○○    ○○○    ○○○○   ……0
     ○⌐ ○○⌐    ○○○⌐   ○○○○⌐   ……1
         ○○⌐    ○○○⌐   ○○○○⌐   ……2
                 ○○○⌐   ○○○○⌐   ……3
                         ○○○○⌐   ……4
```

上野善道氏によれば「下げ核」/⌐/の有無と位置の他に「句音調」という概念がある。ワタ̄シのように「第1拍目が低ならば第2拍目は高になる」というのがそれで,「句頭文節」にのみその現象が見られるとする。そして,単語の抽象的なアクセント表記から,具体的な音調の社会習慣的レベルへ派生させる方法を示しているが,それを箇条書きにして紹介すると

1) 核表示による形をそのまま並べる。(核の位置の確認)
2) 「句切り」を決める。(何文節目で区切るか)
3) 句頭の第2モーラ(拍)から下げ核がない限り平らに進む。
   (第1モーラに核があったら,第1モーラで上げ第2モーラから下げる)
4) 核があれば,そのマークに従って下げそのまま平らに進む。
5) また核があったらもう一度そこで下げ,句切りが来たら1)に戻る。

なお,3) 4)のように「平ら」といっても生理的な条件による自然下降はあるが,これは文字通り自然に発生するから意識しない方がよい。

　日本語の母語話者であっても,非母語話者であっても,朗読などをする場合には,意識しないどころか,必要以上に強調し,かえって不自然になってしまうことが多いから注意を要する。

　ここで「自然下降」の実例を音響的にピッチ曲線で示す。

　「コ̄ンバンワ」は第2モーラ以降を最後まで平らに進むつもりで発音するのであるが,「自然下降」の影響によって徐々に低くなって行くのがわかるであろう。

　これは「コ̄ンバンワ」を目の前の人にポツリというような場合(左側),それと遠くの人にハッキリと聞こえるように言った場合(右側)の例である。いずれの場合も,こうして音響的に調べてみるとゆるやかではあるが「下降」が見られる。これなどは生理的条件その他による,表現意図外の「自然下降」と見なすことができる。なお,「下降」には,このような生理的なものの他に,

句や文単位で意識的に実現されるもの（文の終りを示す「下げ」(final lowering)など）も考えられる。

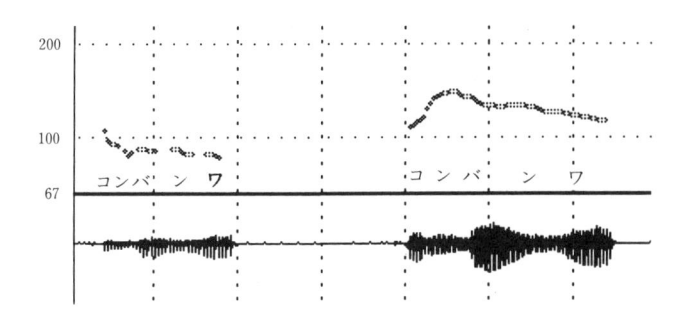

```
200
100         コンバンワ        コンバンワ
 67
```

10.3 全国のアクセント

次に，参考として，二音節名詞による全国各地のアクセントを示す。これで見ると上記のルールとは異なるものがあることに気づくであろう。例えば秋田には，単独で発音しても低低，高知には高高ではじまるアクセント形式が存在する。これらは，一口に日本語アクセントと言っても地域差が大きく，それ程豊かであることを示すものである。

全日本の発音とアクセント

形式		東京式							京阪式						一型式
系譜		第二種							第一種					第三種	第四種
類別	語例＼方言	東京	札幌	秋田	松本	沼津	広島	大分	京都	兵庫	富山	珠州	高知	鹿児島	都城
一拍名詞第一類	柄	エガ	エガ	エガ	エガ	エガ	エガ	エガ	エー エーガ	エー エーガ	エガ	エー エーガ	エガ	エガ	エガ
	蚊	カガ	カガ	カガ	カガ	カガ	カガ	カガ	カー カーガ	カー カーガ	カガ	カー カーガ	カガ	カガ	カガ
	毛	ケガ	ケガ	ケガ	ケガ	ケガ	ケガ	ケガ	ケー ケーガ	ケー ケーガ	ケガ	ケー ケーガ	ケガ	ケガ	ケガ
	子	コガ	コガ	コガ	コガ	コガ	コガ	コガ	コー コーガ	コー コーガ	コガ	コー コーガ	コガ	コガ	コガ
	血	チガ	チガ	ちガ	チガ	チガ	チガ	チガ	チー チーガ	チー チーガ	チガ	チー チーガ	チガ	チガ	チガ
	戸	トガ	トガ	トガ	トガ	トガ	トガ	トガ	トー トーガ	トー トーガ	トガ	トー トーガ	トガ	トガ	トガ
	帆	ホガ	ホガ	ホガ	ホガ	ホガ	ホガ	ホガ	ホー ホーガ	ホー ホーガ	ホガ	ホー ホーガ	ホガ	ホガ	ホガ
	実	ミガ	ミガ	みガ	ミガ	ミガ	ミガ	ミガ	ミー ミーガ	ミー ミーガ	ミガ	ミー ミーガ	ミガ	ミガ	ミガ
	身	ミガ	ミガ	みガ	ミガ	ミガ	ミガ	ミガ	ミー ミーガ	ミー ミーガ	ミガ	ミー ミーガ	ミガ	ミガ	ミガ
	世	ヨガ	ヨガ	ヨ ヨガ	ヨガ	ヨガ	ヨガ	ヨガ	ヨー ヨーガ	ヨー ヨーガ	ヨガ	ヨー ヨーガ	ヨガ	ヨガ	ヨガ
一拍名詞第二類	名	ナガ	ナガ	ナガ	ナガ	ナガ	ナガ	ナガ	ナー ナーガ	ナー ナーガ	ナガ	ナー ナーガ	ナガ	ナガ	ナガ
	葉	ハガ	ハガ	ハガ	ハガ	ハガ	ハガ	ハガ	ハー ハーガ	ハー ハーガ	ハガ	ハー ハーガ	ハガ	ハガ	ハガ
	日	ヒガ	ヒガ	ひガ	ヒガ	ヒガ	ヒガ	ヒガ	ヒー ヒーガ	ヒー ヒーガ	ヒガ	ヒー ヒーガ	ヒガ	ヒガ	ヒガ
	藻	モガ	モガ	モガ	モガ	モガ	モガ	モガ	モー モーガ	モー モーガ	モガ	モー モーガ	モガ	モガ	モガ
	矢	ヤガ	ヤガ	ヤガ	ヤガ	ヤガ	ヤガ	ヤガ	ヤー ヤーガ	ヤー ヤーガ	ヤガ	ヤー ヤーガ	ヤガ	ヤガ	ヤガ
一拍名詞第三類	絵	エガ	エガ	エ エガ	エガ	エガ	エガ	エガ	エー エーガ	エー エーガ	エガ	エー エーガ	エガ	エガ	エガ
	尾	オガ	オガ	オ オガ	オガ	オガ	オガ	オガ	オー オーガ	オー オーガ	オガ	オー オーガ	オガ	オガ	オガ
	木	キガ	キガ	き きガ	キガ	キガ	キガ	キガ	キー キーガ	キー キーガ	キガ	キー キーガ	キガ	キガ	キガ
	酢	スガ	スガ	し しガ	スカ	スガ	スガ	スガ	スー スーガ	スー スーガ	スガ	スー スーガ	スガ	スガ	スガ
	田	タガ	タガ	タ タガ	タガ	タガ	タガ	タガ	ター ターガ	ター ターガ	タガ	ター ターガ	タガ	タガ	タガ
	手	テガ	テガ	テ テガ	テガ	テガ	テガ	テガ	テー テーガ	テー テーガ	テガ	テー テーガ	テガ	テガ	テガ
	菜	ナガ	ナガ	ナ ナガ	ナガ	ナガ	ナガ	ナガ	ナー ナーガ	ナー ナーガ	ナガ	ナー ナーガ	ナガ	ナガ	ナガ
	荷	ニガ	ニガ	に にガ	ニガ	ニガ	ニガ	ニガ	ニー ニーガ	ニー ニーガ	ニガ	ニー ニーガ	ニガ	ニガ	ニガ
	根	ネガ	ネガ	ネ ネガ	ネガ	ネガ	ネガ	ネガ	ネー ネーガ	ネー ネーガ	ネガ	ネー ネーガ	ネガ	ネガ	ネガ
	野	ノガ	ノガ	ノ ノガ	ノガ	ノガ	ノガ	ノガ	ノー ノーガ	ノー ノーガ	ノガ	ノー ノーガ	ノガ	ノガ	ノガ
	火	ヒガ	ヒガ	ひ ひガ	ヒガ	ヒガ	ヒガ	ヒガ	ヒー ヒーガ	ヒー ヒーガ	ヒガ	ヒー ヒーガ	ヒガ	ヒガ	ヒガ

＊秋田の頃のひらがなは「中舌母音」によるもので，「標準的日本語音声」の見地から見ると「あいまい」に聞こえることであろう。

＊＊「ガ」は鼻濁音のガ

（NHK『日本語発音アクセント辞典』より）

11　文の焦点（フォーカス）

　文節が二つ以上集まった文の場合（「雨！」のように単語一つだけで文になることもあるが），その文のどの部分を中心として表現するかという「文のフォーカス」が意識される。その結果，音声表出の際には文のフォーカスが発話に伴って実現され，その表現文の中心となる部分が際立てられる。この際立ちそのものの音声実現を「プロミネンス」という。たとえば，前後の文脈による条件の違いによって，

　　きのう本を読んだ。　　きのう**本**を読んだ。　　きのう本を**読んだ**。

などのように，文のどこを焦点として表現するかという意図が変わり，際立てられる文節が違ってくるが，とくにその際立ての直前には息継ぎ（ポーズ）の行なわれることが多い。この息継ぎは，もう一方の生理的息継ぎとは違って，際立てを効果的に実現させる働きをする。ポーズ直後には，句頭の上昇を伴い，一層際立つのである。

　一方，疑問詞疑問文等の場合，フォーカスはおのずと疑問詞を含む文節に固定されるが，これを「内部フォーカス」，前述のように文脈の条件によって移動可能なものを「外部フォーカス」と呼ぶことがある。

　次は，文そのものの性質によってフォーカスが一定の現れ方を示すものの例を音響的に高さ（pitch）の観点から見たものである。

　A「何が見えますか」（WH疑問文）の場合，これはとくに東京共通語に顕著に見られることであるが，フォーカスが実現された「なにが」の部分が際立てられ，「ミエマス(カ↗)」の部分は極端に低く抑え込まれて，「ミエマス(カ↗)」のアクセントによる高さも明瞭には実現できないほどになっている。（文末の上昇イントネーションは別）。

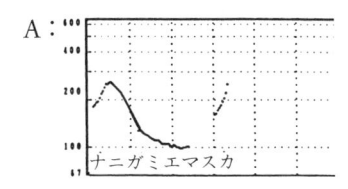

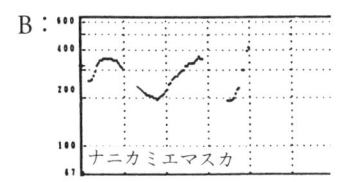

B「何か見えますか」(YES/NO 疑問文)の場合,「ナニ」それ自体に含まれる際立ち的性質から全体で山が二つ実現しているようではあるが,それよりも「ミエマス(カ♪)」が積極的に際立てられ,「聞こえ」としては,Aの文とは逆に,後半が際立つ効果が現れているものである。ところで,この二つの文は,文字で書き表すと助詞の「が」と「か」以外の違いがないかに見えるが,このようにフォーカス実現のパターンが明確であるため,A, Bそれぞれの文のうち,助詞「が」「か」の発音が不明瞭であったとしても全体の音調から判別が可能である。これなどは中国語,朝鮮語,タイ語等を母語とし,有声破裂音を無声破裂音の識別が不得手な人々の日本語学習にとって有用な情報である。

12 イントネーション(文音調)

12.1 アクセントとの違い

たとえば「花」を /hana⌐/,「穴」を /ana⌐/ と考え,比べてみた場合,アクセント核の位置も同じであるから,二つの単語の違いは語頭に /h/ があるかどうかである。次に,「鼻」/hana/(アクセント核なし)と「花」/hana⌐/ を比べると,両者の違いはアクセント核 /⌐/ があるかどうかである。/⌐/ には音素的な弁別機能があるといわれるゆえんである。しかしながら,単語全体に見られる低高(高)とか低高(低)という高さの配置それ自体が何かことばとしての意味を含んでいるわけではない。アクセントによる高さの変化は聞きとれたとしても,具体的な単音連続が聞きわけられなければ,何といったのかわからない。

それに対して,イントネーション(文音調)には,文の表現意図を示す働きがある。「アメ(雨)」に文末上昇イントネーションをつけて「アメ♪」と発音すれば,「雨が降っているのか/(今)雨と言ったのか……」などというように,「雨」に関して「疑問」を投げかけることになる。一方,「アメ↘」と文末下降イントネーションで発音すると,今度は「(がっかりだなあ)雨か/(そうか)雨か……」のように,「雨」によって生じた「失望」や「納得・了解」等の気持

ちを表わすことになる。さらに雨が降ってきたのに気づいて「あっ，雨だ」とか「雨ですよ」のように「発見・認識」や「報告」を表わすような場合は，上昇でも下降でもなく平らな文末イントネーションである。（このようにイントネーションは，とくに文末で顕著に現れるが，実は文頭の段階で文末を予測できる例も少なくはない。また，イントネーションの意味するところは地域によって形式等が異なる場合も考えられる。）

これらのイントネーションパターンのうち，短く切り上げるのではなく，ある程度の長さを伴っていい表わされるものを「長平（ながたいら）」「長昇（ながのぼり）」「長降（ながおり）」と呼ぶことにする。それぞれのイントネーションを伴って発音したものを音響機器にかけ，高さ（pitch）の変化，調音上の変化などをリアルタイムで示せば次のようになる。（今川博・桐谷滋氏の「音声録聞見ソフト」による）

12.2　イントネーションの観察（音響的側面から）

A：

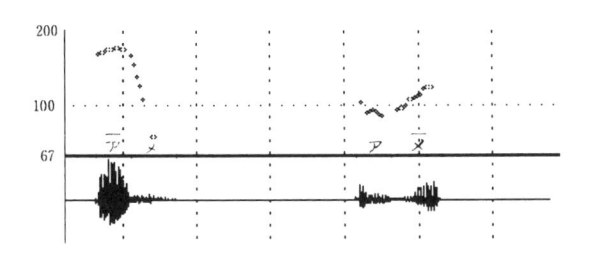

Aは，「アメ（雨）」と「アメ（飴）」両方の単語を，アナウンサーが感情を交えず冷静に読み上げるようにして発音したものである。これで見るとアクセントの高さの違いが視覚的にはっきり確認できる。「アメ」ではアが高くメで急激に下降している。ピッチ曲線が最後の部分まではっきり現れないのは声のカスレ等によるものである。「アメ」では，メで上昇が見られるものの高さの変化は「アメ」程急激ではない。これはアクセントの高さの変化を低，中，高の三段階で考え，記述する方法（P138表4佐久間鼎の項参照）によると「アメ」は高低，「アメ」は低中となって，アクセント核のあるものとないものとでは高さの変化の仕方が異なるという見方に合致しているとも言える。な

お，このように比較的丁寧な発音で読み上げたものではあっても「ア」と「メ」の長さが同一ではない点に気付くであろう。
B：

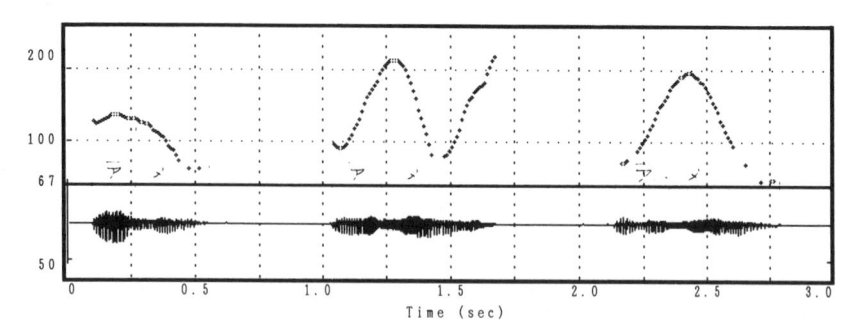

```
200
100
 67
 50
   0     0.5    1.0    1.5    2.0    2.5    3.0
                    Time (sec)
```

　Bは「アメ」の三態である。左から長平，長昇，長降となっている。ただ，長平とはいっても，文字通り平らになっているわけではなく，メの始めから終りにかけてゆるやかな下降が見られる。生理的条件等による「自然下降」等が見られるからである。日本語の使い手としては，この程度のゆるやかな降下をイントネーション上の「下降パターン」とは見なさない。イントネーションの「下降」と認められるためには，右端の「長降」の例のように「ア」で一気にかけ昇り（この部分は声帯の静止状態から高音のアに至る準備のための生理的上昇で，感情表現等に関わる場合以外では無視される），「メ」にさしかかってからでも更に高度を上げてから下降しなければならないことになる。「長昇（図中央）」にしても，「メ」で急降下した後にあらためて急上昇するのでなければ「上昇調」にはならない。平調，上昇調，下降調のいずれにしても，部分的に上昇や下降が見られるというのではなく，それぞれの特徴を実現するためには，その文全体で努力し，相対的な高さの変化を示していることがわかる。なお，上昇調や下降調と違い，平調のイントネーションでは，高さの活動範囲（ピッチレンジ）が拡大されることはない。

C：

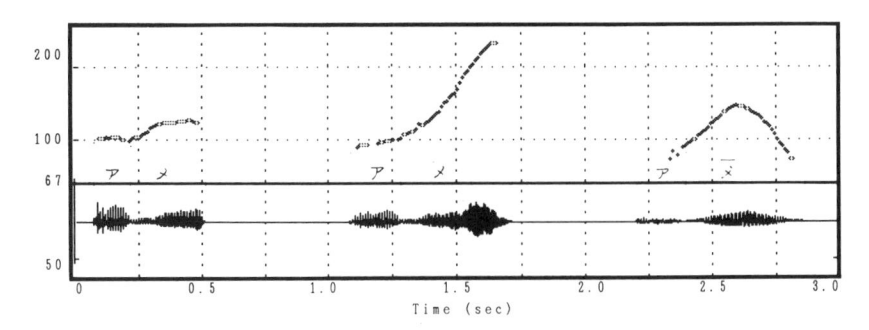

```
[スペクトログラム図: 「アメ」の三態 (長平, 長昇, 長降)]
200
100
 67
 50
    0    0.5    1.0    1.5    2.0    2.5    3.0
            Time (sec)
```

　Cは「アメ」の三態である。B同様，左から長平，長昇，長降であるが，無核型アクセントの語が素材となっている場合は，高さの変化も比較的単純であり，イントネーションの振舞いが分かりやすい。平調も上昇調も始まり方はほぼ同様の高さである。「メ」にさしかかると，平調は極めてゆるやかな上昇，上昇調は急傾斜で昇っていく。下降調では，Bの下降調と同様，下降を効果的に示すために「メ̄」にさしかかってからでも一度そのまま上昇し，「メ̄」全体の長さの半分位上昇させたところから傾きを増して下降している。なお，これはB，Cに共通している点であるが，文頭のはじまりの高さが三態で微妙に異なる。平調は比較的短く，上昇や下降を実現させるためには傾斜と共に長くなっていることに気付くであろう。

D：

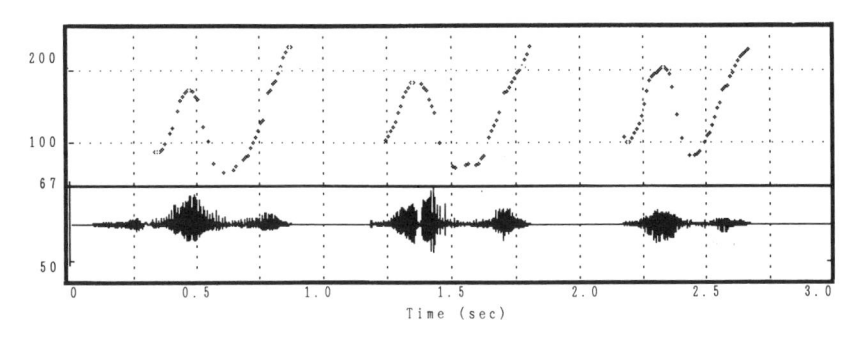

```
[スペクトログラム図]
200
100
 67
 50
    0    0.5    1.0    1.5    2.0    2.5    3.0
            Time (sec)
```

　Dは「ソウ」「ドレ」「ウン」（いずれも「アメ」と同じアクセント）を否定的にパラ言語情報（感情的要素）を加え，上昇イントネーションを用いて言った例

第5章　現代語の音声学・音韻論　155

である。これらを前述のイントネーションとは異なるタイプとして取り上げる例も見られるが，声の暗さ（全体として低めで弱い部分を含む）等の要素を除いて高さの変化の仕方から見る限りでは基本的には「アメ」の長昇（B図参照）と同じパターンとして分類することもできる。

　以上で見てきたように，イントネーションの基本は上昇，平，下降の三種に分類される。これらのものに実際の場面に応じた強さや長さの要素が段階的に付加され，種々のバリエーションを示しているものと考えられる。

13　社会と音声

　この章のしめくくりとして「社会と音声」の側面から述べる。

　落語や講談を聞いたことがあるだろうか。噺家や講釈師達はたった一人で多彩な人々を演じ分け，聴衆もそれをとり違えることはない。これらの例を考えるまでもなく，我々の社会には，その社会を構成している人々の話し方についてかなり詳細な約束ごとがあるようである。老若男女，職業，生育地ひいては性格，場面毎のスタイル，感情，伝達手段の違いに応じた話し方の違いなど細部にわたり，更に古典落語などでは身分の違いにまで及ぶ。これが，東京の落語を聞いても大阪の落語を聞いてもわかるのであるから，種々の音声表現の中には地域差を越えた共通点もかなりあるものと考えられる。

　さらに，一般の話し方を観察してみると，同一人物が目上の人に話している場合と同僚や目下の人に話している場合とでは声の出し方にまで違いがある。目上にはやや高く弱めの声，同僚や目下にはやや低く強めの地声になったりするが，これなどは音声選択による待遇表現といえるであろう。「ハイッ」というふうに返事の終りに声門閉鎖音を用いて緊張感を出したり，「ハーイ」のように末尾に声門閉鎖音を用いないで延ばして返事をすることなども相手次第，場面次第で使い分けられている。

　これが他の地域や集団を意識した場合には，えてして問題が生じやすい。よく，「自分の地域の話し方はきたない」とか「あの地域の話し方は上手できれいだ」などといわれる。しかしながら，なぜ，何が原因でそのように聞こえるのかと問い返してみても，納得のいく答えが返ってくることはない。そ

の判断基準というものが恣意的で極めて不明瞭だからである。ほとんどが，実は政治・経済の力が集中しているところかそうでないかの力関係によって優劣がつけられているに過ぎないからである。そこで，音声を客観的に把えるということの意味をもう一度確認しておく必要があろう。音声について学び，音声を客体化して考えるということは，上の例で述べたような，日本語の素朴な使い手としての，時に恣意的で感情的な固定観念を極力排除し，客観的で公平な態度で音声に耳を傾けることである。「何が変か」ではなく「何が違っているか」について「公平な耳」と判断力で対処するよう努力することであろうと考える。

〔参考文献〕

鹿島央 2002『日本語教育をめざす人のための基礎から学ぶ音声学』スリーエー・ネットワーク

斎藤純男 1999『日本語音声学入門』三省堂

Pierrehumbert, J. B. and Beckman, M. E. 1988 *Japanese Tone Structure*（The MIT Press）

杉藤美代子編 1989『講座日本語と日本語教育 2, 3 日本語の音声・音韻（上）（下）』（明治書院）

亀井孝，河野六郎，千野栄一編 1988『言語学大事典 1, 2』（三省堂）

城生佰太郎 1988『音声学（新装増訂版）』（アポロン）

Catford 1988 *A Practical Introduction To PHONETICS*（Oxford Univ. Press）

Geoffrcy K. Pullum & William A. Ladusaw 1987 *Phonetic Symbol Guide*（Univ. of Chicago Press）

服部四郎 1984『音声学　改訂版』（カセットテープ付き）（岩波書店）

金田一春彦監修 1981『明解日本語アクセント辞典』（三省堂）

文化庁編 1981『日本語教育指導参考書 1 音声と音声教育』

柴谷方良，影山太郎，田守育啓 1981『言語の構造　音声・音韻編』（くろしお出版）

柴田武，北村甫，金田一春彦編 1980『日本の言語学 2　音韻』（大修館書店）

天沼寧，大坪一夫，水谷修 1978『日本音声学』（カセットテープ付き）（くろしお出版）

柴田武編 1977『岩波講座　日本語 5 音韻』（岩波書店）

シュービガー M., 小泉保訳 1973『音声学入門』（大修館書店）

マルンベリ B., 大橋保夫訳 1970『改訂新版　音声学』（白水社）

第6章
古代語の音韻・音韻史

1 〈五十音図〉とその歴史

1.1 〈五十音図〉と〈いろは〉

　中国語は，仮名やローマ字のような表音文字をもたなかったので，反切という方法で漢字の音を表した。反切では，たとえば「東　徳紅切」のように，最初の文字「徳」で「東」という音節 tuŋ¹ の頭子音 t- が，第二字目の「紅」で残りの音 -uŋ¹ が示される。こういう反切から漢字の音を得るためには，頭子音と残りの音とを正しく分離・結合しなければならない。そのような中国語音の構造分析と方法とを日本語音に当てはめることによって生まれたのが，〈五十音図〉の原型らしい。図版に掲げるのは，現存最古と推定される醍醐寺蔵『孔雀経音義』附載の図(10世紀末～11世紀初)であるが，この図からは発生初期の姿がうかがえる。

　『孔雀経音義』の図によっても明らかなように，〈五十音図〉は，最初から今日のような「アイウエオ」「アカサタナハマヤラワ」という順序が決まっていたわけではない。段の方は比較的早く，平安時代の末から「アイウエオ」という順序に固定されたが，行の順序は遅くまで流動的で，現行の〈五十音図〉と全く同じ配列の図が一般化するのは江戸時代以後である。そこで，アルファベットのような，文字の順序は，歴史的に〈いろは〉やそれに先行する〈あめつち〉〈たゐに〉

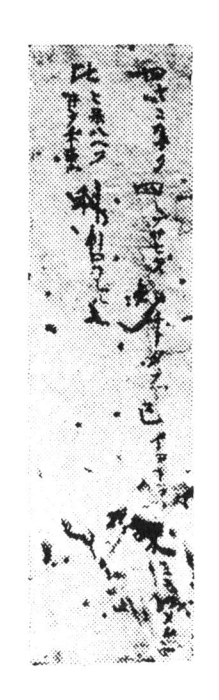

のような文句によって示された。〈あめつち〉とは、『源順集』(10世紀)の「あめつちの歌四十八首」によって知られる次のような誦文,

　　あめ（天）　つち（地）　ほし（星）　そら（空）　やま（山）　かは（川）
　　みね（峰）　たに（谷）　くも（雲）　きり（霧）　むろ（室）　こけ（苔）
　　ひと（人）　いぬ（犬）　うへ（上）　すゑ（末）　ゆわ（硫黄）　さる（猿）
　　おふ　せよ　えの　えを　なれ　ゐて

〈たゐに〉とは、源為憲『口遊』(970)の「書籍門」に伝わる次のような誦文で,

　　大為尔伊天　奈徒武和礼遠曽　支美女須土　安佐利［於］比由久
　　也末之呂乃　宇知恵倍留古良　毛波保世与　衣不祢加計奴
　　（田居ニ出デ　菜摘ム我ヲゾ　君召スト　求食リ追ヒ行ク　山城ノ　打
　　　酔ヘル子ラ　藻葉干セヨ　エ舟繋ケヌ）

〈いろは〉はこのような誦文が、やはり10世紀末〜11世紀初の仏家において

現存最古の〈いろは〉
（承暦本『金光明最勝王経音義』1079）

組み替えられ，成立したものと推定される。
　〈いろは〉
　　いろはにほへと ちりぬるをわか よたれそつねな らむうゐのおく やま
　　けふこえて あさきゆめみし ゑひもせす
　　（色は匂へど散りぬるを 我が世誰ぞ常ならむ 有為の奥山今日越えて 浅
　　き夢見じ 酔ひもせず）
　このように，〈五十音図〉と〈いろは〉とは成立の時期をほぼ等しくすると考えられるにもかかわらず，〈いろは〉がその用途を〈五十音図〉に譲ってしまったのは，それがただ仮名の体系を示すものにすぎなかったからである。発音の変化によって仮名の体系にも変化が生ずれば，〈いろは〉のような誦文はおのずからその実用性が失われる。

1.2 〈五十音図〉の性格

　〈いろは〉と〈五十音図〉の最も大きな違いは，〈五十音図〉が日本語の音に対する一種の解釈であるという点である。すなわち，〈五十音図〉は図表という手段と仮名という文字による日本語音の体系化であって，縦に母音，横に子音の違いを配して，縦横の交差するところに，該当する音が位置する仕組みになっている。位置によって音の相関関係が示されるという点では巧みな方法であるが，音は仮名をもって示されるので，仮名が区別しない音的差異は映し出されない。たとえば，平仮名や片仮名はもともと清・濁を区別しないので，〈五十音図〉はその対立を含んでいないということである。〈五十音図〉は，それがそのまま日本語音を網羅した表とはなっていない。

　〈五十音図〉の成立以後も，今日までに発音のさまざまな変化が起こっているが，〈五十音図〉が現在なおその価値を失っていないのは，そこに示される音相互の関係に変化が生じなかったからである。タ行の場合を見てみよう。15世紀末頃までのタ行子音は，後続の母音と無関係に [ta, ti, tu, te, to] のような破裂音であったが，[ti] [tu] の子音はやがて [tʃi] [tsu] のような破擦音に変化した。その後，「パーティー (party)」「トゥデイ (today)」のような借用語の発音に新しく [ti] [tu] が現れたが，[tʃi] [tsu] が [ta, te, to]

第6章 古代語の音韻・音韻史　161

とともにタ行音を構成するという関係は変わっていない。〈五十音図〉が成立した当初は別にして，同行の音がすべて同じ子音を有すると考えるのは，いうまでもなく誤りである。

2 〈上代特殊仮名遣い〉と8世紀の母音体系

2.1 〈上代特殊仮名遣い〉とは

〈五十音図〉は，平安時代初期の母音が現代の東京方言などと同じ体系を有したことを示しているが，8世紀の奈良時代には一体どのような母音体系が認められるのか，この点については必ずしも明確になっていない。これを解明する糸口は，〈上代特殊仮名遣い〉と呼ばれる万葉仮名の用法である。

『古事記』『日本書紀』『万葉集』を主とする8世紀およびそれ以前の文献では，万葉仮名の用法に，平安時代初期に生まれた平仮名・片仮名はまったくこれを失っているところの，ある種の区別が存在する。たとえば，『万葉

((((((((コラム))))))))

〈上代特殊仮名遣い〉主要字母一覧

		キ	ヒ	ミ	ケ	ヘ	メ	コ	ソ	ト	ノ	モ	ヨ	ロ	エ	注
〔甲〕		支岐吉	比必卑	弥美三・	家計祇	弊計部	売咩女	古故姑	素蘇宗	刀斗都	努怒弩	毛	用欲夜	路漏盧	〔ア行〕衣依愛	・は訓仮名。
〔乙〕		貴紀奇	非悲肥	未微味	気居毛・	倍陪戸・	米迷目	去居許	曾所則	等登謄	乃能廼	母	余与予	呂侶盧	〔ヤ行〕曳延叡	
		ギ	ビ		ゲ	ベ		ゴ	ゾ	ド						
〔甲〕		藝伎祇	毘妣鼻		下牙雅	弁便別		胡吾呉	俗	度渡土						
〔乙〕		疑宜義	備肥眉		義宜礙	倍陪		其期碁	叙序賊	杼騰藤						

集』は「秋」「ススキ」を，仮名で，

  秋   安伎 阿伎 安吉
  ススキ 須々伎 須々吉

のように，また「霧」「月」は，

  霧   奇里 奇利 奇理 紀利 綺利
  月   都奇

のように表記しており，「秋」「ススキ」に用いられた「キ」の仮名（伎・吉）と「霧」「月」に当てられた「キ」の仮名（奇・紀・綺）とは，その字母を異にしているのである。これが〈上代特殊仮名遣い〉で，こうして区別された二類の字母の一方（「キ」の字母に関しては「伎・吉・・・」）を甲類，他方（「奇・紀・綺・・・」）を乙類と呼ぶ習慣が定着している。同様の類別は，〈五十音図〉に○で示せば，「キ」を含む次の12の仮名およびその濁音仮名に認められ，

  ワ ラ ヤ マ ハ ナ タ サ カ ア
  ヰ リ ㊟ ヒ ニ チ シ ㊝ イ
    ル ユ ム フ ヌ ツ ス ク ウ
  ヱ レ 江 ㊙ ヘ ネ テ セ ㊞ 衣
  ヲ ロ ヨ モ ホ ㊚ ト ソ コ オ

『古事記』には，「モ」の仮名にも甲乙二類の別が存するとされている。

2.2　8世紀の母音体系

〈上代特殊仮名遣い〉は，「秋」「霧」などのような特定の語にだけ認められる区別ではないから，これを単なる表記上の問題としてすますことはできない。そこで，すでに18世紀末，本居宣長らによって発見されていたこの事実を，20世紀の初に至って再発見した橋本進吉は，発音の違いを書き分けたものと考え，8世紀の母音を次のように推定した。

  i甲　[-i]　　　　e甲　[-e]　　　　o甲　[-o]
  i乙　[-ï]　　　　e乙　[-əi (-əe)]　　o乙　[-ö]

有坂秀世もまた，これにきわめて近い推定をしている。橋本・有坂らが，〈上代特殊仮名遣い〉の示す音的差異を母音的特徴の違いであると認めた大

きな理由は，万葉仮名に用いられた字母の違いが，6〜7世紀の中国語における〈韻母〉の違いに対応しているからである。

　甲乙二類の仮名が音の違いを示すとしたら，それぞれが実際いかなる音を表すのかが明らかにされなければならない。橋本・有坂らが音価の推定に重点を置いたのは当然であろう。ただし，彼らの研究は，推定された母音が一体どのような体系をなすのかといった問題にまで及んでいない。

　甲乙二類の区別が認められる仮名を上記の〈五十音図〉で見ると，オ段はア・ハ・マ・ワ行を除く全ての行にその区別が認められるのに対して，イ段・エ段はまったく同じ分布を示し，しかもカ・ハ・マ行にしか区別が存在しない。イ段・エ段はなぜカ・ハ・マ行およびその濁音にしか区別がなく，オ段はなぜア・ハ・マ・ワ行およびその濁音に区別がないのか。このような点を説明するためには，どうしても音韻論的な観点が必要である。松本克己・服部四郎はそうした観点を重視し，次のような推定を行っている。

　まず，松本は，イ段・エ段に認められる違いを，母音的特徴の差と考えるよりも子音に付随する違い，すなわち口蓋性の有無による差と見るべきだとし，たとえば「キ甲」「キ乙」は

　　　　キ甲　　　[kji]　　　　　　キ乙　　　[ku̯i]

のように推定した。イ段・エ段でカ・ハ・マ行およびその濁音にしかこのような違いが現れないのは，k, g, p, b, m のような前舌の関与しない子音はそれ以外の子音に比べて口蓋性の有無を区別し易いからであるという。また，オ段における区別については，これを母音の違いと見なすものの，それらは本来的に異なる二つの母音ではなく，意味機能を担わない，いわば変異音的 (allophonic) 関係にすぎないとしている。ア行を除けば，オ段でハ・マ・ワ行およびその濁音，すなわち唇音性子音の直後にその区別がないのはo甲とo乙の違いがまさに円唇性の有無にあるからであると考えている。こうした解釈によるかぎり，8世紀の母音も体系的には現代の東京方言と異ならなかった。

　一方，服部は，

　　コ甲（児・籠）　　　コ乙（此・是・来〈命令形〉）
　　ヨ甲（夜）　　　　　ヨ乙（代・世・四）

のような対立が存する以上，o甲:o乙を変異音的母音と

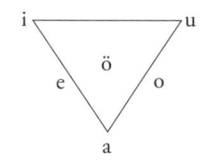

見なすのは不適当だとして，図のような六母音を推定している。

　結局，8世紀の日本語には，橋本・有坂に従えば八つの母音が，服部によれば六つの母音が，また松本の説では五つの母音が存在したことになるが，このような考え方の違いは見かけほど大きくない。イ段・エ段の違いに関していうなら，橋本・有坂が i乙, e乙 に推定した -ï-, -ə- のような要素を，母音的特徴と見るか子音的特徴と見るかの差にすぎない。オ段の母音は，仮にそれが音韻論的対立であったとしても，機能的負担量は決して大きくなかったであろう。

3 〈ア行音・ヤ行音・ワ行音〉の変化

3.1　e と je, o と wo の合流

　発音が同じ仮名は重出させないはずの〈いろは〉の中で，「お」と「を」は現在まったく発音の区別を失ってしまっている。o は「お」で表すのに，助詞の場合にかぎって「を」を用いるのは，発音の区別が失われた二つの仮名を生かし，「を」を助詞専用の仮名とすることによって，読み取りをより容易にするためである。「お」と「を」の発音は，いつごろ，そしてなぜその区別を

───────────────────────────────
（（（（（（（（コラム））））））））

母音調和と日本語
有坂秀世は，日本語史，特に音韻史の研究にたいへん大きな足跡を残した。有坂によって明らかにされた事実は多いが，その一つが古代日本語における〈音節結合の法則〉である。それによれば，①o甲 と o乙 は同一形態素内に共存しない，②u と o乙 は同一形態素内に共存することが少ない，特に2音節の形態素にあっては共存することがない，③a と o乙 は同一形態素内に共存することが少ない，という。有坂はこれを，かつて日本語に存在した母音調和の名残と考えた。
母音調和とは，母音に関する一種の配列的規則であって，通常，陽性母音と陰性母音とが対をなしている。果たしてほんとうに古代の日本語にも母音調和が存在したのか，今日ではこれを疑う研究者が少なくないが，「コ乙－キ乙 (木)」「アマ－アメ乙 (雨)」などのような〈母音交替〉の発見を含め，有坂の指摘は，古代日本語の母音体系に大きな変化があったことを示唆した点できわめて重要な歴史的意味を持っている。

失ったのであろうか。

　10世紀の末頃まで,「降る」は「oru」と発音されたので「おる」と書かれ,「折る」の方は「woru」と発音されたので「をる」と書かれた。「お」はoを,「を」はwoを表したのである。ところが11世紀初め頃の文献から,それまで「を」で表された語に「お」を用い,「お」を用いた語に「を」を当てるといった例が目立ちはじめる。たとえばこの頃から,訓読に必要な内容を漢文に直接書き入れた〈訓点資料〉に,「をさむ（収・治・納）」を「オサム」,「おこる（起・興）」を「ヲコル」などとした例が散見するようになる。もともと紛れ易かったア行のoとワ行のwoが,どうやらこの時期になって発音の区別を失ったらしい。表記上の混乱が,発音の変化を反映している。その結果どのような発音になったのか,事実はそれほど単純ではないが,16世紀末〜17世紀初のキリシタン資料がもっぱらこれをuo, voで写しているのを見ると,oがwoに吸収される方向で変化が進んだと考えられる。

　古代の日本語では,母音音節は語頭以外に存在しないのが原則だから,oの現れる場所は語頭に限られている。一方のwoにはそうした制約がないけれども,この音を含む語は必ずしも多いといえない。woに始まる語はoに始まる語に比べてずっと少ないし,語頭以外のwoも「あを（青）」「いを（魚）」「とを（十）」「かをる（薫）」「しをる（萎）」など,意外に少数である。「降る」と「折る」のような,oとwoによって区別される語もあるにはあるが,発音の区別が失われることによって混乱を生じる場合はきわめて稀であったと推

((((((（コラム)))))))

キリシタン資料とその他の〈外国資料〉
16世紀末から17世紀前半にかけ,キリシタンの手によって成った文献はキリシタン資料と呼ばれ,中世末期の日本語資料として重んじられている。主なものに『日葡辞書』『落葉集』のような辞典,『日本大文典（ロドリゲス）』などの日本文典,『天草版伊曽保物語』『天草版平家物語』のような日本語読本,『サントスの御作業の内抜書』『ドチリナ・キリシタン』のような教義書などがあり,当時のポルトガル語の綴りにもとづくローマ字で記された日本語は音韻史料としての価値が高い。また,ラテン語の文法による日本語の記述,発音や方言に関する言及などを含む日本文典も貴重である。日本語読本などの口語体文献も歴史的価値が大きい。
『日本寄語』『日本館訳語』あるいは『朝鮮板伊路波』『捷解新語』などのような,漢字やハングルで写された日本語を有する文献も,中世日本語の資料として重要である。

測される。要するにoとwoは，語と語の違いを示すのにあまり大きな役割を果たしていなかった，つまり機能的負担量が小さかったと考えられる。そういう状態に，後述のような〈ハ行転呼音〉が発生して語頭以外のwoが増加した。oとwoの合流は，そうした歴史的背景の中で進行したのである。

〈定家仮名遣い〉では「お」と「を」がアクセントによって使い分けられており，高く発音されるwoには「を」が，低く発音されるwoには「お」が用いられていることはよく知られているが，これも，発音の区別が失われた二つの仮名を活用しようとした結果である。

oとwoの合流に先んじて，同様の変化がア行の「エ」とヤ行の「エ」，すなわちeとjeの間でも起こっている。万葉仮名では，ア行の「エ」とヤ行の「エ」に異なる字母を用いた。たとえば「得る」の未然形・連用形にはア行の「エ」に相当する「衣・愛」などを，「枝」の「エ」にはヤ行の「エ」に相当する「延・曳」などを用いている。いうまでもなく，「得る」の未然形・連用形は[e]，「枝」は[jeda]である。このeとjeの対立が失われた時期がおよそ10世紀の中頃と推定されるのは，やはりこの頃になってeとjeの表記に動揺が現れるからである。前掲の〈あめつち〉〈いろは〉が原姿をとどめているとすれば，二つの「え」を含む〈あめつち〉はまだeとjeの対立が存在した時代を，〈いろは〉の方はそれが失われた時代を代表している。oとwoの場合と同様，キリシタン資料のローマ字が「え」をもっぱらyeで写していることなどから，eとjeの合流によって失われたのはeの方であると見なされるが，実際は必ずしも単純ではなかったようである。たとえば，『和名類聚抄』(930年頃)では，語頭にア行の「エ」の字母「衣」を，語頭以外にヤ行の「エ」の字母「江」を用いる傾向が強い。

eとjeの区別が失われた理由も，音韻体系の内部におけるその対立のも・ろ・さにあったと見るべきであろう。この場合，も・ろ・さとはすなわち二つの音の近似性と機能的負担量の低さとである。後者についていえば，eとjeはやはり語頭でしか衝突しない上に，語頭以外のje・も，活用語尾に現れる場合を除くときわめて限られている。

発音上の区別がなくなった後も「お」と「を」は別の仮名として用いられつづけているのに，eとjeに同様の現象が認められないのは，その対立がまさ

3.2　je と we、i と wi の合流

　ヤ行の je がア行の e を吸収した後、ワ行の「ヱ」すなわち we もこれに合流したために、結局ア・ヤ・ワ行の e, je, we は je に統合されてしまった。たとえば「机」を「都久恵」と書いたり「ツクヱ」と書いたりした古い例は認められるけれども、je と we が最終的にその対立を失ったのは 13 世紀と推定されている。前述のキリシタン資料のローマ字は、「え」と「ゑ」を区別せず、すべて ye で表しているから、je が現代東京方言のような e に変わったのは江戸時代になってからであろう。o を吸収した wo が同じく現代東京方言のような o に変化するのも、ほぼ同じ時期と考えられる。

　we が w を失うのと並行して、wi すなわちワ行の「ヰ」もまた w を失い、i に統合された。[iru]（入る）も [wiru]（居る）も、[iru] のように発音されるようになったということである。『土佐日記』(935年頃) には、

　　かいそくむくゐせむといふなることを（正月廿一日）

のように「むくい（報い）」とあるべきところを「むくゐ」と書いた箇所があり、このような部分は貫之の自筆本でも同じだったと考えられるところから、特定の音声的環境では早くから i と wi を混じる場合があったと想像されるが、この二つの発音が全く区別を失うのは、やはり 13 世紀と推定される。

　〈五十音図〉の枠組みで言えば、10 世紀から 13 世紀にかけて進行した以上のようなア・ヤ・ワ行の変化は、体系のいわば残された弱部を襲った変化だということができよう。「を」と異なって、「ゐ」や「ゑ」の仮名がその役割を終えてしまったのは、これらの仮名が「を」のような活用の場を見い出せなかったからである。

4 〈ハ行子音〉の変化

4.1 〈ハ行子音〉の歴史

　1.2で述べたように,〈五十音図〉はあくまでも日本語音に対する一種の音韻論的解釈にすぎないから, 同行の音がまったく同じ子音を有するとはかぎらない。今度はこれを, ハ行音について見てみよう。現代の東京方言などでは「ハ・ヘ・ホ」に [h] が,「ヒ」には [ç] が, また「フ」には [ɸ] が現れる。

　しかし, ハ行の子音がこういう発音に変化した時期はあまり古くないらしい。キリシタン資料のローマ字は, faru（春）, fito（人）, fune（船）, feya（部屋）, foxi（星）のように, 一様にこれを f で書き表しているし,『鶴林玉露』(1248成),『朝鮮板伊路波』(1492) などの〈外国文献〉に見える, その頃の中国語や朝鮮語の音で写した日本語も, 当時のハ行子音が現在とは異なる両唇音であったことを示している。後奈良院撰『何曽』のような16世紀初の文献に伝えられるナゾ「母にはふたたび会ひたれど, 父には一度も会はず　くちびる」もまた, その頃のハ行子音が両唇音であったことの証拠である。後に述べるように, 11世紀には母音間のハ行子音に w 化が一般化していることから推して, 17世紀以前のハ行子音は, 後接の母音と無関係に無声両唇摩擦音 [ɸ] だったと推定されている。現代東京方言などにおける「フ」の子音は, 直続の母音 [u] との調和によってそれが保存されたものと考えられる。

　たとえば無声の [k] に対する有声音は [g] であって, 日本語の〈清・濁〉は原則的にこの無声・有声の対立に対応している。ところが, ハ行・バ行の関係はそれほど単純ではない。現代東京方言などでハ行の [h][ç][ɸ] に対するのはバ行の [b] である。ハ行子音が無声音, バ行子音が有声音であるという点では [k] と [g] の関係すなわちカ行とガ行の関係に等しいが, ハ行・バ行にはそのほかに次のような違いが認められる点で, カ行・ガ行などと異なっている。

　　ハ行子音　　　非唇音(「フ」の子音を除く)　　摩擦音
　　バ行子音　　　両唇音　　　　　　　　　　　　破裂音

こういうねじれた関係は, ハ行子音の変化によって生じたと考えるのが音韻

史の定石である。最初はハ行 [p] に対してバ行 [b] という正常な関係だったのが、[p] が [ɸ] を経て現在のような発音に変化・分裂したために、その関係がカ行・ガ行などの場合と異なってしまった。さまざまな歴史的資料も、このような推定に矛盾しない。

現在の発音を h で代表させると、ハ行の子音は p ＞ ɸ ＞ h という推移をたどった。[花] は、[pana] から [ɸana] へ、それから現在のような [hana] へ変化したということである。このうち、ɸ ＞ h という変化が進行したのはおそらく17世紀であろう。イギリスの平戸商館長リチャード・コックスの日記 (1615～1622) に「箱根」「浜松」を Hacony, Hammach と書いた箇所があるのをはじめとして、この頃から h 化の進行をうかがわせる事例が現れる。しかし、p が ɸ に変化した時期は必ずしも明確でない。慈覚大師円仁が9世紀半ばに唐で学んだという梵字の発音を伝える『在唐記』の次の記事から、

　　　ų（pa）唇音　以本郷波字音呼之 下字亦然 皆加唇音

その頃すでに ɸ であり、8世紀の奈良時代もまた、これと異なる p であった証拠が得られない以上、ɸ であった可能性が大きいとするのが通説であったが、ɸ 化の終了を10世紀以後と見なす理由も存在する（林史典 1992参照）。

ハ行子音が p ＞ ɸ ＞ h という変化を遂げたのに、何故バ行の子音は b にとどまったのかという点に関しては、バ行子音が p ＞ ɸ に並行して摩擦音化することにより、ワ行音の w に接近し、それによって〈濁音〉らしさが失われて、〈濁音〉としての働きを放棄しなければならなくなることを嫌ったためであるという、小松英雄の解釈が注目される。

4.2　〈ハ行子音〉の歴史と〈ハ行転呼音〉

「川」とか「家」は、〈歴史的仮名遣い〉で「かは」「いへ」と書くのに、現在それを「カワ」「イエ」と読んでいる。仮名と発音のこういう食い違いが発生した原因は、いうまでもなく発音の変化である。かつてこれらの語の第二字目はハ行音だったから、発音どおりに「かは」「いへ」と書かれたが、おおむね11世紀頃から語頭以外のハ行音がワ行音に変化したために [kawa] [iwe]

と発音されるようになった。「家」の場合は, we が je に吸収され, その後 je が e に変化したので, [ie] という発音になっている。このようなハ行子音のw化は, ハ行の仮名を転じてワ行に呼ぶという意味で〈ハ行転呼音〉と称されているが, このw化の進行を11世紀以後と推定するのは, やはりこの頃から〈訓点資料〉などで, ハ行の仮名・ワ行の仮名の間に動揺を生じ, 「かほ(顔)」を「カヲ」, 「ゆゑ(故)」を「ユヘ」と書くような例が増加するからである。

　子音をC, 母音をVで表せば, 日本語は原則的にCVという単純な開音節だから, たとえば三音節語はCVCVCVのような構造になり, したがって語頭以外の子音は前後を母音に挟まれる。w化は, 母音間のハ行子音が前後の母音に影響され, 有声化とゆるみとを同時に生じたところの, いわば環境同化なのである。このような環境同化によってw化を起こし易いのは, pよりもɸであって, pは直接wに移行しにくい。これが, 11〜17世紀のハ行子音をɸと推定する理由の一つである。

　「はつはる(初春)」「あさひ(朝日)」などの複合語にこういう発音の変化が及ばないのは, それによって語の構成が不明確になり, ひいてはその語の意味を損なう危険性が大きいからである。しかし, そういう場合を除いて, 母音間のɸには規則的にw化が起こったため, 語頭以外のɸが失われ, 語頭に残されたɸに, 語頭を示す働きが発生した。すなわち, w化によって, ɸに語頭を示したり, 複合語の境界を示す機能が生じたのである。これも, 小松英雄に指摘がある。

　〈ハ行転呼音〉のような変化は, 偶発的には発生しにくい。母音間のハ行子音をw化したのは, ハ行子音自体の変化, すなわちpのɸ化だったと考えるべきであろう。ハ行子音の摩擦音化(ɸ化)と〈ハ行転呼音〉とは, 異なる二つの変化ではなく, 連動した一連の変化, 言いかえれば〈ハ行転呼音〉は, pの摩擦音化によって発生した母音間のɸに, 不可避的に生じた環境同化だったということである。このような見方が認められるなら, 破裂音pが〈ハ行転呼音〉の一般化する時期あるいはその直前まで保存された可能性は, これを排除することができない。

第6章　古代語の音韻・音韻史　　171

5 〈サ・ザ行子音〉〈タ・ダ行子音〉の変化

5.1 〈サ・ザ行子音〉の歴史

　ハ行子音と比べて，サ行子音の歴史はたいへん分かりにくい。8世紀の発音については，次のようなさまざまな推定が行われている。
　有坂秀世は，万葉仮名に用いられた漢字の古い中国語音をはじめ，諸文献の記述，形態論的現象，方言などを総合的に考察し，「ス」「ソ」については慎重に結論を保留しながら，

　　　サ [tsa]　　シ [si] または [ʃi]　　セ [se] または [ʃe]

のように推定した。これに対して亀井孝は，すずめの鳴き声を「シウシウ」ととらえる伝統と，「シウシウ」から「チウチウ」への移行に着目して，破擦音([ts, tʃ])であった可能性を述べている。そのほかにも，[ʃ]とする説，後接母音によって [ts, tʃ, s] の違いが存在したと見る説などがある。このように多様な解釈を生じるのは，推定の有力な手段となるべき万葉仮名に用いられた漢字の中国語音から，明確な帰結を得ることができないからである。たとえば，「サ」の仮名に用いられた漢字を見ても，「佐」や「左」のように ts を頭子音とするもののほか，「差」のように tsʻ を頭子音とするもの，「散」のように s を頭子音とするもの，「沙」のように ṣ を頭子音とするもの，「舎」のように ś を頭子音とするものなど，まことに区々である。
　平安時代のサ行音も明らかでない。『在唐記』では，梵字の ca ([tʃa]) に日本語の「佐」字の音を，śa ([ʃa]) に同じく「沙」字の音を当て，sa ([sa]) の音の説明には中国語音を用いている。心蓮『悉曇口伝』(12世紀) の記事，

　　　サノ穴事
　　以舌左右端付上齶　開中呼引(a) 而終開之　則成サ音　自餘如上

は，しばしばその頃のサ行子音を [ʃ] と推定する根拠にされるが，これから推知されるのは，記述されている音が [ʃ] や [s] のような摩擦音であったらしいことだけで，この記事によって [ʃ] か [s] かを特定するのは困難である。
　サ行の発音を確定するためには，16世紀の末を待たなければならない。キ

リシタンのローマ字文献は，サ行・ザ行音を

  sa xi su xe so   za ji zu je zo

のように表記しており，これはその頃の発音が，

  [sa ʃi su ʃe so]   [za ʒi zu ʒe zo]

であったことを示している。「三河」以東の方言で「ʃe」が現在のような「se」に変化したのは，16世紀あるいはそれ以前であろう。ロドリゲス『日本大文典』(1608)では，

  Xe（シェ）の音節はささやくやうに Se（セ），又は ce（セ）に発音される。例へば，Xecai（世界）の代りに Cecai（せかい）といひ，Saxeraruru（さしぇらるる）の代りに Saseraruru（させらるる）といふ。この発音をするので，'関東'（Quantô）のものは甚だ有名である。（土井忠生訳）

のように述べている。

5.2 〈タ・ダ行子音〉の変化と〈四つ仮名の混同〉

 タ行音を表す万葉仮名には，「多・知・都・氐・斗・登」などの t, t̂ を頭子音とする文字ばかり用いて，原則的に ts, tʃ のような頭子音を有する文字を用いていない。『鶴林玉露』『朝鮮板伊路波』などの〈外国文献〉に記された日本語を表す漢字やハングルも，タ行子音に，等しく t を当てている。15世紀以前のタ行子音が後続の母音と無関係に [ta, ti, tu, te, to] のような破裂音だったと推定されるのは，このような理由からである。

 ところが『日本国考略』(1523)，『捷解新語』(1676)など，16世紀以後の文献では，「チ」「ツ」の子音が ts あるいは tʃ をもって転写されるようになっている。どうもこの頃から，「チ」「ツ」の子音の破擦音化が進んで，[ti] [tu] が現在のような [tʃi] [tsu] に変化したらしい。これと並行して，濁音の「ヂ」「ヅ」も [di] [du] から [dʒi] [dzu] へ移行している。

 こうした変化は，単なる t, d の破擦音化に終わらず，さらに大きな変化を誘発した。すなわち，この破擦音化によって「ヂ」「ヅ」の発音が著しく「ジ」「ズ」の発音に接近し，やがて

	清	濁	清	濁
サ・ザ行	ʃi	ʒi	su	zu
タ・ダ行	(ti＞)tʃi	(di＞)dʒi	(tu＞)tsu	(du＞)dzu

という清・濁の並行的関係を崩して，ʒi と dʒi, zu と dzu の区別が失われたのである。その結果，表記に混乱が生じたので，これに関連する「じ」「ぢ」「ず」「づ」の仮名を〈四つ仮名〉と呼び，発音の区別の消滅もまた，表記の上からこれを〈四つ仮名の混同〉としてとらえる習慣が生まれた。「頷く」は「うなづく」が正しいのか「うなずく」が正しいのかといった問題は，このような歴史的事実に起因している。

「ジ」と「ヂ」，「ズ」と「ヅ」の発音の区別を失わせたのが t, d の破擦音化だとしたら，その区別が失われようとする時期は，概略 t, d の破擦音化が終了した時期を意味している。正しい日本語の習得を目的として編纂されたキリシタン文献ではまだよくその区別が保たれているが，17世紀には〈四つ仮名〉やその発音について述べた文献が増えているから，その頃 ʒi と dʒi, zu と dzu の合流はかなり進んでいたと想像される。遅くとも，もっぱら〈四つ仮名〉とその発音の違いを説いた『蜆縮涼鼓集』(1695) が成立した頃には，京都の言語においてもほぼ合流が終わっていたと見るのが通説である。

ʒi と dʒi, zu と dzu の合流がいかなる結果を生じたかについては，『蜆縮涼鼓集』が，京都の発音を比較的詳しく記録している。それによれば，撥音に続く場合を除いて，ʒi, zu に統合されたと推定される。

6　語音配列の変化

6.1　語頭の濁音

8世紀の日本語には，現在と異なる語音配列上の特徴が認められる。たとえば，この時期の日本語（和語）にラ行音や濁音で始まる語がないというのは日本語史の常識である。助詞・助動詞・接尾語の類にはこれに反するものが認められるが，そもそもこういう〈付属語〉は名詞や動詞などのような〈自立語〉と文法的性格を異にするので，両者を同等に考えること自体が適切で

ない。このような音韻法則に対しては，擬声語・擬態語も例外を生じ易い。

　アルタイ諸語の特徴と共通する，語頭におけるr音の制約は，それがそのまま現代語に受け継がれている。国語辞典のラ行音に始まる項目を見ると，正体の明確でないごく少数の語を除いて，すべてが漢語あるいは漢語に由来する語か外来語である。

　これに対して濁音に始まる語は，

　　ぐれる　ごねる　ずるい　だく（抱く）　だます（騙す）　でる（出る）
　　どこ（何処）　ばら（薔薇）　ぶた（豚）　ぶな（山毛欅）　ぼける

など，現在その例が少なくない。変化の理由はさまざまであるが，その一部は，明らかに語頭の音が失われることによって濁音が語頭に露出した語である。「ばら（薔薇）」は，「うばら（[ūbara]）」「むばら（[mbara]）」の「う（[ū]）」「む（[m]）」が脱落したために生じた語形と考えられている。「だく（抱く）」は「うだく」「むだく」から，「でる（出る）」は「いづ」から変化した。「だれ（誰）」は「たれ」からの変化であるが，この場合は，同じ疑問詞として，「いづく」「いづれ」から変化した「どこ（何処）」「どれ」などのような濁音に始まる語に形をそろえた（同型化）のである。しかし，こうした変化によって生まれた語を除くと，語頭に濁音を有する語（和語）には，どぎつい感じ，汚い感じ，不快な感じのものが多い。「ぐれる」「ごねる」「ずるい」あるいは「だます（騙す）」「ぼける」などがその例である。「どぎつい」も，これに加えられる。これらはどうやら，語頭に濁音が欠けているのを利用して造り出された語らしい。濁音にともなう，暗い・鈍い・どぎつい・汚い，といった感じは，日本語独特の清・濁の対立にもとづいている。そういう濁音を語頭に置くことによって，いわば「汚いことば」を造ったのである。どんな言語も，時には「汚いことば」を必要とする。

　「いけばな（生け花）」「くさばな（草花）」「べにばな（紅花）」のように，「はな（花）」は前接の成分と複合して語頭を濁音化しやすい。「ひと（人）」が，「こいびと（恋人）」や「たびびと（旅人）」のような結合で「びと」になるのも同じ。このような現象は〈連濁〉と呼ばれる。17世紀頃までの漢語には，鼻音の直後で〈連濁〉を生じ易いといった規則性が認められるが，和語については，どういう条件で〈連濁〉するのか，明らかでない。「はな（花）」は〈連濁〉を

起こすことが多いけれども,「くさ(草)」には,「みずくさ(水草)」「うきくさ(浮き草)」「つゆくさ(露草)」「わかくさ(若草)」「つるくさ(蔓草)」など,〈連濁〉しない例が目立つから,これを熟合の度合いというような観点からのみ説明することは困難である。おなじ「くさ」でも,「いいぐさ(言い種)」「わらいぐさ(笑い種)」「かたりぐさ(語り種)」のような語の場合は〈連濁〉する。こうした形態的現象には複雑な要因が関係している。

〈連濁〉の規則性には疑問があっても,それが複合のしるしであることは確かである。古代の日本語で濁音が語頭に存在しないということは,すなわち濁音の有る場所は常に語頭でないことを意味している。〈連濁〉とは,濁音のそういう分布のし方を利用した複合のしるしなのである。

6.2　母音連続の回避

8世紀の日本語で,ラ行音や濁音と逆の分布を示すのが母音音節である。すなわち,ラ行音・濁音が語頭に存在しないのと反対に,母音音節の方は,原則として語頭にしか存在しない。三音節語についていえば,CVCVCV,VCVCV という型はあるが,CVVCV とか CVCVV という型は存在しないということであるから,これは,単語内に母音連続が存在しないということと同じである。こういう場合,母音音節は語頭を標示する働きをする。

このような語音配列上の規則は,語の複合によって母音の連接が生じるような場合も,その一方を脱落させたり,二つの母音を融合させたりすることによって,保持されている。「荒磯(ara-iso)」「我が妹(waŋa-imo)」が『万葉集』などに「ありそ(ariso)」「わぎも(waŋimo)」という語形で現れ,「咲く」の連用形に「あり(有り)」の付いた「咲きあり(saki-ari)」のような結合が「咲けり(sakeri)」になるのは,その例である。後者のように,〈完了〉の助動詞「り」は,四段活用やサ行変格活用の連用形に存在動詞「あり(有り)」が結合して成立した。

もっとも,8世紀の文献に現れる日本語を見るかぎり,この規則はそれほど厳格に守られていない。「あうら(足占)」のように母音の脱落・融合が事実上不可能なものから,「くれなゐいろ(紅色)」の「いろ(色)」の場合のように,

他語との自由な結合を可能にするために脱落・融合を発生させにくいと考えられるもの、あるいは「わぎもこ↔わがいもこ（我が妹子）」のように任意に母音連続を許すものまで実にまちまちである。しかし、「老ゆ」「飢う」が活用形によって母音連続を生じる場合のような形態論的現象を除くと、古い単純語は母音連続を有していない。このことは、7世紀以前のずっと古い日本語がこの規則を厳格に守っていたことを推測させる。

6.3 〈音便〉の発生とその意味

「書きて」「読みて」が「書いて」「読んで」となり、「たむけ（手向け）」「もとも（最も）」が「たうげ（峠）」「もっとも（最も）」になるような変化は〈音便〉と呼ばれている。〈音便〉は、変化の結果から〈イ音便〉〈ウ音便〉〈撥音便〉〈促音便〉に類別されるが、ともかくこういう現象が文献に現れるのは平安時代、おおむね9世紀初からである。伝統的な和歌のことばには用いられず、口語的特徴を混入させた〈訓点資料〉などに古い用例が豊富なところから、平安時代初期の口語で、〈音便〉化は相当進んでいたと推定される。

〈イ音便〉
　　次ツイテ　垣墻ツイカキ　　　　　（聖語他蔵　願経四分律　平安初期点）
　　序ツイテ　先サイタ（チ）て　據オイテ
　　　　　　　　　　　　　　　　　（西大寺蔵　金光明最勝王経　平安初期点）
〈ウ音便〉
　　詣マウテ　　　　　　　　　　　（西大寺蔵　金光明最勝王経　平安初期点）
　　馥カウハシ　徐ヤウヤク　　　　（聖語他蔵　地蔵十輪経　元慶七年点）
〈撥音便〉
　n音便
　　已時ヲハヌルニ　不ナヌ　去サヌ　（聖語他蔵　地蔵十輪経　元慶七年点）
　　いひつかふものにもあらさなり　　　　　　　　（青谿書屋本土佐日記）
　m音便
　　そもそもいかかよむたる　　　　　　　　　　　（青谿書屋本土佐日記）
　　履フレテ　歴エラムテ　　　　　　　　　　（漢書楊雄伝　天暦二年点）

〈促音便〉
　　　令召ノタマフ　　　　　　　（石山寺他蔵　金剛波若経集験記　平安初期点）
　　　謬ァ(ヤ)マテ　縁ヨテ　（知恩院蔵　大唐三蔵玄奘法師表啓　平安初期点）
　これらのうち〈撥音便〉については，10世紀末頃まで〈n音便〉〈m音便〉の区別が存在したことが注目される。〈撥音便〉や〈促音便〉は，〈音便〉を生じた音節の子音の閉鎖・狭窄を開放しないままその音節を保存しようとした結果として発生しているが，〈m音便〉の場合はその音節の唇音性が意識されたために，〈n音便〉と異なって「む(ム)」の仮名で表記されている。やがてこの区別が失われるのは，〈m音便〉の閉鎖の位置が後続の子音 [t] に合わせてその位置までズレることにより，m→nの変化を起こしたためであろう。

　〈n音便〉と〈促音便〉が当初，これを表す文字を用いていないのは，まだ表記法が確立されていなかったために無表記となっているのではなく，〈n音便〉〈促音便〉の持続部が後続の子音の量的差異と見なされて，後続の仮名に吸収されているためと考えられる。「ヌ」の仮名は [nu] を表すが，「去サヌ」のような場合，[sarinu] の〈音便〉化した [sannu] の [nnu] をも，[nu] における [n] の単なる量的な差として，同じ「ヌ」の仮名で表記しているということなのである。〈撥音〉〈促音〉がそれぞれ独自の表記法を成立させる時期は，両者の音韻的分化が完成した時期を意味している。

　〈音便〉は形態論的単位の末尾に起こるので，〈イ音便〉〈ウ音便〉は，直前の音節の母音との間に母音連続を発生させ，一方の〈撥音便〉〈促音便〉は特定の音韻論的環境に〈撥音〉〈促音〉を発生させた。言語運用の面から見ると，これは，それまでの語音配列則を崩すことによって，〈音便〉によって繋がれる単位がひとまとまりであることを示す働きをしている。「書いて」は文法上「書い」と「て」に分析されるけれども，運用の上では「書いて」が一つの単位であることを，発音の上から示しているのが〈音便〉だということである。その意味では，平安時代になって顕著になったこういう現象が，四段活用の連用形に助詞の「て」や助動詞の「たり」が接続する場合に集中して起こっていることに注意しなければならない。連用形についてはすでに変化が完了してしまったが，新しい変化が今度は仮定形に発生していると考えられ

るからである。「書けば」「来れば」が「書きゃあ」「来りゃあ」になる例などから分かるように，現在の仮定形は，助詞「ば」が接続する場合，かつて連用形に発生した変化とは異なる方法で接続面を変形させながら，やはり全体を一単位化している。これは，「これは」「では」を「こりゃあ」「じゃあ」とするような変化を巻き込んだ，新しい〈音便〉の発達であると考えることができるであろう。

6.4 〈オ段長音の開合〉とその対立の消滅

〈オ段の長音〉は，発生の過程で，[ɔː] と [oː] との対立を生じた。[ɔː] は [au] からの変化で「開」，[oː] は [ou] [eu] からの変化で「合」と呼ばれ，キリシタン資料のローマ字はそれぞれ ô と ô で区別している。この区別は，〈四つ仮名〉の区別とともに概略16世紀末〜17世紀初まで保たれたが，17世紀後半にはほぼ合流が終了していると推定される。〈歴史的仮名遣い〉で「かふ」「かう」「きゃう」と書く類も，「こふ」「こう」「きょう」あるいは「けふ」「けう」と書く類も，ともに [-(j)oː] と発音されるようになったのはこのためである。

こういう〈長音〉化とそれにともなう開・合の対立を発生させたのは，いうまでもなく語音配列の変化である。8世紀以前の日本語は原則として単語内に母音連続を持たなかったが，平安時代になると〈ハ行転呼音〉や〈音便〉によって -Vu-, -Vi- のような u や i が後続する型の母音連続が増加している。特に〈ハ行転呼音〉による，u が後続する型の増加が著しい。〈オ段長音〉のような，母音連続から変化した〈長音〉に限っていえば，〈長音〉化は，音韻変化によって生じた新しい語音配列の上に発生した新たな変化だということができよう。

7 アクセントの変化

7.1 アクセントの歴史的資料

　文字は，あらゆる音的差異を表示するわけではない。たとえば，平仮名・片仮名は成立当初，清・濁を書き分けなかったが，これは，その頃の日本語が清・濁の対立を持たなかったことを意味するものではないのである。言語の運用上たいへん重要な働きをするにもかかわらず，アクセントやイントネーションもまた，ふつう文字に表されることがない。したがって，特別な例を除くと，アクセントの歴史的資料には，アクセントを記すことそれ自体を目的にした文献は存在しないということができる。アクセントの表示は何か別の目的のいわば手段であるのがふつうだから，それが表示された意図を正確に理解することが歴史的研究の要件である。「水（●●）」と「海（○●）」との複合語「みずうみ（湖）」は，図書寮本『類聚名義抄』（1100年頃）に，この二語のアクセントをそのまま結合したかたちの●●○●というアクセントが記されているが，これをもって無条件に当時まだ複合が完成していなかったとか，この頃はまだ中低型のアクセントが認められると考えることは危険である。これが，語の構成を明示し，それによって語義が分かることを意図したアクセント表示だとしたら，複合語としてのアクセントより，それを構成する語のアクセントをそのまま示すのが自然であろう。一体，このような複合が，歴史的変化の結果としてのみ完成するのかどうか自体が問題なのである。

　日本語のアクセントに対する認識は中国語との接触によって発生したので，実際のアクセントも歴史的に中国語の声調体系をもってとらえられている。中国語の声調の基本をなすのは，次のような四声の体系で，これを図のような四隅に付される点の位置で示す方法が声点である。

　　平声＝低平調
　　上声＝高平調
　　去声＝上昇調
　　入声＝内破音（-p, -t, -k）に終わる音節

平声と入声のそれぞれに軽・重を区別する六声の体系では，上声・去声を除く四つの声調が次のような調値を示す。

　　平声重＝低平調　　　　　　　　平声軽＝下降調
　　　入声重＝入声のうち低く始まるもの　入声軽＝入声のうち高く始まるもの

承暦本『金光明最勝王経音義』(1079)，図書寮本『類聚名義抄』など，アクセント史の資料はその多くが声点によっているが，『四座講式』のような声明の〈譜本〉や『補忘記』(1687)のような仏教の論議に用いる語をおさめた文献，平曲・謡曲などの〈譜本〉のように，独特の〈譜〉によって記したもの，また「平」「上」などの文字によって注記したもの，〈定家仮名遣い〉における「お」と「を」のように，仮名によって高低を書き分けたものなども存在する。文献の種類から見ると，『補忘記』のような〈名目集〉をふくむ字書・音義の類が多いが，〈訓点資料〉や諸種の〈譜本〉も貴重な資料である。そのほか，さまざまな文献中のアクセント注記，アクセントに関する記述も重要である。

7.2　アクセント変化

　日本語はアクセントの歴史的資料に比較的恵まれているということができるが，特定の方言のアクセントの実態が明らかになるのは11世紀の末である。この時期には，現在の京都を中心とする地域のアクセントを示す，承暦本『金光明最勝王経音義』，図書寮本『類聚名義抄』，観智院本『類聚名義抄』などのような，すぐれた資料が残されている。

　これらから，たとえば二音節名詞は次のような多彩な型を有していたことが明らかにされている。

　●●（庭）　　●○（橋）　　○●（舟）　　○◐（声）　　○○（山）
　●◐（溝）　　◐○（脛）　　◐●（百合）　　◐○（虹）

ただし，●◐（溝）以下の四つの型に属する語はきわめて少ない。

　これに対して，現代京都方言の二音節名詞には次のような型しか認められない。

　●●（庭）　　●○（橋）　　○●（舟）　　○◐（声）

これは，この間に大きなアクセント変化があったことを物語っている。すなわち，上昇調音節が消滅し，下降調音節も一部の語に残るだけになった。それに並行して，型の種類も大幅に減少した。型の減少は，型の統合をともなっている。たとえば，現在の●○型は，11世紀末の●○型だけでなく，○○型も含んでいる。「山」の類は○○型から●○型へ変化したので，もとからの●○型に吸収されて，結局，全低型は失われてしまったのである。こうした変化とともに，「語頭音節における高低一致の法則」も失われた。「語頭音節における高低一致の法則」とは，「複合語の語頭音節の高低は，その複合語の先行成分となっている語の，語頭音節の高低をそのまま継承している」という法則的事実のことで，古代のアクセントを特徴づけるものと考えられている。

　以上のような変化がいつ頃発生し，そしてどのように進行したのかについては，これを詳しく跡づけることが不可能であるが，さまざまな文献上の事実を総合してみると，おおむね14世紀頃が日本語のアクセントの大きな転換期だったのではないか，という見方が定説化している。

──────────────────────────────

〔参考文献〕
有坂秀世 1955『上代音韻攷』(三省堂)
─── 1957『国語音韻史の研究』(三省堂)
亀井　孝 1984 亀井孝論文集3『日本語のすがたとこころ (一)』(吉川弘文館)
─── 1986 亀井孝論文集5『言語文化くさぐさ』(吉川弘文館)
亀井孝他 1966『日本語の歴史』全8巻 (平凡社)
金田一春彦 1951「日本四声古義」(『国語アクセント論叢』法政大学出版局)
─── 1964『四座講式の研究』(三省堂)
─── 1974『国語アクセントの史的研究』(塙書房)
小松英雄 1971『日本声調史論考』(風間書房)
─── 1977「アクセントの変遷」(岩波講座日本語5『音韻』岩波書店)
─── 1979『いろはうた』(中央公論社)
─── 1981 日本語の世界7『日本語の音韻』(中央公論社)
─── 1985「母語の歴史をとらえる視点」(応用言語学講座1『日本語の教育』明治書院)
築島　裕 1969『平安時代語新論』(東京大学出版会)

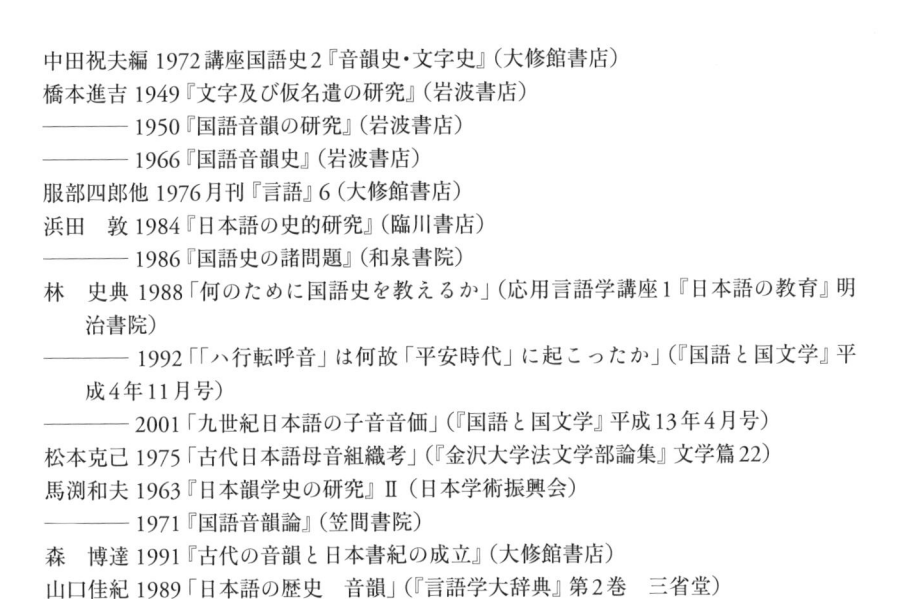

中田祝夫編 1972 講座国語史 2『音韻史・文字史』(大修館書店)
橋本進吉 1949『文字及び仮名遣の研究』(岩波書店)
───── 1950『国語音韻の研究』(岩波書店)
───── 1966『国語音韻史』(岩波書店)
服部四郎他 1976 月刊『言語』6 (大修館書店)
浜田　敦 1984『日本語の史的研究』(臨川書店)
───── 1986『国語史の諸問題』(和泉書院)
林　史典 1988「何のために国語史を教えるか」(応用言語学講座 1『日本語の教育』明治書院)
───── 1992「「ハ行転呼音」は何故「平安時代」に起こったか」(『国語と国文学』平成 4 年 11 月号)
───── 2001「九世紀日本語の子音音価」(『国語と国文学』平成 13 年 4 月号)
松本克己 1975「古代日本語母音組織考」(『金沢大学法文学部論集』文学篇 22)
馬渕和夫 1963『日本韻学史の研究』Ⅱ (日本学術振興会)
───── 1971『国語音韻論』(笠間書院)
森　博達 1991『古代の音韻と日本書紀の成立』(大修館書店)
山口佳紀 1989「日本語の歴史　音韻」(『言語学大辞典』第 2 巻　三省堂)

第7章
文字・書記

1 言語と文字

1.1 文字の役割

　文字は言語を記録する手段であって，言語そのものではない。音声によって伝えられる言語が存在して，はじめてそれを記録するための文字が生まれる。文字の発明は，言語の発生よりもずっと新しい。

　しかし，文字はよく言語と混同される。これは，文字が音声と同様の重要な伝達手段と考えられているからであろう。事実，文字は言語伝達の手段として，音声がとって代わることのできない大切な役割を果している。まず，文字は記録を可能にし，記録は伝承を可能にした。もちろん，文字以前にも口頭伝承は行われたが，文字による伝承とは比較にならない。また，文字は大量の情報を管理し処理することを可能にした。文字を使えば，数千ページ，数万ページにわたる情報の保存・伝達も容易であるが，音声によってこれを行うことは，不可能でないまでもたいへん大きな困難を伴う。音声や映像を記録する方法が発達した今日でも，文字は依然，記録による情報伝達の主要な手段である。さらに文字は，機能的に音声言語と異なる文字言語を成立させ，文字言語によって伝達は時間的制約から解放された。例えば，音声言語では，通常，聞き手が話し手と時間・場所を共にしなければならず，しかも主導権は話し手にあって，聞き手は常に話し手の話す速度と順序でしか伝達の内容を受け取ることができない。しかし，文字言語では，読み手が時間や場所に拘束されることなく，好きな速さで，あるいは繰り返し，順序にこだわらず，不必要な箇所は無視して，自由に読み取ることが可能である。伝達法から見れば，音声言語が話し手（送り手）に有利な言語であるのに対して，

文字言語は読み手（受け手）に有利な言語である。文字言語の成立は，言語伝達の革命であったということができよう。いうまでもなく文字言語は，音声言語の存在を前提とするけれども，音声への復元が予想されていないことが多い。

　私たちは，このような伝達手段の違いや，それにもとづく言語的機能の違いを巧みに利用している。家族との会話，友達とのおしゃべりなどには直接的伝達に適した音声を用い，新聞・雑誌を読む場合のように大量のまとまった情報を，しかも自分の都合がいい時間に受け取るのには，間接的伝達手段としての文字を使っている。

　伝達手段や機能の違いが，音声言語と文字言語に，構造的・文体的特徴の差を生じさせるのは当然のことである。

1.2　文字の種類と言語

　文字は，一義的に音を示すか意味を表すかによって，表音文字と表意文字に分けられる。表音文字とは，アルファベットや仮名のような文字で，もっぱら音のみを表し，直接には意味と関係しない。このような文字では，同じ音は原則として同じ字母か，ごく限られた複数の字母で表される。それに対する表意文字とは，漢字のような文字で，一字一字が意味と対応している。表意文字も，文字であるからには一定の音的単位と結びついているが，意味との関係が基本なので，音が同じでも意味が異なれば原則的に別の文字を用いる。もっとも，今日のような字体では，表意文字とはいっても字形がそのまま意味を表していると言える例は少ない。

　どのような言語がどういう文字を用いているかを理解するためには，一字一字がいかなる言語的単位を表しているかに注目する必要がある。そういう観点から，文字は次のようなタイプを分けることができる。

　　音素文字……原則として一字が一音素を表す文字。字母数が少なく，したがって字形も単純。表語性はないが，表音性には優れている。アルファベットなどがその例。

　　音節文字……原則として一字が一音節を表す文字。音素文字よりは字母

数が多いので，字形も相対的に複雑になる。表音性・表語性は，音素文字と表語文字（形態素文字）の中間。仮名などがその例。なお，音素を表す要素記号を組み合わせて音節単位に記すハングルのような文字は，音素文字と音節文字の性格を合わせ持っている。

　表語文字（形態素文字）……原則として一字が一語（形態素）を表す文字。おびただしい文字数を必要とし，したがって字形が非常に複雑になる。音を分析的に示さないので表音性には劣るが，表語性にはたいへん優れている。漢字などがその例。

　中国語のような単音節性の言語では〈一語（形態素）＝一音節〉という単位が基本だから，そういう単位が一つの文字で表されやすい。音節文字は，用いられる音節の数（種類）が少なく，その構造も比較的一定した日本語のような言語に適している。また，英語のような，音節構造の一定しない非単音節的言語では，音素文字がより効率的である。こうして見ると，言語の構造的特徴と文字との間にはきわめて密接な関係のあることがわかる。

2　現代日本語の文字と書記法

2.1　現代日本語の文字

　日本語は，中国語から借用した漢字と，その漢字から発達した音節文字すなわち仮名とで書き表され，アラビア数字やローマ字などが補助的に用いられる。

　日本語の漢字には〈音〉〈訓〉二種類の読み方があるが，それぞれがまた幾通りもの読み方を有するので，日本語で用いられる漢字は中国語の漢字に比べてたいへん用法が複雑である。「明日」は〈音〉で「みょうにち」，〈訓〉で「あす」「あした」いかようにも読めるし，一字多訓が同訓字を増やしているから，意味・語感の違いによって，「とびおりる」のような語は「飛び降りる」「飛び下りる」「跳び降りる」「跳び下りる」など，さまざまな書き方がされる。また，漢字は同じでも，用いられる〈音〉の違いによって別語となる場合がある。例えば「利益」は，「りえき」と読んで'儲け'を，「りやく」と読んで'神

仏の恵み'を表す。かつては,「屹度(きっと)」「許(ばかり)」「悪戯(いたずら)」「故意(わざ)と」などのような表記もさかんに行われた。こういう状態を改善するため,「当用漢字表(1946)」「当用漢字音訓表(1948, 1973改定)」,これに代わる「常用漢字表(1981, 2010改定)」などにより,法令・公用文書など,誰もが読め,解るように書かれる必要のある文書に限っては,漢字(字種)とその用法を制限しようとする試みがなされてきたが,日本語としての体質的問題を含んでいるため根本の解決が難しい。日本語の漢字のように煩雑な文字使用をする言語は他に例を求め難い。

　仮名には平仮名と片仮名とがあり,通常の日本語文は漢字と平仮名で書かれる。そのような様式では,片仮名がいわゆる外来語や外国語,オノマトペ,あるいは特別な意味を持たせた語などの表記に用いられる。現在の片仮名には音を写すことに重点のある用法が多いので,平仮名に対して,片仮名はより表音的な文字と考えられやすいが,両者の表音性に本質的差異があるわけではない。むしろ,通常の表記体における片仮名の表語性に注目すべきであろう。

　現在のように日本語がもっぱら漢字と平仮名によって記されるようになったのは,学制が改められ,国語への施策が始まった昭和20年代(1945～55)初め以後である。それ以前には,漢字と片仮名による表記(漢字片仮名交じり文)も,実用文を中心によく行われた。

2.2　現代日本語の書記法

　概略,名詞や用言の語幹など,語の実質的意味を表す部分には漢字を用い,活用語尾や助詞・助動詞など,文法的機能を標示する部分は仮名で書くのが今日のような書記法の原則である。このような方法では,漢字による表語がいわば〈分かち書き〉の効果を生むので,全体として分節の効率が高まり,これが読み取りを容易にしている。もっとも,どのような語に漢字を用い,どのような語は仮名で表すかという点に任意性があるから,単語ごとの正書法は成立していると言えない。例えば,花の名 rose は,平仮名で「ばら」,片仮名で「バラ」,漢字で「薔薇」,いずれにも書かれる。

　いわゆる〈送り仮名〉は,文法的形式を示すだけでなく,間接的にその語

の読み方を特定する働きをしている。したがって，正書法にはその統一が必要であるが，慣用や効率と統一とはしばしば矛盾するため，「送り仮名の付け方 (1959, 1973改定)」のような基準をもってしても問題は解消されない。同じ連用形名詞でも「動き」「調べ」などは送り仮名を付けるのが原則なのに，「話」「光」はそれに依らないとか，「答え」「答」のように，読み違えるおそれがない場合は送り仮名を省くことが許されるといった不統一や曖昧さが，いたるところに認められる。

「う」の仮名はuの音を表すと同時に，「食う」のような語ではuの長音を，「おはよう」のような語ではoの長音を表す。「お」と「を」,「じ」と「ぢ」,「ず」と「づ」などには発音の区別がない。haやheを表す「は」や「へ」には，別の音があって，助詞を表す場合だけwa, eと発音される。音韻変化の結果，他の表音文字と同様，仮名もまた発音との関係にゆがみを生じた。そうしたゆがみに起因する表記の混乱を，一定の基準にもとづいて統一しようとするのが〈仮名遣い〉である。現行の仮名遣いは〈表音的仮名遣い〉とも〈表語的仮名遣い〉とも異なる曖昧な仮名遣いであるが，助詞「を」「は」「へ」の歴史的慣用を保存する点などには，表語性への配慮がうかがえる。

日本語の書記法でおそらく最も難解なのが固有名詞であろう。固有名詞の場合，表記の面でも固有性・歴史性が尊重されるから，漢字（字種）や〈音〉〈訓〉の制限に左右されにくい。その難解さ，煩雑さは，日本語の漢字の歴史的あり方を象徴している。新聞や書籍の中の人名のように，読み方が特定できなくても特別それに疑問や抵抗を感じない書記法も，思うにたいへん奇異である。

3 漢字の借用

3.1 漢字の原理

人類は実に多数の言語を生み出したが，固有の文字を作った言語は限られており，多くは借用によって文字を獲得した。日本語もそうした言語の一つで，中国語から漢字を借りてはじめて書記が可能になった。

その漢字は，エジプトの聖刻文字，メソポタミアの楔形文字のような古代の表語文字と同様，物の形象や抽象概念を記号化した文字を基本とし，それらを組み合わせたり転用したりして発達した。殷朝（BC16～11世紀）にはすでに書記に耐える体系性を有したと認められるが，その成立原理を，中国では古来，「六書（りくしょ）」として次のように分類している。

　　象形……具体的な事物の形象を記号化したもの。「日」「月」「山」「川」「鳥」「馬」など。

　　指事……形象を持たない抽象概念を図形化し，記号化したもの。「一」「二」「三」また「上」「下」，あるいは「本」「末」など。

　　会意……二つないし三つの要素文字（意符）を組み合わせて一語を表したもの。「明」「東」「信」「看」また「林」「森」など。

　　形声（諧声）……表音記号（音符）としての要素文字に意味範疇を示す要素文字（意符）を加えた合成字。ただし，音符は直接・間接に意味とも関係する。「清」「情」「精」また「固」「枯」「故」など。漢字の七，八割はこの形声文字であると言われる。

　　仮借……既成の文字を，本来の意味と関係なく，同音または近似した音の別語に用いたもの。「みみ」の象形「耳」をもって限定の助字（「のみ」）としたり，戈（ほこ）の一種の象形「我」を一人称の代名詞に当てる類。

　　転注……既成の文字を，音と関係なく，意味的関連の深い別語に用いたもの。もと弦楽器，ひいては音楽を意味する「楽（ガク）」を，'たのしむ''たのしい'の意の「ラク」に転用する類。

　古代表語文字の宿命的課題は，象形・指事のような基本的手段で表しきれない抽象概念をどういう方法で文字化するかという点，同時に，いかなる方法で新しい文字を作り続けるかという点にあった。会意・形声のような合成法，仮借・転注のような転用法はいずれもこうした問題を解決する手段であったが，注目されるのは，漢字といえども最初から形声や仮借のような表音的方法に頼らざるをえなかったことである。これほど表音の原理を採り入れながら，他の表語文字と異なって，ひとり漢字だけが古代表語文字の特徴を現代に保存した理由の多くは，この文字を生み育てた中国語の単音節性・

孤立語性に関わっている。

3.2 日本語への適応

　漢字が日本に伝えられた時期やそのころの状況については不明なことが多いが，次のような出土品をもって推せば，遅くとも1世紀には日本人が漢字と接する機会が存在した。

　1784年に志賀島（現在の福岡県）で発見された金印には「漢委奴国王」という五文字が刻まれており，これは，奴国の朝貢に対して光武帝が印綬を授けたという『後漢書』建武中元二年（AD57）の記事に合致するとされている。また，原の辻（長崎県）その他の遺跡から発掘される「貨泉」の二字を刻んだ貨幣は，前漢を滅ぼした王莽（AD8〜23在位）の代に鋳造されたものである。久里双水古墳（佐賀県）などからは，わずか一文字にすぎないけれども「子」という銘を持った後漢時代の銅鏡も出土している。

　もっとも，漢字との接触がそのまま文字の獲得を意味したわけではない。雄略天皇の471年と推定される稲荷山古墳（埼玉県）出土の太刀銘や同期のものと考えられる江田船山古墳（熊本県）出土の太刀銘など，最初期の記録（金石文）が出現するのはようやく5世紀である。『古事記』『日本書紀』『万葉集』などが成立するためには，それからさらに200年を越える長い年月を必要とした。

　表語文字のような複雑で大きな文字体系を習得し，それで自分の言語を書記できるようになるには，相当な努力と時間とを要する。ことに漢字は，日本語と特徴のたいへん異なる中国語を書き表すために生まれた文字で，もともと日本語の表記に適した文字だったとは言えない。しかし，日本語は，実に巧みにこれを適応させた。例えば，まず，漢字をそのまま中国語で読んで漢語を表した。これが，漢字の〈音〉である。それとともに，固有の日本語を結びつけて日本語として読み，そしてまた，その関係を利用して日本語自体をも表した。すなわち〈訓〉である。そのうえ，表音的用法を発達させて〈仮名〉を生んだ。こうした〈音〉や〈訓〉や〈仮名〉にもとづいて，日本語は自由に書き，読むことのできる今日のような書記様式を作り出している。

このような適応は，漢字を借用した言語の中でこそ確かに特異であるけれども，決して他に例のない現象ではない。シュメルの楔形文字を借用したアッカド語でも，これとよく似た方法が採られたことが知られている。漢字の日本語への適応にも，いわば一種の必然性というべきものが認められる。

3.3 〈音〉と〈訓〉

漢字のような表語文字の借用は，同時に厖大な単語の借用を意味する。〈音〉とは，そのようにして移入された漢語の読み方である。もとは中国語の音であったが，日本語の音に融和することによって，日本語独特の〈音〉を成立させた。ただ，歴史的に，中国語音は幾度もの波となって伝わっており，その都度特徴が異なるので，日本語でも，それに応じた幾通りかの〈音〉を生じている。「行」を，「行政」のように「ギョウ」と読んだり，「銀行」のように「コウ」と読んだり，また「行脚」のように「アン」と読んだりするのがそれであって，次のように，新旧の〈音〉を重層的に保存しているのが日本語の特徴である。

> 呉音系字音……漢音系字音のもとになった中国語音が伝わる以前から用いられていた〈音〉。平安時代には，新しく伝えられた漢音系の字

((((((((コラム))))))))

中国語音と日本語音（漢字音の日本語化）
中国語と日本語では，発音が大きく異なる。日本語はCVという単純な開音節構造であるのに対し，中国語の音節はIMVF／T（I＝頭子音，M＝介母，V＝主母音，F＝韻尾，T＝声調）という複雑な構造をしている。母音や子音の体系も異なる。中国語に認められる無気音・有気音の対立は日本語に存在しない。中国中古音（6〜10世紀）の「歯音」にはts, tsʻ, dz, s, z／ṭs, ṭsʻ, ḍz, ṣ,／tś, tśʻ, dź, ś, ź といった細かな違いがあるが，日本語にそのような複雑な区別は無い。
日本語に移入された中国字音は，日本語の発音の影響を受けて変化し，構造的にも体系的にも日本語に最もなじんだかたちで安定した。例えば，「山 sæn」は呉音で「セン」漢音で「サン」，「木 m (b) wək」は呉音で「モク」漢音で「ボク」のような音になった。
朝鮮語やベトナム語など，漢字を借用した言語は，日本語と同様，それぞれの言語の発音に融和した独特の字音を持っている。

音を「正音」と言うのに対して，日本語化の著しい音という意味で「和音」と呼ばれた。それ自体が新旧の音を含む混質的な字音であるが，主層の母体となったのは5,6世紀における江東（揚子江下流域）の音と考えられ，原音における清・濁の対立をよく保存するなど，漢音系字音とは異なった特徴を示している。古い漢語や仏教関係の語に用いられることが多い。「行　ギョウ」「大　ダイ」「米　マイ」など。

漢音系字音……7世紀以後，すなわち隋から唐代中期にかけて伝えられた，長安を中心とする中国西北方言にもとづく〈音〉。隋唐の文化を伝える新しい中国語音として重んじられた。中国語における5,6世紀以後の音韻変化を反映している。呉音に比べて，ずっと均質性が高い。呉音系の〈音〉とともに，日本語の〈音〉の主体を形成している。「行　コウ」「大　タイ」「米　ベイ」など。

唐音（宋音）系字音……おおむね10世紀以後，唐末から明・清代にわたって伝えられた，中国の中・近世音にもとづく〈音〉。歴史的にも地域的にもさまざまな音が含まれているので，呉音系の〈音〉と同様たいへん複雑である。唐末の西北方言の系統を引く「菩薩　ホサ」「極楽国　キラクケキ」のような仏典読誦音（天台宗・真言宗）は，「新漢音」と呼ばれることがある。鎌倉時代以後に伝わった文物の名や禅宗関係の語に用いられることが多い。「行　アン」「子　ス」「団　トン」など。

もちろん，すべての漢字が三つの異なる〈音〉を持っているわけではない。唐音の使われない漢字は多いし，呉音と漢音が同形の場合もごく普通である。しかし，こういう重層性や混質性は，日本語と中国語の接触の歴史の反映である。以上のような〈音〉の外，万葉仮名の中には，「宜（ガ）」「意（オ）」「居（ケ乙）」のように，呉音系字音の原音よりさらに古い中国語音の特徴を示すものも認められ，また，「うま（馬）」「うめ（梅）」「きぬ（絹・衣）」などのような，もはや証明の困難な古い借用語の存在も指摘されている。

〈音〉が漢字の持つ中国語としての価値であるとすれば，〈訓〉はいわば日本語としての価値であり，この〈訓〉の成立によって，漢字は日本語という

全く新しい言語的環境によく順応・同化できたと言えよう。しかし，〈訓〉に見られる，漢字と日本語（固有語）との関係は，そのまま中国語と日本語との関係であるため，語彙的にもきわめて興味深い現象を伴っている。例えば，「菊」「絵」の〈音〉である「きく」「え」は，日本語との区別を失って，語感的に今や〈訓〉の位置を占めるようになった。漢語自体が〈訓〉化してしまった例である。これと対照的に，〈訓〉として新しく作り出された語も存在する。観智院本『類聚名義抄』（鎌倉時代に改編された字書）に見える「鯨　ヲクヂラ」「鯢　メクヂラ」のような〈訓〉は，漢字（「鯨」と「鯢」）の区別に従って新たに合成されたものであろう。「鉄　くろがね」「掌　たなごころ」などの〈訓〉は，中国語の文献の字註「黒金也（説文）」「手心也（四声字苑）」を訓読することによって生じたものと見られている。

　〈訓〉は本来，漢字の対訳和語とも言うべきもので，多義的な漢字の意味・用法に応じた日本語を，直接その漢字に当てはめたものだから，一字が多訓化するのは当然である。古い〈訓〉の実際を，観智院本『類聚名義抄』について見てみよう。例えば「行」には，「ユク，ヤル，イデマシ，アリク（アルク），サル，ニグ……オコナフ，ワザ，シワザ……」など，実に40にのぼる〈訓〉が付されている。一方，現在の「常用漢字表」で「行」に認められているのは，このうち「ゆく」「おこなう」のわずか二つにすぎない。それに「いく」という形が加えられている。観智院本『類聚名義抄』と「常用漢字表」とのこのような違いは，漢字と

観智院本『類聚名義抄』
（天理図書館蔵）

〈訓〉との関係，ひいては〈訓〉の性格が，比較的自由でゆるやかな関係から固定化された結合へ，また，漢字対訳和語としての〈訓〉から読みとしての〈訓〉へ，大きく変質していることを示している。

　こうした〈訓〉の影響は，日本語の語彙の深層にも及んでいる。多義語が（同音）異義語へ分裂するものの中には，「立つ」（あるいは「起つ」）と「建つ」，「鳴く」と「泣く」，「聞く」と「聴く」などのように，漢字との結合をその契機とし，支えとしていると見られる例が少なくない。

((((((((コラム))))))))

日本の古辞書
日本の辞書史は，いわば中国の辞書史の投影である。最初は中国から伝えられた辞書がそのまま用いられたであろうが，やがてそうした辞書やその他の文献を素材として，日本でも日本人の必要に適した辞書が編纂されるようになった。そのようにして成立した古い辞書には，日本語の歴史資料としても貴重なものが多い。
平安時代前期の辞書として有名なのは『新撰字鏡』と『和名類聚抄』である。9・10世紀の交に成った漢字字書『新撰字鏡』は形態・内容ともに未整備であるが，大量の和訓に上代語的特徴が認められる。『和名類聚抄』（930年代に成立）は，源順が醍醐天皇の皇女勤子内親王のために撰進したという一種の漢語辞書。出典を示して諸書を引き，和訓を挙げ，順自身の注記も加えている。
平安時代後期には『類聚名義抄』と『色葉字類抄』がある。1100年前後の成立と考えられる漢字・漢語辞書『類聚名義抄』（原撰本）の和訓は，古訓点からの忠実な引用で，出典が丹念に標示されている。その声点も一級のアクセント史料。『色葉字類抄』は記録体などに常用される和語・漢語の漢字表記を類聚した字書で，12世紀の成立。語頭の仮名によって採録語を伊呂波47篇に分け，各篇には意義分類を施して検索の便を図っている。

4　表語文字から表音文字へ

4.1　万葉仮名の成立

　漢字のような表語文字で日本語を書記する方法の一つは，その表語性を利用することである。漢字ごとに特定の日本語が結びつけられると，それにもとづいて直接日本語を書き表すことが可能になる。つまり，「音＝おと」のような連合関係ができると，それを利用して「おと」という日本語を「音」という漢字で表すことができるようになるということである。最初から日本語と

して読まれることを目的とし，中国語として読まれることなどは全く予想しない古代の書記様式は，漢字と日本語とのこうした結合―〈訓〉―を前提にしており，このような方法は，日本における漢字使用の極初期にさかのぼると推定される。おそらく，いっさい〈訓〉に頼ることなく日本語を書記することは不可能に近いことであったにちがいない。

　しかし，この方法では，語形まで完全に記録することが困難である。「おと（音）」には「風の音（と）の」（『万葉集』3453）のように「と」という形もあるし，「音」には「音＝こゑ」という結合もあるから，「音」と記されていてもそれが「おと」という語形を示しているのか「と」という形を表しているのか，それとも「こゑ」という語を記してあるのかが明確でない。活用語尾とか助詞・助動詞のような文法形式，固有名詞，擬声語・擬態語の類なども〈訓〉によっては表しきれない。『古事記』の巻頭「天地初発之時」は，「あめつち　はじめて　ひらけしとき」「あめつちの　はじめて　おこりしときに」「あめつちの　はじめのときに」等々，いったいどう読むのが正しいのか，択一的にこれを決めることができないのは，このような書記法が一定の範囲でさまざまな読み方を許容する方式だからである。語形をいかに標示するか，歌謡や和歌のような韻文では問題がいっそう深刻である。

　語形の標示は，どうしても音に頼らざるをえない。そういう状況の中で，漢字の表音的用法が発達した。各字の意味は無視して，「於登（音）」「許恵（声）」のように，もっぱら日本語の音を表す用法である。この方法は，固有名詞のような語形を重視する語の表記にはじまって，やがて〈仮名〉としての用法を確立した。字形は漢字のままで，用法を表音に限る真仮名（万葉仮名）の成立である。梵語の音訳や仮借の例に見るように，漢字の表音的用法は漢字自体に内在した。仮名の場合にかぎらず，表語文字の借用にともなう表音的用法の発達は，文字史の必然である。

　万葉仮名には，中国語音にもとづいた音仮名と，〈訓〉を利用した訓仮名とがあるが，やはり主力は音仮名であって，訓仮名に先んじて常用化されている。ただ，内容的には均質でなく，字音に対応した重層性が存在する。『古事記』『万葉集』の仮名は基本的に呉音系字音の特徴と一致するが，『日本書紀』の仮名には漢音系字音の新しい特徴を反映するものが多い。推古期（6世

紀末～7世紀初）以前からの慣用を持つ字母の中には，既述のように，呉音系字音よりもさらに古い特徴を示しているものもある。

　訓仮名も，人名・神名・地名などの表記に早くから用いられているが，音仮名に比べるとその使用は明らかに限定されている。『万葉集』に至って，「相見鶴鴨（あひみつるかも）」(81)，「今曽水葱少熱（いまそなぎぬる）」(2579)，また「麻衣　著者夏樫　木國之（あさごろも　ければなつかし　きのくにの）」(1195)など，字母の意味を相関させたり重ね合わせたりした，自由で多彩な用法が行われるようになるのは，この歌集が，単に硬直的表記を嫌ったからばかりでなく，言葉と文字とを不可分のものとする表現的意図を内包するからであろう。

4.2　万葉仮名から平仮名・片仮名へ

　万葉仮名にも文献によって質的差異が認められるが，総体として見れば，それはまだ表語文字の表音的用法という域にとどまるものであって，完成された表音文字ではない。ところが，平安時代に入ると，この万葉仮名から二種類のたいへんよく似た音節文字，すなわち，平仮名と片仮名が生まれた。日本語は，なぜ同じような時期に，しかもこれほどよく似た文字体系を作り出したのであろうか。

　まず，平仮名は，平安時代初期の貴族社会に受け継がれた実用的で平易な万葉仮名が，和歌や消息を記す場合のような日常的書記の場で書き崩されて成立した。その過程では，いまだ漢字の字体に近い「草仮名」と，もはや本来の字体から大きく隔たってしまった「かんな（かな）」とが区別されたが，これは過渡的現象である。因みに，「平仮名」という名称は後世のもので，平安時代には，ただ「かんな」または「かな」，あるいは「をんなもじ（女文字）」「をんなで（女手）」などと呼ばれた。後者は，漢字を「をとこもじ（男文字）」「をとこで（男手）」というのに対するもので，「かんな（かな）」には女性の使う文字というイメージが伴ったらしい。

　平仮名の場合は，もとの字母がそのまま書き崩されたので，字体はおのずから曲線的になり，また，和歌や消息を伝える文字としての美しさや，仮名

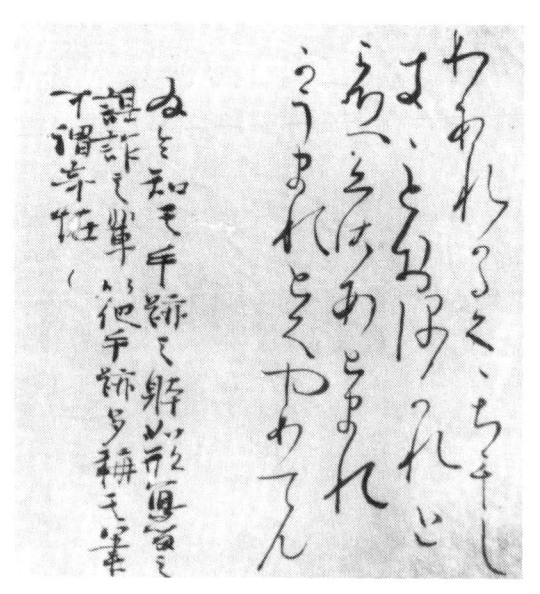

定家本『土佐日記（貫之自筆本の臨模部分）』
（尊経閣文庫蔵）

の文学と結びついた芸術性が追求されて，いっそう流麗な字体に洗練された。『古今和歌集』の序文が堂々と平仮名で書かれた10世紀初には，すでに相当高い成熟度に達していたと考えられる。

　一方，片仮名は，漢字の音・訓や送り仮名など，漢文の訓読に必要なさまざまな内容を原文の行間に書き入れるための文字として，やはり平安時代初期の，僧侶の社会で発達した。漢文を直接日本語として読み取ってしまう訓読という方法は，日本人が漢文に接するようになった初期から行われていたと思われるが，仏家でその読み方が原文に書き込まれるようになると，狭い余白に手早く記入できる簡便な文字が必要になったのである。そのような用途のための略体化には多元性があって，はじめのうちは字体の統一性に欠けるところが小さくなかったが，10世紀に入ると片仮名自体が次第に社会的通用性を持つようになり，字体の統一も進行したと言われる。京都醍醐寺の五重塔で発見された片仮名の落書（和歌）は天暦五年（951）のものと推定されているが，これなどはそのような歴史的一段階を示している。

十二年春正月戊申朔始賜冠位於諸臣各有差夏四月丙寅朔戊辰皇太子親肇作憲法十七條一曰以和爲貴無忤爲宗人皆有黨亦少達者是以或不順君父乍違于隣里然上和下睦諧於論事則事理自通何事不成二曰篤敬三寶三寶者佛法僧也則四生之終歸萬國之極宗何世何人非貴是法人鮮尤惡能教從之其不歸三寶何以直枉三曰承詔必謹君則天之臣則

岩崎文庫本『日本書紀〈推古期〉』（東洋文庫蔵）

片仮名では，美しさや変化よりも実用性が重んじられ，名称（「片」は'完全でない'意）が示すように，省画という方法がとられたので，字体に関しても，平仮名と対照的に楷書的な直線性が認められる。

　およそ以上のような歴史的背景を反映して，平仮名系文献と片仮名系文献には明らかな相違が発生している。いうまでもなく平仮名系文献とは，歌集や随筆・日記・物語といった仮名文学作品および仮名書状に代表される文献類であり，片仮名系文献とは，訓点資料およびそれを背後に有する字書・音義や訓読体の片仮名交じり文献などである。

　『古事記』『日本書紀』『万葉集』などの万葉仮名に存する清・濁の書き分けは，平仮名・片仮名の成立過程で失われてしまったが，略言すれば，このような事実が日本語における清・濁のあり方を暗示している。

4.3　略体化の意義

　同じように字体を簡略化しようとする力が働いても，表語的用法の漢字には大きな変化が起こりにくい。極度の簡略化は，漢字の体系そのものの破壊につながりかねないからである。それに対して，万葉仮名の場合は機能が表音に限定され，同時に字母として用いられる字種も限られている。これが，字形の上でも漢字を離れて簡略化を極限まで進めることを可能にした最も基本的な条件だと考えられる。表語文字としての漢字から表音的用法としての万葉仮名へ，それからまた略体化された音節文字としての平仮名・片仮名へという変化には，いわば歴史的必然と連続性が存在する。

　機能的進化とそれにともなう略体化によって，万葉仮名は，簡単で速く書くことのできる表音文字に生まれ変わったが，そのような意味での効率性だけに歴史的意味があるのではない。漢字との間の字体的コントラストの発生が，文字使用の効率を飛躍的に高めた。現代のような書記の様式においては，略体化の方法の違いによって生じた平仮名と片仮名の字体的差異もまた，片仮名に独自の役割を与えている。

5 書記法の発達

5.1 古代の書記様式

　文字は記録のための言わば素材にすぎないから，その用法にあたる書記法が無ければ役割を果たすことができない。文字の発明は同時にそうした書記法の発明であり，文字の借用は書記法の借用を意味している。

　このような点から言えば，漢字とともに日本語が借用した唯一の方法が漢文である。しかし，漢文で書くことは，中国語の文字と語彙と，そして文法までも借りて書くことであって，日本語を中国語に翻訳して記録することとあまり変わるところがない。自由に日本語を写し取るためには，漢文から解放された全く新しい方法が必要である。とは言え，日本語に適合した書記法の完成は容易でなかったから，長い間，日本語は書記法の基本を漢文という方式に頼らざるをえなかった。聖徳太子の『三経義疏』「十七条憲法」のような正格の漢文から，「上野国山名村碑」(681)のような日本語の語順に従うものまで幅はあるが，「法隆寺金堂薬師仏光背銘」(607)をはじめとする推古期の金石文のように，古代の文献の多くは日本語的要素を加えた変格の漢文（変体漢文）である。

　いかに日本語を表すための工夫を加えてみても，漢文という方式はやはり中国語のためのものであって，日本語にとって限界が大きい。日本語の語形や文法を標示するのに適さないという

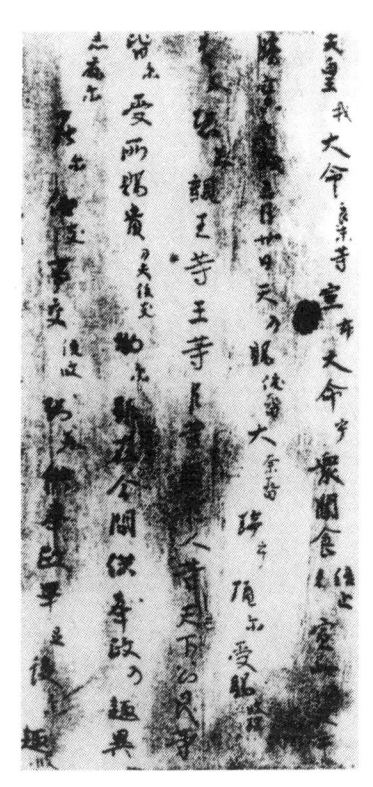

孝謙天皇宣命（正倉院　宝物）

のが，最大の難点である。『古事記』では，〈訓〉に頼ることのできない語に仮名を用い，読み方を特定する必要のある文字には訓註でその読みを指示し，歌謡はもっぱら仮名で表すといった手段でこれを補っているが，それでもやはり問題は解決されていない。この欠陥を克服するために，日本語は，やがて漢字の表語的用法と仮名との組み合わせによる新しい書記法を発達させなければならなかったが，注目されるのは，その原理が，すでに古代の文献のさまざまな試行の中に見出せることである。例えば，口頭で読み上げられた宣命や祝詞では，

　　　天皇我大命良末等宣布大名乎衆聞食倍止宣此乃天平勝寶九歳三月廿日天乃賜倍留
　　　……

のように，送り仮名を付すことによって語形を表示しており，このような宣命体は古代朝鮮の「吐」や「吏読」にも通じている。『万葉集』中の，

　　　熟田津尓　船乗世武登　月待者　潮毛可奈比沼　今者許芸乞菜（8）

のような音訓交用表記もほぼ同じであって，万葉仮名の部分を平仮名に改めるだけで，

　　　熟田津に　船乗せむと　月待ば　潮もかなひぬ　今はこぎいでな

のように，現代の様式にきわめて近い形が得られる。

5.2　片仮名文と平仮名文

　万葉仮名から進化した平仮名と片仮名は，書記の面でもそれぞれ独特の様式を発達させた。書記法は，文字の機能や字体とも密接に関連している。

　片仮名や返り点・ヲコト点などの記号によって書き入れられた読み方に従い，その漢文を日本語の語順に書き改めると，漢文中の語句は漢字で，日本語の活用語尾・助詞・助動詞などは仮名で表した一種の漢字片仮名文ができる。片仮名を小書きした〈片仮名宣命体〉を含むこのような様式は，漢文の訓読から発生して9世紀には仏家で行われるようになり，『今昔物語集』『打聞集』『法華百座聞書抄』『江談抄』のような仏教説話や聞書きなどに広く用いられるようになった。こういう漢字片仮名文と奈良時代の音訓交用体や宣命体との関係は明確でないが，共通するのは，いずれにも漢字と仮名との必

然的な役割の分化が見られることである。略体化による字体的差異の発生が，古代の書記に新たな変化と可能性を与えている。

　片仮名文と対照的に，平安時代の平仮名文は漢字をほとんど用いていない。しかし，これは主に和語(固有の日本語)の純度の高さ，換言すれば，漢語系語彙の占める比率の低さと関係することで，平仮名文がもともと平仮名専用文であったことを物語るものではない。例えば，『土佐日記』の貫之自筆本にも少数ながら漢字が使われていたことがわかっているが，漢字で表された語には，仮名で書く方法・習慣がまだ確立されていなかった字音語（漢語）のほか，仮名書きでは同認が妨げられたり誤読されたりする恐れのある和語も含まれている。初期の平仮名文といえども漢字の表語性を全く無視することは不可能であり，平仮名・片仮名の成立も，もちろん漢字に代わるものではなかったのである。このことは，漢字の混用される割合もさまざまな条件によって大きく変化し得ることを意味している。

　片仮名文・平仮名文の発達にかかわらず，日本語は漢文体からの離脱が容易でなかった。言語情報はその内容と保存にふさわしい様式を選んで記録されるが，記録は読み取られることを予想しているから，選択される様式は保存の方法として効率的なだけでなく，読み取りにおいても効率的でなければならない。漢字と仮名による近代的書記法が発達する過程では，漢文的教養を基盤にして，変格の漢文がしばしば片仮名宣命体や漢字片仮名文を混入させながら日記類を含む諸種の記録文に用いられたが，これは記録文にふさわしい様式として開発されたものであり，読み取りの効率という点から見て，現実にたいへん便利な実用的表記法であったことが明らかにされている（小松英雄1989）。

5.3　現代の書記様式へ

　奈良時代の宣命体も，『万葉集』の音訓交用表記も，また初期の片仮名文・平仮名文も，歴史的には，皆同じ様式を指向している。宣命体や音訓交用表記は万葉仮名が平仮名・片仮名に置き換えられることによって，片仮名文は和文体に接近して漢字の比率を減少させることによって，平仮名文は漢語系

語彙の増加と，漢字の表語性の積極的導入による漢字の割合の増加によって，いずれも現在のような漢字と仮名との分業的調和に到達するのである。これは，大量の漢語系借用語を抱えた日本語にとって，そのような方式が，幾筋もの道を経てようやくたどり着いたおそらく最善の方法であることを意味するものと考えてよいであろう。

字体的コントラストの発生によって効率化された漢字と仮名による書記法は，濁音を示す声点から変化した濁点による清・濁の書き分けや，句読法を導入することによって一応の完成に近づいた。

6 〈仮名遣い〉の歴史

6.1 「現代仮名遣い」の性格

「功利」は「こうり」，「氷」は「こおり」と書くべきことぐらい経験的に知っていても，そう書く根拠はどこにあり，また，なぜそう書かなければならないのかということまで理解している人は案外少ない。仮名さえ知っていれば，とりあえずどんな日本語でも書き表せると考えるとしたら，それも，こうした規範に関するかぎり誤りである。

現在，法令・公用文書・新聞・雑誌・教科書などの仮名遣いが準拠しているのは，昭和61年(1986)に告示された「現代仮名遣い」である。これは，昭和21年(1946)の「現代かなづかい」を改めたものであるが，両者に実質的違いは認められない。その「現代かなづかい」は，現実との懸隔が大きくなりすぎて非能率化した〈歴史的仮名遣い〉が，戦後の諸改革の中で手直しされたといった程度のものなのである。

「現代仮名遣い」の前書きからもわかるように，したがって，現在の仮名遣いには歴史的仮名遣いが受け継がれている。極言すれば，本質は依然として歴史的仮名遣いのままであるということもできよう。〈オ列の長音〉は〈オ列の仮名〉に「う」を添えて書くのが原則だから「功利」は「こうり」なのに，「氷」の方は「こおり」と書くことになっているのは，歴史的仮名遣いでこの語が「こほり」と書かれたからである。「オに発音されるほは，おと書く」と

いう「現代かなづかい」の条項が，そう書かれる根拠とこの仮名遣いの性格を明らかにしている。

「おかあさん」「おにいさん」「おねえさん」など，長音には持続部の母音を表す仮名を添えるのが原則であるが，「こうり（功利）」のように，〈オ列長音〉にかぎって〈ウ列長音〉と同じ「う」の仮名を用いるのは，その大部分が，やはり「かう」「けう」「こう」また「かふ」「けふ」「こふ」などのような歴史的綴りに由来するからである。語頭以外の「ふ」の仮名は，一部の語を除き，平安時代に起こった変化によってuと発音されるようになったので，「現代かなづかい」以後，「思ふ」の類は「思う」と書かれるようになっている。

6.2　藤原定家の仮名遣いと〈定家仮名遣い〉

既述のように，〈仮名遣い〉を発生させた原因は音韻変化である。oとwoが合流すると，oを表した「お」とwoを表した「を」との間に動揺を生じ，「おる（降）」を「をる」と書いたり「をる（折）」を「おる」と書いたりする場合が起きる。平安時代にはこの外にもさまざまな音韻変化が進行して，いちだんと仮名の用法が乱れるようになった。もっとも，そうした表記の混乱が直ちに収拾の困難な事態に発展することはない。現実には，慣用化された綴りがみずからそれを防いでいるからである。

日常の書記にはある程度の混乱が許され，現に相当な混乱が存在していても，特別な目的のためには，一定の原理にもとづく体系的な文字使用が必要になることがある。昔から伝わる歌集・日記・物語などの本文を整定・書写するような場合がそれであって，古語や文学的表現では特に，仮名の用法のわずかな乱れが誤読とか意味不通の原因になりやすい。藤原定家（1162～1241）は，今日「定家本」の名で知られるいくつもの証本を残したが，そこで独特の文字遣いを実践している。『下官集』（『下官抄』）中に伝えられた定家の仮名遣いは，自筆本の分析によっていっそう詳細にその性格が明らかにされた（小松英雄1979 1988）。それによると，定家は，誤読や誤写を生じにくい正しい本文を確定するため，古来の慣用的綴りを基本とし，それに周到な工夫を加えた柔軟な文字使用を行っている。例えば，当時すでに同音に帰してい

た「お」と「を」については,「お」を低いアクセント,「を」を高いアクセントに当てるのが原則であるが,誤読の恐れさえ無ければそれにこだわらないだけでなく,両義に解釈される場合には中立的字母をも用いてその両義性を示している。また,誤認を防ぎ,正確な解釈を期すため,語頭・行頭とそれ以外で字母を変え,漢字を交用し,行を異にした同一字母の隣接を避ける等といった配慮も施している。

　定家の仮名遣いは定家以後も広く重んじられ,行阿『仮名文字遣』(1363以後)など,〈定家仮名遣い〉の名で呼ばれるいくつもの仮名遣い書が出現したが,定家自身の意図と方法はまったく理解されず,単なる形式的かつ規範的仮名遣いに変質してしまった。

6.3 〈定家仮名遣い〉から歴史的仮名遣いへ

　定家が実行した仮名遣いも,定家以後の〈定家仮名遣い〉も,文献上の根拠(文証)を重視していないので,歴史的事実と矛盾する例を少なからず含んでおり,『下官集』でも「ゆゑ(故)」「よひ(宵)」などが「ゆへ」「よゐ」などと記されている。そのような点―具体的には『仮名文字遣』に定めるところがしばしば古来の慣用に反すること―を批判し,文証にもとづいた復古的仮名遣いを主張したのが契沖(1640～1701)である。契沖は,『古事記』『日本書紀』『万葉集』あるいは『和名類聚抄』など,平安時代初～中期以前の文献に可能なかぎり証拠を求めた仮名遣いを『和字正濫抄』(1695刊)に著している。

　契沖の仮名遣いは,一面で古文献研究の成果であり,一面ではまた正書法的仮名遣いを志向したものとして評価できるが,他方では書記法についての洞察を欠き,同時に,歴史主義の限界と矛盾をさらけ出す結果に終わっている。契沖といえども,文証の得られない語には誤りを避けられなかったし,もともと文証を持たない語にあっては歴史主義でこれを解決すること自体が不可能であろう。

　『和字正濫抄』の仮名遣いは,以後,楫取魚彦『古言梯』(1765刊)などの諸書によって補正されながら,歴史的仮名遣いとしての地位を確立していった。

〔参考文献〕
大野　晋 1950「仮名遣の起源について」(『国語と国文学』昭和25年12月)
貝塚茂樹他 1981 日本語の世界3『中国語の漢字』(中央公論社)
亀井　孝 1957「古事記はよめるか」(『亀井孝論文集』4 1985 吉川弘文館　所収)
河野六郎 1994『文字論』(三省堂)
─────他 1977 岩波講座日本語8『文字』(岩波書店)
小松英雄 1979『いろはうた』(中央公論社)
───── 1988『仮名文の原理』(笠間書院)
───── 1989「日本語の歴史　書記」(『言語学大辞典』第2巻　三省堂)
佐々木隆 1976「『万葉集』のうたの文字化」(『文学』44－5 岩波書店)
築島　裕 1981 日本語の世界5『仮名』(中央公論社)
───── 1986『歴史的仮名遣い』(中央公論社)
中田祝夫他 1982 日本語の世界4『日本の漢字』(中央公論社)
西田龍雄他 1981 講座言語5『世界の文字』(大修館書店)
林　史典 1985「漢字の伝来と日本語」(『日本学』6 名著刊行会)
─────他 2005 朝倉日本語講座2『文字・書記』(朝倉書店)
Papp, K. F. 1984 *Vom Felsbild zum Alphabet*. Stuttgart (Belser Verlag) 矢島文夫他訳『文字の起源』(1988 岩波書店)
Gaur, A. 1984 *A History of Writing*. London (The British Library) 矢島文夫他訳『文字の歴史』(1987 原書房)

第8章
社会言語学・方言学

1 社会言語学史

1.1 「社会言語学」「言語生活」

　「社会言語学」という用語は，sociolinguisticsの直接の訳語である。アメリカでは初めはthe sociology of languageといういい方がなされていたが，1960年代に入ってからはsociolinguisticsの名称が支配的になり，日本でも，これに応じた「社会言語学」という名称が，1970年代以降に使われるようになった。

　「社会言語学」の立場は，基本的には，社会との関連において言語をとらえようとするところにある。社会生活においてことばがどのように使われているのかを具体的な人間の行動とのかかわりの中でとらえようとするわけである。だれが，だれに，どこで，どんな意図で，どのような表現を使ったか，といった言語運用上の側面に関心を寄せる。

　ところで，日本における本格的な社会言語学的研究は，海外での潮流とはまったく独自に「言語生活」という概念のもとに開始された。それは1940年代末期のことである。アメリカのthe sociology of languageが1950年代の後半から始まったから，日本の方が7〜8年は早く出発したことになる。このことは，アメリカでの社会言語学を先導したラボフ（W. Labov）やハイムズ（D. Hymes）たちも直接に認めるところである（真田信治・柴田武，1982）。

　1948年，日本語の民主化施策にあたっての基礎データを得るための科学的調査を行う機関として，国立国語研究所が設立された。国立国語研究所は，"ある地域社会あるいはその構成員たる個々人はどのような言語をどのように使って生活を営んでいるのか。また，個々人のおかれている社会環境，社

会条件の違いが，その人々の言語生活にどのような作用を及ぼしているのか"といった問題認識のもとに，各地で，共通語化，敬語と敬語意識，コミュニケーション意識などをめぐる一連の実態調査を実施してきた。対象は方言学のそれと共通であり，方法は社会調査のものである。いずれの研究においても，サンプリングされた話者を対象に，フィールドワークによって多量の変種が集められ，要因分析の手法によってデータが計量的に処理されているのが特徴である。

なお，「言語生活」という用語自体はすでに昭和初期の1933年に刊行された金田一京助『言語研究』（河出書房）の中に見えている。

1.2 「位相論」

くしくも同じ1933年，言語の社会差を「位相」という術語でとらえることを提案した，社会言語学の先駆的な著書が発表される。菊沢季生『国語位相論』（明治書院）である。

「位相」という語はphaseに対する訳語で，もともとは自然科学での術語である。菊沢はそれを言語の研究に応用することを思いついたわけである。「位相論」の内容は，次のように述べられている。

> 位相論は，言語社会を背景としてその位相の相違を考察すべき場合と，音声言語か文字言語か等の表現様式の相違を考察すべき場合とに二分せられるのでありますが，これを様相論・様式論と唱へようと思ふのであります。即ち「様相論」は社会を背景とする狭義の位相論であり，「様式論」は表現様式を背景とする方面の位相論を指すのであります。

すなわち，社会的属性差，およびスタイル（文体）差の二方面から日本語のバラエティ（変種）の出現状況を追究し，その間にはたらく法則を見出すべき分野が存在することを提唱したのである。これはまさに現在の社会言語学の発想と軌を一にするものである。この菊沢の視点は，日本の社会言語学のみならず，世界のsociolinguisticsにとっても先駆的なものと認められる。

「位相論」は，その後の，いわゆる国語学の世界での歴史的な集団語の研究に確固たる拠りどころを与えた。集団語というのは，一言語体系の内部に

あって，特定の社会集団，あるいは特定の専門分野において使用される，その集団なり分野なりの特徴的な語彙，または表現形式のことである。集団語は，その内容から，次のように分類することができる。

集団語 ┬ 生業語・職場語・専門語・術語
　　　 └ 隠語・スラング

「生業語」から「術語」までは，いずれも職業や専門分野での仕事の必要上，あるいはその効率的な運用という機能のもとに生まれた（造られた）ことばである。一方，「隠語」「スラング」は，集団内での秘密保持や心理的結合を強化する機能を持つものとして造られたことばである。

1.3 「役割語」

　ある特定のことば遣いを聞くと特定の人物像（年齢，性別，容姿・風貌，性格など）を思い浮かべることができるとき，あるいはその特定の人物像を提示されると，その人物がいかにも使用しそうなことば遣いを思い浮かべることができるとき，そのことば遣いを「役割語」と称する。「役割語」とは，金水敏による名付けである（金水敏，2003）。

　たとえば，「そうじゃ，わしが知っておる」という発話を聞けば，その話し手は老人であろうと思い，また「そうですわ，私が存じておりますの」というのを聞けば，その話し手はいわゆるお嬢様，貴婦人のたぐいであろうと推測できる。この場合，これらの発話は「老人語」や「お嬢さまことば」といった役割語であるということができる。

2 日本語のバラエティ

2.1 階層差とことば

　現代日本語では，欧米などの場合と比較して階層差が希薄であるという指摘がしばしばなされる。確かに，現代は言語変種が階層と直接に付随した形

で存在するといったことは少なくなっている。しかしながら、その人が話すことばの音声、表現法、語彙などの特徴から、その人の社会的な地位や職業を推定することがまったくできなくなったかといえば、そうではないのである。

たとえば、「教師らしさ」「公務員らしさ」「銀行員らしさ」「芸人らしさ」などといった、職業に応じた役割語が存在していると思われる。デパートのアナウンスにおける独特の韻律、また、訪問販売での待遇表現も独特である。そういえば、丁寧表現を多用する魚屋さんというのもちょっと変だし、ブティックで、「へい、まいど、いらっしゃい」では様にならないのである。

落語家、桂三枝（現・桂文枝）は、創作落語「大阪レジスタンス」（1986.11 ライブ）の中で、初代桂春団治のことば、「そら、わいはあほや。酒もあおるし、女もだくし。そやかて、それもこれもみんな芸のためやないけ。」を、「そりゃあ、ぼくはばかだ。酒も飲めば、女も泣かす。でも、それもこれも芸のためなのだ。」と訳して、「なんや、春団治が銀行員みたいですな。」といって笑いを取っている。

2.2 世代差とことば

ことばの変化、あるいはことばの変異に関係する社会的な変数のなかでも世代差はもっとも重要な変数の一つである。

世代とことばとの関係は、まず発達的な観点から見ることができよう。人は成長する過程で、幼児語から児童語へ、そして成人語へとことばを変えていく。

図1は、よその人に自分の母親のことをいうのに、「おかあさん」といわずに「母」というようになるのはいつか、ということを調べた結果である（柴田武, 1978）。この図は東京山の手の女子についてのものであるが、東京下町や静岡市でもほぼ同様の結果が得られている。小学から中学、中学から高校へ移る時期に「母」の比率が急激に高くなっていることがわかる。このようにいうべきだとする注意は、約半数が先生から、ついで母、友達から受けている。直接母親に呼び掛けるには、全体的に「おかあさん」がもっとも多いが、

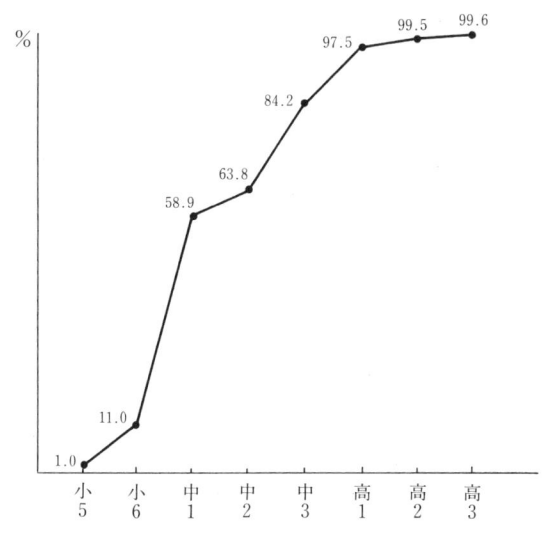

```
                                         99.5  99.6
%                                  97.5
                            84.2
                      63.8
                58.9

          11.0
   1.0
   小   小   中   中   中   高   高   高
   5   6   1   2   3   1   2   3
```

図1 「母」というようになる時期

　以下の順位は，山の手の高校で「おかあさま＞おかあちゃま＞おかあちゃん＞ママ」，下町の高校では「おかあちゃん＞おかあさま＞かあちゃん＞かあさん」であった。

　一方，親から子へ，そして孫へといった世代間の変化がある。家庭内における「祖父」「父」「子」といった世代差に焦点をあてたものとしては，国立国語研究所の八丈島での調査がある（沢木幹栄，1985）。そこでは，世代差を見るために同一家族の三世代が調査対象とされた。なお，調査では世代差とともに場面差と地域差が同時に調べられ，三つの要因の関連についても考察できるよう配慮されている。ここではその一部を見ることにしたい。

　図2は，「私はきのう役場に行かなかった」というコンテクストでの「行かなかった」にあたる部分として回答された形式を示したものである。

　フィールドの八丈島は，三根，大賀郷，樫立，中之郷，末吉の五つの集落から成っている。調査では，各集落から5家族ずつを選んで数をそろえている。インフォーマントが老年層であれば，子（中年層）に対してどのようにいうかを聞き，そのあとに孫（若年層）に対するいい方を聞いている。また，インフォーマントが，中年層の場合には，父（老年層）と子（若年層）に対して，

凡例:
- ◎ イキンジャララ
- ▽ イキンジャッタ
- ○ イキンナララ・イッテキンナララ
- ▲ イキンナッタ・イキンナッタラ
- △ イキンナカッタ・イキンナカッタラ
- ■ イキンナカララ
- □ イキナカララ・イキナカラー
- □ イキナカッタ
- ● イキータシンジャララ・イキータシンナララ
- ・ イカナカッタ
- ★ イキマセンデシタ・イカナカッタデス
- (　その他

世代	場面	三根	大賀郷	樫立	中之郷	末吉
老年層	子	◎◎◎・・○	◎・▽◎・	◎◎◎◎◎	◎(◎□◎◎	◎・・○
老年層	孫	◎・・・○・	・・▽◎・	◎◎◎◎・	◎(・・□◎	・・・○
老年層	友達	◎◎◎・・○	・・▽◎・	◎◎◎◎◎	◎(◎□◎◎	・・・○
老年層	先生	★★★・○	●◎▽◎★	◎○★★★	◎(★★◎★	★・・★
老年層	外来者	★★★・★	★・・★★	★★★★★	・★★★★★	★・・★
中年層	父	○○・○○	(◎◎◎◎■	・○○■■	△■□○○	(・○◎◎
中年層	子	○・○○・	(◎◎◎◎・	・○○(・	△■・・□	(・・○○
中年層	友達	○○○○・	(◎◎○	・○○■■	△■(□□	(・○∞◎★
中年層	先生	○★●●・	★○△★	○○■■○	△★★★★	★★★★★
中年層	外来者	・★★★・★	★★★・★	★★★★★	・★★★★	★★★★★
若年層	祖父	・▲・▲・	・・△△・	・△▲・・	・▲▲・・	▲△(△△
若年層	父	△▲・▲・	・・△△・	・△▲・・	・▲▲・・	▲△(△△
若年層	友達	△(▲・▲・	★★△★△	・▲・・・	・▲▲・・	△・・・
若年層	先生	・・・▲・	★★★・★	・★・・・	・・・▲・	△▲▲・・
若年層	外来者	・・・▲・	★★△★★	・★・・・	・△・▲・	(・・▲・

図2　「私はきのう役場に行かなかった」（八丈島）

若年層の場合には祖父（老年層）と父（中年層）に対して，それぞれどのようにいうかを聞いている。さらに，インフォーマントと同世代の親しい「友達」，シマ（八丈）出身の学校の「先生」，そしてクニ（東京）から来た「外来者」に対してどのようにいうかを聞いている。

図によって，非常に多くの表現形式が存在することがわかる。このうちで質問文にもっとも近い意味の固有の表現形式はイキンジャララと考えられる。三根では中年層全員が用いていることからイキンナララもそうかもしれない。

若年層で使われるイキンナカッタはこれら形式と標準語形イカナカッタとの混交によるものと考えられる。イキンナカッタは若年層で全域に見られるほか，中年層でも大賀郷と中之郷で使う人がいる。この形式はどこかの一地

点で発生してそこから他の集落へ伝播したものか。しかし，それぞれの地点で他とは独立に生じることもあり得たであろう。ともかくここでは標準語化の際に，一挙に標準語になるのではなく，混交による中間形を経て標準語化するといった流れが存在することに注目すべきである。ここに世代間の断絶を緩和する機能が働いていることを認めることができるのである。

とはいえ，現在，八丈島では東京語による侵食が著しく，伝統的な方言の所有者はまれな状態で，これまでかろうじて保たれてきた独自の体系がほぼ完全に東京語に体系におきかわり，いままさに消滅しようとしている。

(((((((コラム)))))))

ネオ方言
方言の動態という観点において，現今の最大のテーマは方言と標準語の接触，干渉にかかわる問題であろう。
地域社会において，方言はふだんの場面，標準語はフォーマルな場面と使い分けられているものの，使い分ける話者自身は同一人物である。方言と標準語が同じひとりの人間の頭のなかにあるのだから，そこで両者が接触するのは当然のことである。方言と標準語の接触はそういう深いところでおこっている。
たとえば，「来ない」に対応する表現は，大阪ではケーヘン，京都ではキーヒンの形が従来のものであるが，この地の若年層にはコーヘンという形が使われ始めている。このコーヘンは標準語のコナイの干渉によって生まれたものと考えられる。このような，標準語の干渉によって生まれた中間形を含んだ新しい地域的スピーチスタイルをネオ方言と称する（真田2004）。

2.3　性差とことば

図3，4は，「どこそこの電話番号を知っているか」と聞かれて，「知っている」と答えるときのいい方を，次の6場面で（聞き手に対して）どういうかをたずねた結果である。対象は札幌在住の508人である（荻野綱男ほか，1980）。6場面合計で107種の表現形式が得られた。それらを四つの類にまとめて，各場面での出現率を男女別に示している。

図3　男性　　　　　　　図4　女性

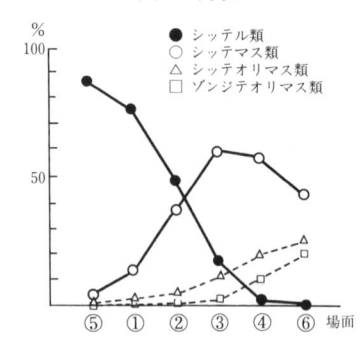

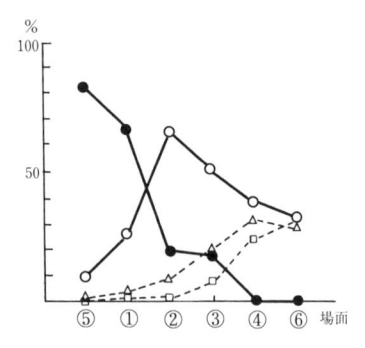

● シッテル類
○ シッテマス類
△ シッテオリマス類
□ ゾンジテオリマス類

①同じ年頃の親しい友達．
②あまり親しくない人で，少し年下の人．
③親しい人で，少し年上の人．
④あまり親しくない人で，少し目上の人．
⑤ふだんことば使いをいちばん気にしないで話ができる相手．
⑥ふだんいちばん丁寧なことば使いで話をする相手．

（以上質問順）

　両図から指摘できることは，第一に，男性よりも女性のほうが出現率カーブが急であるという点である。第二に，女性のほうが謙譲表現を多用するという点である。そして第三に，男性の場合①—②—③はなだらかなカーブであるが，女性は場面②と③の差が小さいという点である。結局これは，敬語形式の使い分けの基準として，男性は上下関係の軸が確固としているのに対し，女性は親疎の軸も上下関係の軸も同じように重視しているからだと考えられる。

2.4　場面差とことば

　ここでは海外での事例を対象にする。図5は，戦前，日本の植民地下の台湾で日本語教育を受けた世代の現在の言語生活の実態である。
　フィールドは台湾東部の花蓮県のある農村である。そこでは原住民族のアミ人が約80％を占めている。そこに閩南人や客家人が混ざり住んでいる。

そのため，異なる言語集団の高年層の間の接触が非常に頻繁に起こっており，リンガフランカとしての日本語が日常的に使用されているのである。

フィールド調査では「〈配偶者〉と話すときは何語を使っているか」といった質問を行って，話者の言語使用意識を聞いている。図はそのうちの7人から得た回答をまとめたものである（簡月真, 2011）。

図から，インフォーマントの日常生活において日本語の使用（★☆＊※◐❖❖で示している）は，

（a）〈母語を異にする高年層隣人〉・〈母語を異にする中年層隣人〉・〈買物〉といった異なる言語集団の高年層・中年層との接触場面
（b）〈配偶者〉・〈兄姉〉・〈弟妹〉のような家族との会話
（c）〈祈り〉・〈暗算〉といった心内発話

に見られることがわかる。

（b）（c）について，インフォーマントの内省報告によると，〈配偶者〉・〈兄姉〉・〈弟妹〉が日本語ができる場合，母語と日本語を混ぜて使うことがあり，特に周りに知られたくない内緒ごとを話し合うのに日本語を用いるという

話者・EGL・年齢・性	ドメイン	配偶	兄姉	弟妹	子供	まご	同高	異高	同中	異中	同若	異若	祈り	暗算	買物
Y	アミ・80・女	☆	○	○	○	◎	★	☆	◎	☆	◎	●	☆	＊	❂
T	アミ・78・男	☆	☆	○	○	◎	★	☆	◎	☆	◎	●	☆	＊	❂
K	アミ・69・男	☆		○	○	○	❂		●		●	○	○		❖
C	閩南・77・男	☆	○	○	○	○	★	❖	○	●	○	○	☆		◐
L	閩南・72・女	☆	○	○	○	○	★		○		●	○	○		○
S	閩南・70・男		☆	○	○	○	※	○	❖	○	○	○	＊		○
H	客家・70・女	○	○	○	○	●	★	●	●	●	●	○	○		●

凡例	
母語（ア／閩／客）	○
北京語	●
日本語	★
母＞北	◎
母＞日	☆
日＞母	＊
日＞ア	※
北／日	❂
北／閩	◐
北／日／ア	❖
北／日／閩	❖

＊ EGL は ethnic group language の略。
＊表では話者を EGL 別に年齢の高い順に並べた。
＊年齢は 2003 年現在。
＊ドメインは Fishman（1964）において提唱された「参与者」「場所」「話題」の3つの要素から成り立つ抽象的な概念である。表中の「配偶」は配偶者，「同高」「同中」「同若」は同じ EGL を話す高／中／若年層隣人，「異高」「異中」「異若」は異なる EGL を話す高／中／若年層隣人のことを指す。

母：母語（＝ EGL）
ア：アミ語
閩：閩南語
日：日本語
＞：前者を多用
／：併用

図5　ドメインによる言語の使い分け

（図には示していないが，同級生や友人との会話で日本語が使われることもある）。また，暗算を日本語で行うのは，九九が日本語でインプットされたためであろう。祈りの場合に日本語が使われるのは，教会で日本語の聖書が使用されていた／いることとかかわっていると思われる。

　(a)については，母語を異にする中高年層同士の接触場面では，現在の公用語の北京語が苦手でお互い相手の母語が話せないため，あるいは，一方は北京語が話せるが他方は北京語が話せないため，意思疎通の手段として日本語が用いられているのである。

3　現代語の「ゆれ」

　ことばの変化の過程において，旧来の表現形式と新しい表現形式とが同一の共時態で併存し，互いに拮抗する現象が，ことばの「ゆれ」と呼ばれるものである。

　「ゆれ」の情況は，旧来の伝統を支持する力と新しい形式を支持する力との強い対立を生み出す。ことばが社会におけるコミュニケーションの重要な手段であるところから，旧世代は自分達の表現形式を正しい標準として次の世代に教え，それを保持させるように指導する。そして，新しい世代の表現形式に対して，誤用だ，ことばの乱れだ，と非難を浴びせかける。しかし，それにもかかわらず，一方で，新しい形式の一部のものは新たなる伝統としてさらに次の世代へと受け継がれ，世代交替の流れのなかで徐々にしかも確実に広まり一般化していく。そしてそれがやがては望ましいものと認識されるようにもなるのである。

3.1　語法上のゆれ—「てある」と「(ら)れている」—

　まず，「てある」「(ら)れてある」「(ら)れている」のゆれについて取り上げる。非情の主体について起こった動作や作用の結果がまだ存続していることを表すいい方として，次の3通りが可能である。

  a. 土間の一隅に自転車が置い<u>てある</u>   （雑誌『家の光』）
  b. 自転車が四，五台，勝手な方向をむいて置か<u>れてある</u>

（吉行淳之介『原色の街』）

  c. がたがたの家具が居心地悪そうに置か<u>れていた</u> （椎名麟三『邂逅』）

67編の小説から集めた400例弱の用例では，昭和前期を境として，受身のいい方が多くなっていることがわかる（図6）。なお，規範文法の立場からは，「（ら）れてある」は誤りとされるものであるが，作家によっては，田山花袋，徳田秋声，井上靖など，この形式のほうを多用する者もある。太宰治，安岡章太郎なども，混用の度合いが強いことが指摘されている（野村雅昭, 1969）。

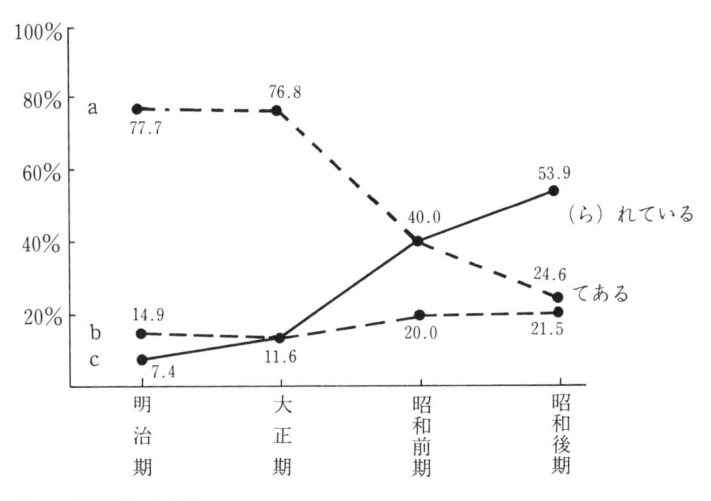

図6　既然態の表現

3.2　表記上のゆれ—「行なう」と「行う」など—

 ここでは，送り仮名のゆれを取り上げる。動詞の「オコナウ」を「行なう」と書く人でも，名詞の「オコナイ」については「行い」と書くことがある。動詞と名詞との間で送り仮名にゆれが認められるわけである。

 図7は，「行う—行い」「集まる—集まり」「終わる—終わり」の三つのセットについて，送り仮名の一致度を見たものである（国立国語研究所, 1971）。た

とえば、「行なう・行ない」と書くケースは、名詞も動詞も「な」から送っており、送り仮名は一致しているとみなす。「行う・行い」のケースも一致している。それに対し、「行なう・行い」と書くケースは、動詞のほうが名詞よりも送り仮名を多く送っている。このように送り仮名が、動詞のほうが名詞よりも多く送られるケースにはマイナスの値を、逆に名詞のほうが動詞よりも多く送られるケースにはプラスの値をとるように数値化した。図ではそれを年齢別に示してある。

これによると、3組とも動詞のほうが名詞よりも多く送られているが、年齢の高い人ほどその傾向が著しいことがわかる。また、3組のうちでは「行う─行い」の組がもっとも著しい傾向を示している。

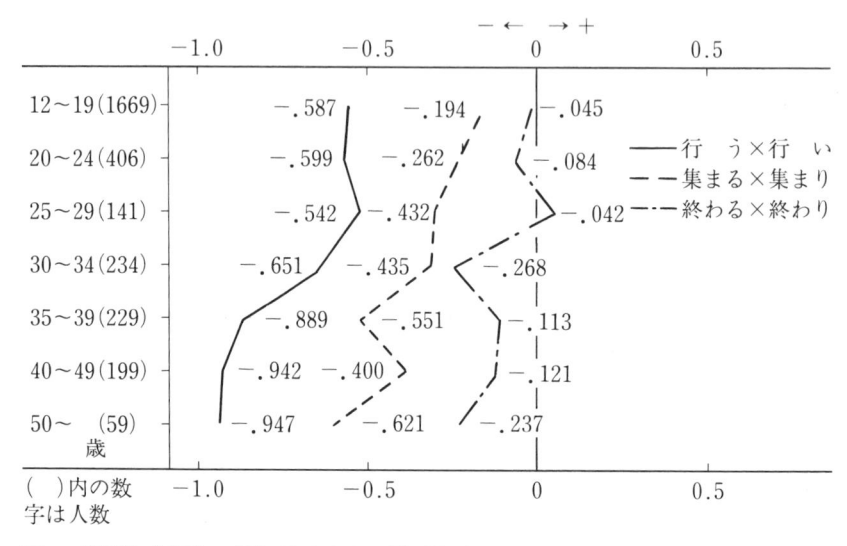

	−1.0	−0.5	− ← → + 0	0.5
12〜19(1669)	−.587	−.194	−.045	行 う×行 い
20〜24(406)	−.599	−.262	−.084	集まる×集まり
25〜29(141)	−.542	−.432	−.042	終わる×終わり
30〜34(234)	−.651	−.435	−.268	
35〜39(229)	−.889	−.551	−.113	
40〜49(199)	−.942	−.400	−.121	
50〜 (59)歳	−.947	−.621	−.237	

( )内の数字は人数

図7　動詞と名詞との間に認められる送り仮名のゆれ

3.3　発音上のゆれ─[ŋ]と[g]─

　東京語において、いわゆる語中語尾のガ行鼻濁音が消えつつあることはつとに指摘されているところである。最近の調査によれば、その退縮のいきおいは顕著で、現在、若年層ではほとんど消失したといってもよいようである。

図8は，東京生まれの東京在住各年層の人，138名を対象として行った調査の結果を示したものである（永田高志, 1987）。50代を緩衝として，[ŋ]と[g]とがきれいに交差していることがわかる。

　なお，80歳以上の層でも[g]の率が20％と出ているのは，調査項目の中に複合語（「窓ガラス」「十五」）や擬声語（「ゴロゴロ」）が含まれているからである。これらの語については後部要素の独立性が高く，本来鼻濁音化しないのが一般である。

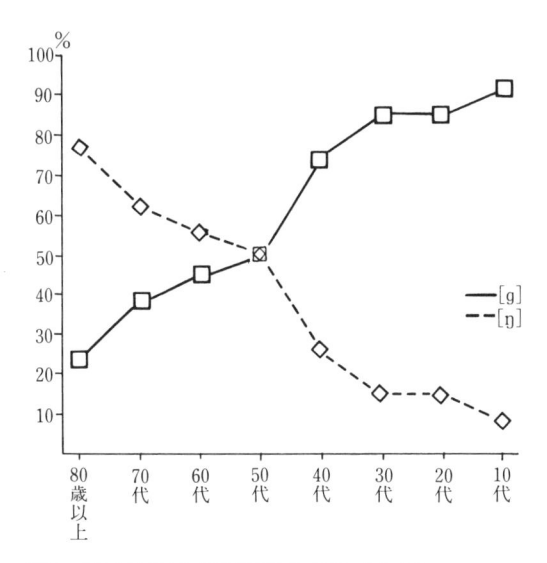

図8　語中語尾のガ行子音の音声（東京）

4　方言の消長

4.1　伝統的方言形の衰退

　近年，各地における方言語彙は急速に衰退しつつあるといわれている。しかし，その退化現象なるものが，具体的にどのような様相を呈しているのかは，必ずしも明らかになっているとはいえない。

　そこで，その様相の一端を見ることにする。松田正義（1978）では，江戸

時代に九州の各地の方言を対象として編纂された方言書の中に見える方言形（里言）が，現代（1970年代）どれだけ残存しているかを調べた結果が報告されている。

図9は，江戸末期の実年層にほぼ100％使われていたはずの語彙が，119年ないし179年を経た時点において，どの程度理解され使用されているかを表したものである。語彙の質も量も地点毎に異なるのであるが，現代の老年層での残存率は平均54.6％，若年層での残存率は平均20.7％ということになる。

図において注目すべき点は，現代の老年層から若年層への傾斜角度のほうが，過去百数十年間（江戸末～現代・老年層）の傾斜角度よりも大きいことである。これは，方言語彙の退縮速度が加速度的に早まってきていることを示すものである。

以上は，九州方言だけを対象としたデータであるが，このような傾向は全

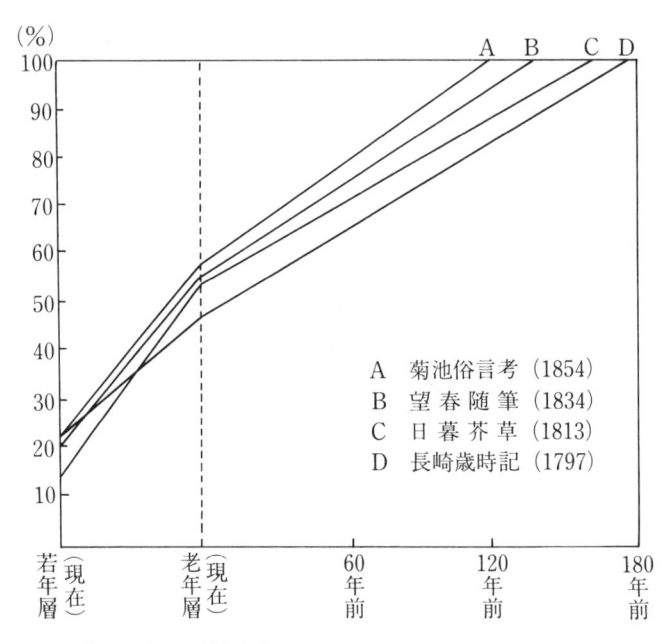

図9　方言語彙の退縮速度

国各地に見られるもので，図における退縮パターンは一般化することが可能かと思われる。

　方言語彙の退化についてはいくつかのケースがあるが，基本的には，次の二つになろう。

　　（1）　ある里言がしだいに使用されなくなって，かわりに標準語が浸透する。
　　（2）　ある里言が忘れられたままになる。

　(2)に関して，事例を1970年に福島県北部地域で行われた調査の結果(飯豊毅一, 1978)を引用すると，豆類を脱穀するための「ふりうち棒」，農作業の間，赤ん坊を入れておく藁で編んだ「嬰児籠」，代掻きの際，牛馬を導く作業の「鼻どり」，また，いろりの「自在鈎」のように，今では農村でさえ使われなくなったものの名称がある。これらに対しては，若い人々の中には語形を聞いても意味のわからない者が多い。老年層の中にさえ忘れてしまった人がいる。

4.2　新しい方言形の誕生

　伝統的な方言が衰退しつつある反面，新しい方言形も生まれつつある。ここでは事例を1970年に富山県の五箇山利賀谷流域で行われたグロットグラム(年齢×地点図)調査(真田信治, 1990)から引こう。

　調査にあたっては，利賀谷の本流である庄川との合流地点から最奥の行きどまりの集落まで約25 kmの間で，道路沿いの線上に16地点(A～P)が選ばれた。なお，この谷の古くからの文化的諸潮流はA→Pである。

　図10は，「とうもろこし」についての，各地10代～90代における表現形をプロットしたものである。老年層で，上流域トーナワ，下流域トナワの対立がある。この方言形の語源が＜唐の粟＞であるとすると，前者トーナワのほうを本来の形とすべきであろう。注目したいのは，このトーナワに囲まれて，中流域にトーナの強い勢力が存在することである。ちなみに，この流域での中心集落はHである。トーナは旧来のトーナワが変形してできた，この地での新しい方言形と認められる。若年層にいたるまで使われている。

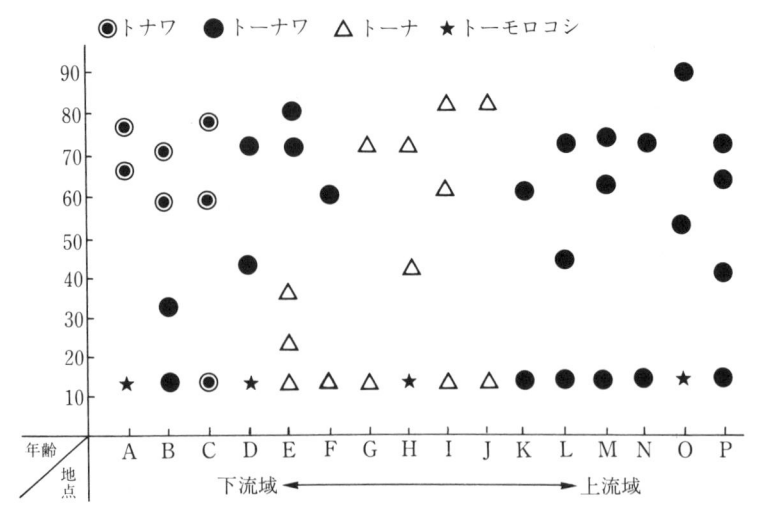

図10 「とうもろこし」（富山県利賀谷）

なお，標準語形のトーモロコシは若年層に散在するにすぎない。

このような旧来の語形が変形して生まれた新しい方言形は，全国各地にいろいろな例が見られる。古い方言がなくなって新しい方言と交替することは実は昔から繰り返されてきた一般的な事象ではある。しかし，伝統的な方言が全体として崩壊しつつあるように見える現時点において，ここで示したような新しい方言形の誕生といった視点から地域言語の動態を追究することは重要な意義をもっていると考えられる。

井上史雄は，現在あるいは近い過去において出現し，定着に向かっている形式を特に「新方言」と呼ぶことを提唱した（井上史雄, 1985）。

「新方言」とは，次のような条件を持つものをいう。

（1） 若い世代に向けて増えていること。
（2） 標準語・共通語と語形が一致しないこと。
（3） 地元でも方言扱いされていること（つまり文体的に低く，改まった場面では使いにくいと意識されていること）。

((((((((コラム))))))))

文法化

文法化というのは，実質的な意味をもった自立語がその実質的な意味を失って，文法的な機能をになう付属語に変化していく現象のことである。たとえば，「のこと」という表現は，本来「〜の事」のように実質的な意味を持っていたのだが，秋田方言などでは，この「のこと」に由来する「ドゴ」という形式が，次のように目的語を表す格助詞として使われている（日高水穂，2006）。

- 太郎，次郎ドゴ叩いた。（太郎が次郎を叩いた。）
- 私の家の犬，子ドコ生んだ。（私の家の犬が子どもを生んだ。）

なお，青森方言などには，より原形に近い「ノゴド」の形も存在する。「おめノゴト好ぎだ」（お前が好きだ）のような「ノゴト」がそれである。

5 戦後の方言学の潮流

第二次世界大戦後の日本の方言研究の主潮は，おおよそ次のように区分できる。

1950年代	記述的研究
1960年代	地理的研究
1970年代	社会的研究
1980年代	計量的研究
1990年代	認知論的研究
2000年以降	類型論的研究

まず1950年代は，アメリカでのいわゆる構造主義言語学の影響を受けて記述的な研究に関心が向いた時期である。1959年に国立国語研究所が編んだ『日本方言の記述的研究』（明治書院）はそのような学界の潮流を総括した特筆すべき書である。そこでは，音韻と文法に焦点を当て，言語を人間とか社会とかのかかわりからは切り離して，言語記号がそれ自体として形成している体系や構造だけを抽象するという理論と実践とが各地方言を対象として展開された。

1960年代は，地理的な研究が注目を浴びるようになった時期である。主

として国立国語研究所の『日本言語地図』作成のための調査編集を通して広く一般に紹介された言語地理学的研究は，この期の方言研究の一大潮流となった。

そして，1970年代，社会的な研究が勃興した。この期に至って，それまである程度の距離を保ちながら進んできた「言語生活」の研究者と方言研究者とが研究方法において手を結ぶことになる。このような情況が現出したのは，一つには欧米での社会言語学的研究からのインパクトによるところが大きい。

1980年代は，コンピュータの普及によって計量的研究が急速に進展した時期である。統計理論を援用してのデータ分析が盛んになった。

1990年代は，コミュニケーションに果たす方言の機能や話者の心的態度に着目して，そのプロセスを追究する研究が進んだ時期であった。特に，方言に対する意識・評価のありようや方言使用（保持）とその話者のアイデンティティとの相関を分析する認知論的研究が展開した。

なお，2000年以降の潮流としては，特に文法の記述研究の興隆が挙げられる。個々の方言の記述にとどまらず，言語類型論的な立場から，各方言の言語形式や変化のありよう（文法化など）を世界の諸言語の中に位置づけて見ていこうとする研究が盛んになってきた。

....

〔参考文献〕
飯豊毅一 1978「東北地方における方言語彙の変遷」『日本方言の語彙』（三省堂）
井上史雄 1985『新しい日本語―＜新方言＞の分布と変化―』（明治書院）
荻野綱男ほか 1980「話者の属性から見た敬語の使い分け」『国語学』120
簡月真 2011『台湾に渡った日本語の現在―リンガフランカとしての姿―』（明治書院）
金水敏 2003『ヴァーチャル日本語　役割語の謎』（岩波書店）
国立国語研究所 1971『送り仮名意識の調査』（秀英出版）
日高水穂 2006「文法化」『シリーズ2方言の文法』（岩波書店）
真田信治 2004「ネオ方言はどのようにして生まれるのか」『フィールドワークは楽しい』（岩波ジュニア新書）
――― 1990『地域言語の社会言語学的研究』（和泉書院）
―――・柴田武 1982「日本における社会言語学の動向」（柴田武）
沢木幹栄 1985「地域差と世代差と場面差」『方言の諸相』（三省堂）

柴田　武 1978『社会言語学の課題』(三省堂)
永田高志 1987「東京におけるガ行鼻濁音の消失」『言語生活』430
野村雅昭 1969「近代語における既然態の表現について」『佐伯梅友博士古稀記念国語学論集』(表現社)
松田正義 1978『古方言書の追跡研究』(明治書院)
Fishman J. 1964 Language maintenance and language shift as a field of inquiry. *Linguistics* 9.

第9章
文章・談話

1 文章・談話の文法

　いくつかの文が集まり何らかのまとまりを持ったものをディスコース discourse と言う。新聞全体も，その新聞の中の一つの記事もディスコースである。ディスコースは書きことばにも話しことばにも使えるので，電話でのやり取りも，テレビのニュースもディスコースになる。一つの文からなるディスコースも存在していて，たとえば「禁煙」という表示などもそれだけで一つの働きをしているのでディスコースになる。

　ディスコースの日本語訳として「談話」が使われることもあるが，日本語では談話は話しことばに関して使われるのが一般的であり，書きことばも含んでいるディスコースの訳としては不自然なところがある。日本語にはディスコースに相当する言葉がない。このためここでは，ディスコースの日本語訳として「文章・談話」を使い，話しことばのディスコースを「談話」，書きことばのディスコースを「文章」とする。ただし，一部の言語学者は書きことば，話しことばを含めてディスコースの日本語訳として談話を使っているので，注意が必要である。

　また，ディスコースのことをテクスト text と呼ぶこともある。この場合「テキスト」とせずに「テクスト」とするのが一般的である。ディスコースとテクストとは同じものと考えてよい。

　最近の言語学では文章・談話分析，あるいは社会言語学が重要な分野になりつつある。このことの意味は何であろうか。通常の言語学ではその主たる分析の対象を文内の言語規則としている。通常の文法研究は最大の分析単位を文として成り立っている（たとえば本書第1章2頁）。しかし実際に使われている言語は単独の文として使われることはまずなく，いくつかの文の集まり

として使われる。したがって言語の全体像を求めるためには，分析の単位を文に限定していては不十分である。分析の単位を文からディスコースに拡大しなければならない。

また，通常の文法研究では文脈・場面から切り離された文を分析の対象としている。しかし実際に使われている言語は特定の人が特定の相手に特定の場面で特定の目的をもって発話されたものであり，当然これらの要素はその発話の形態に影響を与えている。したがって言語の全体像を求めるためには，ことばを文脈・場面の中において，文脈・場面との関連の中で分析しなければならない。これはことばの variation の研究になる。すなわち会議ではどのような言語が使われているのか，教室場面ではどのような言語が使われているのかといったことが分析の対象となる。この variation は通常「変異」と訳されているが，これはあまり良い日本語訳とはいえないので，ここでは原語のまま使うこととする。

文章・談話分析は言語の全体像を求める。言語の全体像を求めるためには，「分析の対象を文からディスコースに拡大する」さらに「言語を文脈・場面との関連において分析する」という二つのことが必要である。文章・談話分析はこの二つの条件を満たすことによって，言語の全体像を求め，言語の本質を理解しようとするものである。この小論では文章・談話分析にかかわるいくつかのトピックをとりあげ，文章・談話分析とはどのようなものであるかを説明していきたい。

2　文章・談話の結束性

文章・談話が言語としての働きを持つためには，文章・談話が何らかのまとまりを持つことが必要である。この文章・談話のまとまりを結束性 coherence という。文章・談話に結束性を与えるものをことばの糸 texture という。なんらかの要素が複数のセンテンスにわたって反復されるとき，その反復された要素はことばの糸となり，文章・談話に結束性を与える。文章・談話に結束性を与えるのは広い意味での反復である。

　　雨が降った。風も強くなった。運動会が中止になった。

上記の3文が与えられたとき，わたしたちはこの3文を関連づけ，「雨が降り風も強くなったので，運動会が中止になった。」と，第一文と第二文とを運動会が中止になった理由としてとらえ，全体を関連づけて理解する。わたしたちがこの三つの文を関連づけて理解するのは，この三つの文が結束性をもっているからである。同一言語（日本語）での表現，同一形式（漢字かな混じり文，同一活字の使用）の表現，時の一致，場面の一致，共通のトピック，関連語（雨と風）などがことばの糸となり，この3文に結束性を与えているのである。これらの要素はすべて広い意味の反復である。このように文章・談話に結束性を与えている反復の主なものは次のようなものである。

　　言　　語：日本語なら日本語という形で同一の言語，方言で表現されていること。
　　メディア：電話，新聞，手紙など同一のメディア。
　　表現形式：文章であれば同一の活字での表現，談話であれば同一の調子，話し方による表現。
　　トピック：話題の共有。
　　主　　題：主題の反復（4文章の構造を参照）。
　　　時　　：時の共有。
　　場　　面：場面の共有。
　　送　り　手：同一の送り手。
　　受　け　手：同一の受け手。
　　コミュニケーションの目的：同一の目的。
　　同語反復：同一語の反復。
　　　例　　：手紙が来た。太郎からの手紙だった。
　　語の省略：第一文で提示された語を第二文で省略する。
　　　例　　：手紙が来た。太郎からだった。
　　指　　示：第一文で提示された語を第二文で指示語で指示する。
　　　例　　：手紙が来た。それは太郎からだった。

それが書きことばであれ話し言葉であれ，どのようなことばの糸がどのように文章・談話に結束性を与えているかを分析するのが文章・談話分析の一つの課題である。

第9章　文章・談話　　231

3　接続詞と装飾述語

　接続詞を一つの手がかりとして日本語の文章の構造を考えてみよう。次の文章は梅棹忠夫『知的生産の技術』（岩波新書）の一節である。

　　それで，すべてうまくゆくなら問題はない。ところが，じっさいはそうはいかない<u>のである</u>。秘密主義のやりかたでは，みんながまんまと秘伝のぬすみどりに成功するとはかぎらない<u>のである</u>。そしてその結果，基礎的素養において欠陥のある研究者が，つぎつぎと出現してくる<u>ということになる</u>。知識においては高度なものを身につけているくせに，研究の実戦面においては，いちじるしく能力がひくい，というような研究者がでてくる<u>のである</u>。
　　<u>じつは</u>，わかい人たちのことばかり，いっておられない<u>ようだ</u>。われわれ中堅どころにいる研究者だって，ほんとうは，おそろしく研究能力がひくい<u>のではないだろうか</u>。それも，頭がわるいとか，なまけものだとかの理由からではなく，もっぱら研究の「やりかた」がまずいために，研究能力がひくい段階にとどまったままでいる，<u>ということがあるのではないだろうか</u>。いわば，技術の不足にもとづく研究能力のひくさである。

　　　　　　　　　（漢字表記は原文通り。アンダーライン筆者）

　上の文章で「じっさいはそうはいかないのである」とあるが，このセンテンスの場合「のである」をとって「じっさいはそうはいかない」としてもほとんど実質的な意味は変わらない。このように省略しても実質的な意味がほとんど変化しない部分をアンダーラインで表してみた。省略しても実質的な意味がほとんど変化しない部分を省略したものを次に記してみる。

　　それで，すべてうまくゆくなら問題はない。じっさいはそうはいかない。秘密主義のやりかたでは，みんながまんまと秘伝のぬすみどりに成功するとはかぎらない。その結果，基礎的素養において欠陥のある研究者が，つぎつぎと出現してくる。知識においては高度なものを身につけているくせに，研究の実戦面においては，いちじるしく能力がひくい，というような研究者がでてくる。

わかい人たちのことばかり，いっておられない。われわれ中堅どころにいる研究者だって，ほんとうは，おそろしく研究能力がひくい。頭がわるいとか，なまけものだとかの理由からではなく，もっぱら研究の「やりかた」がまずいために，研究能力がひくい段階にとどまったままでいる。技術の不足にもとづく研究能力のひくさである。

　省略する前の文章と省略した後の文章とでどちらの文章がよい文章であるかは一概には決めがたい。その判断にはかなりの個人差があるのではないだろうか。このようにしてみると日本語の文章はその文章の実質的な意味にかかわっている部分と，実質的な意味にかかわらない装飾的な部分とからなることが分かる。この装飾的な部分は①接続詞の類（いわゆる陳述副詞をここに含める），②述語の一部を構成しているものとの2種類のものから成り立っている。この述語の一部を構成しているものを「装飾述語」と呼ぶこととしよう。述語の一部を構成しているが実質的は意味を担っていないからである。上記の文章に表れている接続詞の類と装飾述語を下に記しておく。

　　①接続詞の類：トコロガ，ソシテ，ジツハ，ソレモ，イワバ
　　②装　飾　述　語：ノデアル，トイウコトニナル，ヨウダ，ノデハナイダロ
　　　　　　　　　　　ウカ，トイウコトガイエルノデハナイダロウカ

　以上のことから接続詞の類の基本的な働きは，①主として段落の冒頭に位置して，次にどのような内容の記述があるか，多少とも読み手に知らせること，②文章に色をつけることであることが分かる。接続詞の類は一般にいわれているような文と文とを結び付けるというよりは，既にことばの糸によって結束性を与えられている文章の中の適当な位置（多くは段落の冒頭）に位置して文脈の流れを予言するといった，いわば交通信号の役割を果たしているのである。

　装飾述語は基本的に文章の意味には関与せず，文章に色合いを与えることをその仕事としている。装飾述語を使わないと軽い淡泊な文章になり，装飾述語を多用すると，どの様な装飾述語を使うかによるとしても，個性的な文体的特徴を持つようになり，多くの場合重く，力強い，人を強く説得しようという文章になる。

4　文章の構造

　英語の文章の場合，パラグラフの概念が強く，文章とはパラグラフの集まりであり，文章の構造はパラグラフの連なりとして与えられると考えられている。日本語の場合，英語のパラグラフに相当する段落の概念は弱く，段落が文章に構造を与えているとは一概に言い難い。日本語の文章では名詞と提題助詞「ハ」とが結び付いた「主題」が文章に構造を与える上に重要な働きをしている。主題がどのようにして文章に構造を与えるのか考えてみよう。次の文章では主題の部分にアンダーラインをしておいた。主題の働きを考えてみてほしい。

　　<u>言語研究の目的は</u>，つまるところ言語の研究であって，どの研究分野も，基本的にはその目的とするところは変わらないわけであるが，当面の目的によって分けるとすれば，言語研究，あるいは，言語分析の理論的側面の追求を中心とする理論言語学と，言語研究の成果を人の生活のさまざまな具体的問題の解決のために適用しようとする応用言語学との二つに分けることができる。ただし，分けたからといって違った二つの学問になるわけではない。言語研究という一つの学問の二つの側面である。理論の背景あっての応用であり，応用できてはじめて理論に正当性が与えられるのである。

　　<u>対照言語学は</u>，後に述べるように，外国語教育に対して言語学的な面からの学問的背景を与えようとするところから発展したわけであるから，応用言語学的側面が強いといえよう。さらにいえば，外国語教育という世の中の具体的な課題をめぐって，言語学が対照研究をはじめさまざまな方法論を模索し発展させてきたともいえるのであって，そのようなさまざまな言語研究を称して応用言語学と呼んだと言うべきかも知れない。

　　<u>応用言語学的であるということは</u>，いいかえれば，対照言語学の求めるところが具体的であり，網羅的であるということである。例えば，外国語教育に材料を提供しようとしても，音については詳しく記述しているが語彙については何も言っていないとか，文法について，テンスの問

題は詳細に論じているが，格については材料を提供しないというのでは，教材一つ作れないということになる。....

(石綿敏雄・高田誠『対照言語学』)

　上の文章は三つの段落からなる文章であるが，それぞれの段落の冒頭に主題が位置し，主題が次の主題に行き当たるまでの領域を自分の領域としてまとめ上げ，文章に構造を与えているのである。上の文章ではたまたま段落と主題の支配領域とが一致しているが，両者は必ずしも一致するとは限らない。この時は日本語の文章では段落よりも主題が文章に構造を与えていることが多い。

　また，主題は反復されることによりいくつかの文をまとめ，結束性を生み出している。

　　　男は飛び続ける。φちょうど真向いの二階家の屋根すれすれに，風に吹かれる風船のような滑らかさで飛び続ける。φそれから突然こちらを振り向いた。φテレビアンテナに掛けた手を軸にして，φくるりと半回転するなり，φ探るように首をかしげて僕を見た。[φは「男は」の省略を表す。]

(安部公房『空飛ぶ男』)

　冒頭で提示された主題「男は」は第二文以下では省略されて（φで省略が示されている），強いことばの糸となり上記の4文をまとめあげている。ある程度の例外はあるにしても，日本語の文章では一度提示された主題がそれ以下の文において省略され，その省略をとおして次の主題に至るまでの領域を一つのまとまりを持ったもの，すなわち結束性を備えたものとしているのである。

　日本語には「～ガ」と「～ハ」という二つの形の主語があるといわれている。たしかに「～ガ」と「～ハ」は共に主語的な性格を持っているが，文章・談話分析では両者の働きは大きく異なり，「～ガ」は通常文内で仕事を終えるのに対して，「～ハ」はピリオドを越えて複数の文に掛かり，文章に結束性を与えるという形で，文章に構造を与えるのである。

5　話しことばと書きことば

　文章・談話分析の最も基本的なテーマの一つがことばの variation の分析である。variation のうち文章・談話分析にとって最も重要なのが話しことばと書きことばとの相違の分析である。文章にしろ談話にしろ話しことばと書きことばとの基本的な違い，性格を理解していなければ文章・談話の的確な分析はできない。次に話しことばと書きことばでは何がどのように違うのか要約的に説明しよう。

　同じ日本語ではあっても話しことばと書きことばではその言語的特徴を大きく異にしている。書きことばでは原則として完全な表現，文章が要求され，話しことばでは多くの場合かなりの程度の不完全さが許容される。

　書きことばはその表現に無駄があったり，重複があったり，足りない部分があったり，間違いがあったりしてはならない。このため送り手は通常受け手にメッセージを送る前に十分に時間をかけてことばを完全なものにする。書きことばでは送り手は送信の前に十分な訂正の時間を取れるので，より完全なことばでコミュニケーションすることが可能なのである。また原則として書きことばでは送り手と受け手とのやりとりは一回の一方通行であるので不完全な文章はコミュニケーションの成立に障害になる。この点でも書きことばは完全な文章を要求する。

　これに対して話しことばでは発話の決定から発話までの時間が通常はごく短く，書きことばのように送信の前に十分に時間をかけて完全なことばにすることが出来ない。もし話しことばに無駄があったり，重複があったり，足りない部分があったり，いい間違いをすることなどが強く禁止されていたとしたら，わたしたちはまずことばを話すことが出来なくなるであろう。わたしたちは多くの場合気楽に話しことばを使っている。なぜわたしたちが気楽に話しことばを使えるのかといえば，話しことばは一度の発話でコミュニケーションを完結する必要がなく，数回のやり取りの後で送り手の伝えたいことが受け手に伝われば良く，一つ一つの発話に完全性が要求されることがないからである。

　送り手の発話が不完全であれば，受け手は理解できなかった部分を質問な

どの形で聞きただしてくる。自分の発話の間違いに気がつけばすぐに訂正することが可能である。話しことばではまず不完全な発話をし，その後で送り手と受け手とが協力しながら訂正することを繰り返して，全体としてコミュニケーションを成りたたせようとするものなのである。事後訂正が効くということが話しことばの特徴であり，このため話しことばでは一つ一つの発話は必ずしも完全でなくて良いのである。

また，話しことばでは受け手にとってもある程度の冗長性を持った発話の方が理解し易い。音声は発話された瞬間消えてしまうものであるから，話しことばの受け手は原則として一度の発話で相手のメッセージを理解しなければならない。手紙の場合であれば自分が理解できるまで何回も自由に読み返すことが出来るが，これと比較すると話しことばは受け手にとってかなりの負担になるコミュニケーションである。このため受け手から見てもある程度不完全な，すなわち無駄があったり，重複したり，言いよどみ語があった方が理解しやすい話しことばなのである。この話しことばと書きことばとの相違は文章・談話分析の大前提にならなければならない。

6 話しことばの類型

ただし，一口に話しことばといっても話しことばにも色々な類型がある。話しことばの基本的特徴である話しことばの不完全性は発話が即興的に行われるということから来ているのであるから，発話にかかる時間という基準で話しことばを類型化してみよう。

　第一類　おしゃべり。発話の内容，話し方などがすべて即興的に決められていて，話しことばとしては最も自由な形態を持ち，不完全性，冗長性が最も高いもの。

　第二類　相談，報告，謝罪，伝達，などの小さなコミュニケーション目的を持った二，三人の間の発話のやり取り。発話の内容はある程度前もって準備されているが，発話自体は即興性が高く，不完全性のレベルもかなり高い。最も話しことばらしい話しことば。

　第三類　講演，講義，大会議での発言など。モノローグ的な要素が強く，

多くの場合発話の内容は相当程度に準備されていて，話し方（たとえばどの様な用語を使うか，どこを強調するか，どの部分を最初に話すかなど）もある程度前もって準備されているもの。かなり整った発話が要求され，かなりの程度話すことの訓練を受けた人でないと上手に話すのが難しい。

第四類　スピーチコンテスト，国会の代表質問，答辞，送辞，結婚式のスピーチ，ニュースなど。発話の内容，形式とも発話の前にほぼ完全に準備されていて，多くの場合発話は書かれた文章を読むか，暗記した文章を音声にするという形でなされる。発話には高い完全性が要求される。第四類は話しことばというよりは，書きことばに近いものである。

上記の話しことばの類型化は一つのモデルに過ぎず，他の基準を使った類型化も十分に考えられる。話しことば分析の場合には話しことばの類型に十分に留意して文章・談話分析を行うことが必要である。

7　待遇表現

プラスとマイナスの敬語の総体を待遇表現という。敬語は日本語のvariationの重要なものの一つである。次に日本語待遇表現のシステムを記述しておこう。

7.1　待遇表現の要素

①丁寧体：いわゆるデス・マス体。文末にデス・マスを付けて言葉を丁寧にする働きをもつ。丁寧体は主語の人称に関わりなく使うことができる。すなわち「私は行きます」「あなたは行きます」「彼は行きます」という表現が可能である。これは主語の人称に制限のある主格尊敬語，対格尊敬語，謙譲語と大きく異なるところである。一度文末でデス・マスを使ったら原則として最後までデス・マスを使う。「先生のお書きになりました論文（vs. お書きになった論文）」「雨が降りましたので（vs. 雨が降ったので）」のように連体句，副詞句の中でどこまでデス・マスを使うかに関してはかなりの個人差があり，定まっていない。デショウ，マショウは丁寧体と普通体との中間的な性格を

持ち，種々の場面で幅広く使える便利な言葉である。手紙など個人的なものを除けば丁寧体は原則として書きことばでは使われない。

②主格尊敬語：学校文法でいうところの尊敬語である。主格尊敬語は次に述べる対格尊敬語とともにいわゆる敬語の中核を形成する。また主格尊敬語は対格尊敬語とともに言語使用の規則が明確で，両者の混同は許されないことが多い。主格尊敬語にはイラッシャル，オッシャル，メシアガルのように特別の形を持つものと，オ書キニナル，オ読ミニナルのように規則的に「オ〜ニナル」という形をとるものとの二種類がある。主格尊敬語は主語となっている行為者に対する話し手の尊敬を表す。したがって自分の行為に主格尊敬語を使ってはならない。

主格尊敬語には書カレル，読マレルのように「〜レル」「〜ラレル」の形を取るものもある。「〜レル」「〜ラレル」は「オ〜ニナル」の形よりかなり軽い敬意を相手に対して表現する。したがってある意味では「〜レル」「〜ラレル」は「オ〜ニナル」より言語使用の制限がゆるく使いやすいともいえるが，どこまで「〜レル」「〜ラレル」を使うかはかなり個人差があり，「〜レル」「〜ラレル」は必ずしも敬語表現の中核に位置しない。関西方言では「〜レル」「〜ラレル」に相当すると思われる「ハル」が良く使われている。

③対格尊敬語：学校文法では対格尊敬語を謙譲語と呼んでいる。たしかに対格尊敬語は謙譲語としての性格ももっているが，対格尊敬語を謙譲語と規定することは誤解をまねきやすい。謙譲語であれば話し手は自分の行為であれば常に使えるはずであるが，実際には「（私は）息子に手紙をお書きする」とはいうことができない。これは対格尊敬語は話し手の行為のおよんでいく対象に対する話し手の敬意を表すことをその働きとしているので，対格尊敬語が使えるかどうかは行為のおよんでいく対象が敬意を表すべき人であるかどうかによって決まってくるからである。したがって対格尊敬語は基本的には尊敬語であって主格尊敬語と区別する意味で対格尊敬語と呼ぶのが適切であろう。

対格尊敬語にも主格尊敬語と同様にイタダク，ウカガウのように特別の形を持っているものと，オ書キスル，オ読ミスルのように「オ〜スル」という規則的な形を持っているものとの二種類がある。

④謙譲語：学校文法のいう謙譲語のごく一部を謙譲語とする。ここでいう謙譲語にはいる語はごく少なく，現代語で使われるものとしてはマイル，モウス，モウシツタエル，イタス，オルぐらいである。謙譲語は尊敬語としての性格を持っていないので，話し手は自分の行為であればいつでも使うことができる。たとえば「（私は）息子に申し伝えておきます」というように使うことができる。

　⑤美化語：上品語ともいう。名詞にオあるいはゴを付けて美化語にする。オあるいはゴを付ける名詞は原則として相手に関わるもの，相手に属するものであって，オ子様（相手の），オカラダ（相手の）のように使う。ただし，話し手に関すること，属するものであっても「相手のため」という要素の大きいときには，オ返事（相手に対する），オ手紙（相手に対する），オ食事，ゴ招待イタシマスのようにオあるいはゴを付けることができる。

　オコメ，オサケ，オカネ，オチャ，オテアライのように，オあるいはゴが付いていても，美化語としての機能が弱くなり，オあるいはゴが付いた形が通常の語形として使われているものもある。この場合は話し手サイドのものであってもオあるいはゴを自由に付けることができる。和語にはオを付け，漢語にはゴを付け，外来語には何も付かないというのが原則であるが，これにはかなりの例外がある。オショクジ，オヨウフク，オボウシのように日常生活に深く関わっている漢語にはゴではなくオの付く傾向がある。名詞であればすべての語にオあるいはゴが付くというわけではない。どのような名詞にオあるいはゴが付くかはかなり揺れている部分があり，また個人差も大きい。

　以上の五つが日本語待遇表現の中核的要素であるが，以下のものもなんらかの形で待遇表現のシステムに含まれている。紙幅の関係で項目だけ挙げておく。

　⑥人の呼び方：先生，様，私，あなた，あの方，あれ等。
　⑦人に属するもの：貴社，小社，拙論，拙宅，愚妻等。
　⑧いわゆる終助詞：デスネ，ネ，ヨ，ワ，ゾ，ゼ等。
　⑨応答詞：ハイ，イイエ，エエ，ウン，ソウデスネ等。
　⑩呼掛けのことば：スイマセン，アノー，モシモシ，チョット，オイ等。

⑪和語・漢語：チョット・少シ・少々，カミ・用紙等。
⑫否定型：イキマスカ・イキマセンカ等。
⑬文の長さ：長い方が丁寧。
⑭語の長さ：東大・東京大学等。
⑮省略：省略は無い方が丁寧。
⑯文の整い方：整った文の方が丁寧。
⑰方言：一般に方言を使わない方が丁寧。
⑱声の大きさ：少し大きめで，一定の大きさで話すと丁寧になる。
⑲感情表現：感情表現を抑えると丁寧な表現になる。
⑳話題：たとえば「今朝何をめしあがりましたか」などと日常生活の具体
　　　　的なことを尋ねると失礼になる。
㉑会話のイニシアチブ：相手に譲ると丁寧になる。
㉒発話量：少な目にすると丁寧になる。
㉓相手との物理的距離：ある程度の距離をとると丁寧になる。
㉔ジェスチャー：少な目にすると丁寧になる。
㉕視線：少し目を落としてあまり移動させないと丁寧になる。
㉖座り方：きちんと深く座ると丁寧になる。

7.2　敬語の働き

　敬語の基本的な働きは相手（聞き手）サイドの人に対して敬意を表現することにあるが，実際の敬語の使われ方をみると，必ずしも目上の相手にだけ敬語を使っているのではない。私たちが敬語を多用するのは見知らぬ人たちに対してである。したがって敬語はビジネスの世界で最もよく使われている。敬語の基本的な働きは相手との距離をとることにある。敬語を使うということは相手（聞き手）に対して話し手が私はあなたの思想，生き方，生活様式等について，関心を持ちません，関与しませんという宣言をすることなのである。だから私たちは敬語を使うことによって，どうコミュニケーションしたらよいのか分からない見知らぬ人，遠い人との円滑なコミュニケーションが可能になる。いってみれば敬語は大衆社会の潤滑油なのである。

したがって敬語の第一次的働きは相手に敬意を表現することではない。日本語のシステムでは相手との距離をとることが敬意を表現するための必要条件なのである。日本語では敬語を使ったからといって必ずしも敬意を表現しているのではなく，ただ私はあなたに失礼なことをしたくないといっているだけなのである。外国人に日本語を教えていると，「なぜ（目上の）尊敬に値しない人に対しても敬語を使わなければならないのか」との質問を受ける。このような時には「敬語は必ずしも敬意を表現するのではなく，相手との距離をとって相手に失礼なことはしないという言語的なエチケットであるから，目上の人，見知らぬ人には敬語を使うべきだ」と答えるのがよい。ちなみに親しい尊敬すべき人に敬語を使うと，それは敬意の表現ではなく，侮辱的な発言となる可能性が高い。

7.3　相対敬語

　日本語の敬語は相対敬語であると言われている。絶対敬語の場合には話し手は自分より目上の人に対しては相手（聞き手）が誰であろうと敬語を使う。したがって例えば，父，母は目上の人であるから相手が誰であろうと常に敬語を使うことになる。韓国語などは絶対敬語であると言われている。これに対して相対敬語の場合には相手（聞き手）によって誰に敬意を表現するかが決まってくる。相対敬語の場合には目上だからと言って常に敬語を使うとはかぎらない。例えば父あるいは母と話をするときには敬語を使う（あるいは使ってもよい）が，自分の家族以外の人と父あるいは母について話すときには父あるいは母に対して敬語を使ってはならない。

　日本語の敬語のシステムでは地球上の全ての人を相手（聞き手）サイドの人，自分（話し手）サイドの人，両サイドに属さない中立的な第三者の3種類の人に分け，相手サイドの人にだけ敬意を表現する。例えばA社の課長がB社の課長と話すときは，A社の課長はB社の全ての人に対して敬語を使わなければならず，またA社の全ての人に対して敬語を使ってはならない。もちろんA社の課長がA社の社長と話すときにはA社の社長に対して敬語を使う。

7.4　敬語の難しさ

　一般に敬語は大変難しいと考えられている。これはかなりの程度誤解である。日本語の敬語は言語的にはそれほど難しいものではない。たとえば書クをオ書キニナル，あるいはオ書キスルというように敬語形式にすることは，機械的にできるので何も難しいことではない。敬語が一般に難しいと考えられているのは敬語を使わなければならない場面でのコミュニケーション自体が難しいからである。例えば就職のための面接場面でのコミュニケーションは当事者にとって極めて重要で失敗の許されない場面なので，極めて難しいコミュニケーションとなる。面接場面では当然敬語を正しく使うことも要求されているが，面接場面でのコミュニケーションの難しさは敬語を使うことの難しさからくるのではなく，面接というコミュニケーション自体からくる難しさなのである。

7.5　全体で表現する

　敬語を使用するときに注意すべきことの一つは，敬意の表現は一つ一つの文のレベルでなされるのではなく，談話全体で，例えば15分の談話なら15分の談話全体で表現されるべきであるということである。一つ一つの文の敬語のレベルをすべて的確にすることは，話しことばの特徴から考えてかなり難しいことである。一つの文で敬語表現が低すぎたら次に高くする，高すぎたら低くするという具合に，部分的な事後訂正を重ねて，談話が終了したときに話し手の敬意が相手に正確に伝わるといった敬語の使い方をすべきなのである。全体で敬意が表現できればよいという規則を上手に使うと敬語使用の困難さはかなりの程度軽減されるであろう。

　また談話全体で敬意を表現するときには，まだ親しさの生まれていない始めの部分では比較的高い敬語を使い，ある程度親しさの出てきた中間の部分では多少敬語のレベルを落し，これから別れていく（距離をとる）終わりの部分ではまた高くするのが一般的である。このような理由により挨拶ことばには高い敬語が使われているのである。

〔参考文献〕

ウィドウソン, H. G. 1991『コミュニケーションのための言語教育』(研究社出版)
国立国語研究所 1982『談話の研究と教育Ⅰ』〈日本語教育指導参考書11〉
─── 1985『言語行動と日本語教育』〈日本語教師指導参考書Ⅰ〉
─── 1988『談話の研究と教育Ⅱ』〈日本語教育指導参考書15〉
─── 1988『話しことばのコミュニケーション』〈日本語教師指導参考書Ⅱ〉
─── 1990『敬語教育の基本問題(上)』〈日本語教育指導参考書17〉
真田信治他 1992『社会言語学』(桜楓社)
鈴木孝夫 1973『ことばと文化』岩波新書
寺村秀夫他編 1990『日本語の文章・談話』(桜楓社)
トラッドギル, P.(土田滋訳)1975『言語と社会』岩波新書
畠　弘巳 1983「場面とことば」『国語学』第133号
─── 1985「主題の展開と談話分析」『国際商科大学論叢(商学部編)』第31号
─── 1985「接続詞と文章の展開」『日本語教育』第56号
─── 1987「話しことばとその周辺─冗長性をめぐって─」『国文学解釈と鑑賞』7月号
─── 1989「『これは何ですか』の社会言語学─日本語教育にみるきまりことば─」『日本語学』2月号
フィッシュマン, J. 1974『言語社会学入門』(大修館書店)
牧野成一 1980『くりかえしの文法』(大修館書店)
南不二男 1974『現代日本語の構造』(大修館書店)
毛利可信 1980『英語の語用論』(大修館書店)
山口仲美編 1979『文章・文体』〈論集日本語研究8〉(有精堂)

第10章
認知言語学

1　はじめに

　日常言語は，人間の知のメカニズムの一つのあらわれとして注目されるべき現象である。言語学は，ひろい意味でこの知のメカニズムの探究にかかわる研究分野として注目される。しかし，これまでの言語学の研究は，主に文法的な知識の形式的な分析に力点が置かれ，言葉の背後に存在する言語主体の認知能力や運用能力との関連で文法的な知識の本質を探究していく視点が欠如している。日常言語は，主体が外部世界を解釈し，この世界との相互作用による経験的な基盤を動機づけとして発展してきた記号系の一種である。言葉の背後には，言語主体の外部世界にたいする認知のモード，外部世界のカテゴリー化，概念化のプロセスが，何らかの形で反映されている。認知言語学は，このような人間の認知能力にかかわる要因を言語現象の記述，説明の基盤とするアプローチをとる。このアプローチをとることにより，言葉の背後に存在する言語主体の認知能力との関連で，言語現象を包括的に捉え直していく方向がみえてくる。このことは，決して言葉の形式・構造の側面を軽視することを意味するわけではない。むしろ，形式・構造にかかわる制約も，根源的に言語主体の認知能力や運用能力にかかわる制約によって動機づけられているという視点に立つことを意味する。以下では，この認知言語学の観点から，新しい言語科学の探究の方向をさぐっていく。[注1]

2　認知言語学の基本的枠組

　外部世界の解釈は，その世界を解釈していく言語主体の認知のプロセスを反映している。この種の認知のプロセスは，抽象化・具象化のプロセス，焦

点化のプロセス，視点の投影，視点の移動・変換，図一地の反転，前景化一背景化のプロセスをはじめとする主体のさまざまな解釈のモードによって特徴づけられている。音韻・形態，構造，意味をはじめとする言葉のさまざまな側面は，この種の解釈モードによって特徴づけられる主体の認知のプロセスによって動機づけられている。以下では，まず認知言語学の枠組みの基本概念との関連で，日常言語のさまざまな形式と意味の側面を考察していく。

2.1 ベースとプロファイル

　言語主体の外部世界の解釈は，認知のドメイン（cognitive domain）との関係によって相対的に規定される。認知のドメインは，プロファイル（profile）とベース（base）の関係で規定される。プロファイルは，認知のドメインのなかの焦点化されている部分，ベースはプロファイルを際立たせる背景となる部分として機能する。例えば，図1の（a）の太線で示されている斜辺（hypotenuse）は，直角三角形として認知されるベースの焦点化された部分（すなわち，直角三角形の背景のなかからプロファイルとして際立って認知される部分）として位置づけられる（Langacker 1988: 59）。

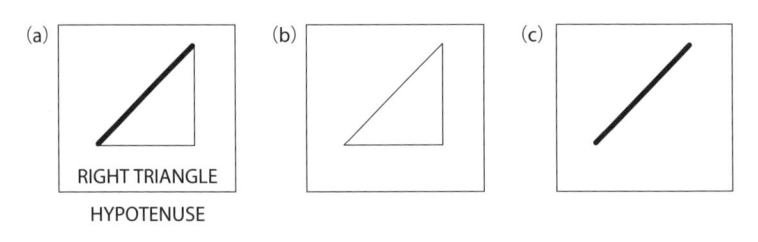

図1

　この場合，斜辺の背景となるベース（i.e. 図1の（b））とこのベースのプロファイル（i.e. 図1の（c））が独立に存在するわけではない。両者は認知的には相互に依存している。もし，プロファイルに相当する（c）が捨象された場合に残るのは，直角三角形としての（b）だけである。逆に，ベースに相当する（b）が捨象された場合には，もはや（c）は直角三角形の斜辺としては認知されな

い。したがって，プロファイルとしての斜辺は，あくまでベースとしての直角三角形との関係で相対的に認知される。

2.2 基本的な認知対象

認知言語学の枠組では，認知される対象世界のモノ (thing)，存在 (entity)，複数の存在の間に成立する関係 (relation) は，図2のように規定される (Langacker 1987: 220)。

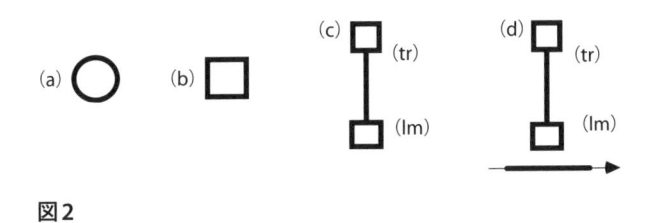

図2

この場合，モノはサークル，存在はボックス，複数の存在の間に成立する関係は両者を結ぶ直線によって示される。また，複数の存在によって成立する関係が，動的なプロセスによって特徴づけられる場合，このプロセスは太線の矢印によって示される（図2(d)）。モノ，存在，関係は，認知のドメインにおいてプロファイルされているドメインとして理解される。複数の存在がある関係を通してプロファイルされる場合，基本的に，一方の存在は，もう一方の存在にたいして相対的により際立った存在として認知される。[注2]

プロファイルされる存在のうち，相対的により際立って認知される対象はトラジェクター (trajector = tr)，これを背景的に位置づける対象はランドマーク (landmark = lm) として区別される。（図2の二項関係にあるボックスで示される存在は，基本的には主語と目的語の関係を示しているが，この場合，一般に主語はトラジェクター，目的語はランドマークとして規定される。）[注3]

2.3 トラジェクターとランドマーク

　前節にみたように，認知のドメインにおいてプロファイルされる存在のうち，相対的により際立って認知される対象はトラジェクター (tr)，これを背景的に位置づける対象はランドマーク (lm) として区別される。日常言語の意味は，認知のドメインにおけるこの種の対象との関係によって相対的に特徴づけられる。

　一例として，認知のドメインのプロファイルに二つの対象がかかわる above/below の意味を考えてみよう。これらの前置詞は，二つの対象の上下関係を相補的に特徴づける表現である。両者の基本的な違いは，図3に示されるように，above (e.g. A is above B) の場合には，ランドマークとしての B が，トラジェクターとしての A を位置づけるためのいわば参照点として機能しているのに対し，below (e.g. B is below A) の場合には，逆に A がランドマークとして，トラジェクターとしての B を位置づけるための参照点として機能している点にある (Langacker 1987: 219)。

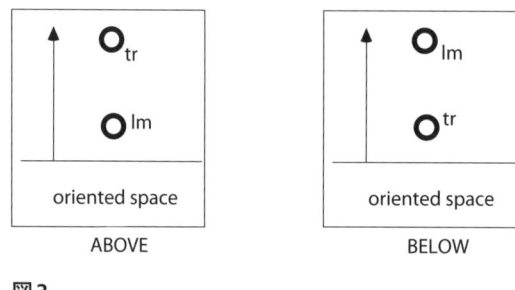

図3

　以上は，基本的に二つの対象の位置関係にかかわる例である。この種の二項関係は，静的な関係であり，時間的な認知のプロセスは関係していない。時間的なプロセスが関与しないこの種の二項関係は，一般的に図4の (a) のように規定される。

図4

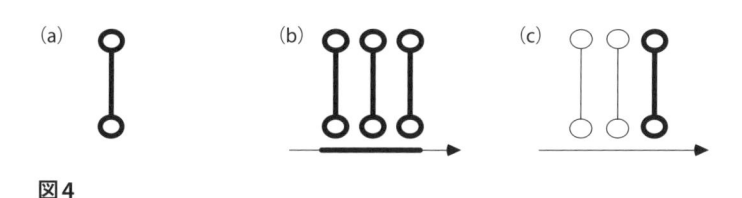

図4のうち，(b)では，(a)の二項関係からなる状態が時間軸にそって連続的に認知されている。これにたいし，(c)では，時間的なプロセスは背景化され，状態の連続体の最後の部分だけがプロファイルとして前景化されている。((b)と(c)の矢印は時間的なプロセス，(b)の矢印に重なっている太線は，状態の連続体を規定する時間領域の部分が前景化されていることを示している。)

日常言語の意味は，この種の認知のプロセスの違いによって特徴づけられている。例えば，図5の(a)～(c)の認知プロセスの違いは，具体的には英語の away, go, gone の基本的な意味の違いに反映されている。(図5(a)と(c)の実線の矢印は時間軸を，また矢印の下の t は時間の標識を示す。)

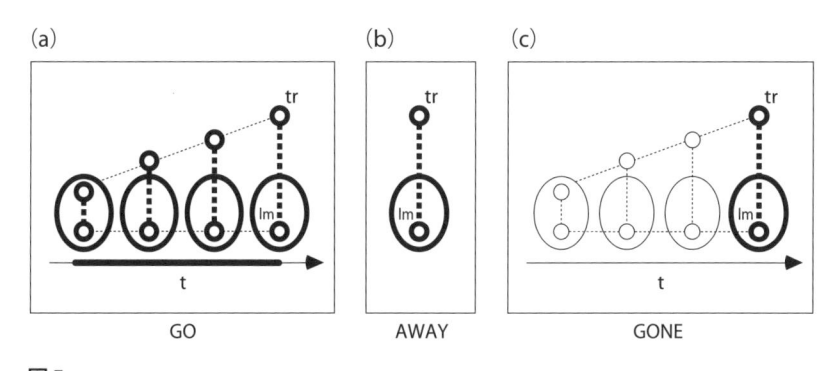

図5

away は，図5の(b)に示されるように，二つの対象の空間的な位置関係を特徴づける表現である。この表現は，相対的により際立つトラジェクターとしての対象が，この対象を位置づけるランドマークとしての対象の空間領域から離れている静的な状態をプロファイルしている。これにたいし，go は，

第10章 認知言語学

図5の(a)に示されるように,問題の二つの対象が所定の空間領域に存在する状態から,両者が次第に離れていき,最終的に図5の(b)の状態に移行するまでの時間軸にそった動的なプロセス全体をプロファイルしている。(a)の矢印のオーバーラップしている太線は,時間の経過がプロファイルされていることを示す。)

一見したところ,goneは,動的なプロセスの結果だけに注目するならば,awayと同義であるようにみえるが,両者の意味は異なる。前者には,goと同じ状態変化の動的なプロセスがかかわっている。ただし,図5の(c)に示されるように,前者の場合には,最終的な結果の状態に至るまでの一連の状態変化の部分は背景化され,プロファイルされていない。

3　カテゴリー化の能力と拡張のメカニズム

認知言語学のアプローチでは,言語を閉じた規則の体系として規定していくのではなく,音韻,形態から構文にいたる言語単位をスキーマ的な単位として規定し,この種の単位の実際の言語使用の文脈における定着度,慣用度の視点から相対的に規定していく。このアプローチでは,トップダウン的に規則が存在し,この規則との関係で可能な事例を派生的に規定していくのではなく,むしろ認知主体の言語使用や言葉の習得過程にかかわるボトム・アップ的アプローチを重視する。このアプローチでは,言語現象の規定に際し,まず具体的な言語事例の定着度,慣用度との関連でスキーマを抽出していくプロセスに注目し,この抽出されたスキーマとの関連で他の具体事例の一般化を図っていく。また,このスキーマに適合しない事例が出現した場合には,スキーマの動的な拡張のプロセスとの関連で新しい事例の適否を規定していくという,言語使用を重視したアプローチをとる。

3.1　スキーマ,プロトタイプと拡張事例

われわれには,ある存在をより一般的なスキーマによって特徴づけられるカテゴリーの一例として理解する能力がそなわっている。この種の能力は,

一般に，スキーマにもとづくカテゴリー化の能力の一面を示している。カテゴリー化の能力としては，さらに，あるカテゴリーの典型的な事例（すなわち，プロトタイプ）と類似している新たな事例が存在する場合，類似性の認知プロセスを介して後者の事例をそのカテゴリーの拡張例としてとり込んでいく能力が考えられる。一般に，この種の能力は，プロトタイプにもとづくカテゴリー化の能力を反映している。カテゴリー化にかかわる能力は，これらの能力に限られるわけではない。複数の事例の間に認められる類似性の認知プロセスを介して，これらの事例からより一般的なスキーマを抽出していく能力も，カテゴリー化の能力の一面として注目される。

　ここでは，これらのカテゴリー化にかかわる認知プロセスを，Langacker (1993) に従い，(i) スキーマに基づく事例化，(ii) プロトタイプに基づく拡張，(iii) 具体事例に基づくスキーマ化のプロセスとして区別する。具体事例をX, Yとした場合，(i)〜(iii)のカテゴリー化にかかわる認知プロセスは，表1のように規定される。

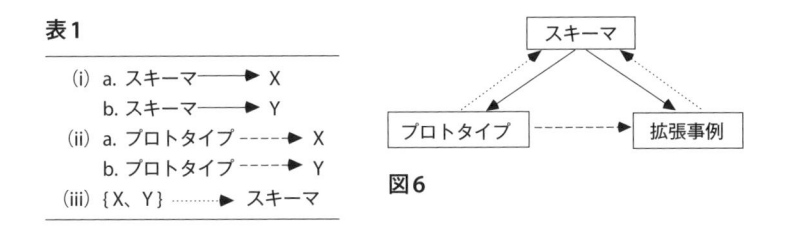

表1
(i) a. スキーマ——→ X
     b. スキーマ——→ Y
(ii) a. プロトタイプ ----→ X
     b. プロトタイプ ----→ Y
(iii) {X、Y} ………→ スキーマ

図6

カテゴリー化にかかわる(i)〜(iii)の認知プロセスは，独立して存在するのではない。これらの認知プロセスの関係は，図6に示される (cf. Langacker 1993: 2)。図6の実線の矢印は，スキーマから具体事例への認知プロセスを示している。この規定にしたがうならば，図6のプロトタイプと拡張事例は，いずれも上位レベルのスキーマからの具体事例として位置づけられる。図6の破線の矢印は，プロトタイプとしての典型的な事例から拡張事例への認知プロセスを示している。さらに，点線の矢印は，プロトタイプの典型例と拡張事例の類似性，共通性に基づいてスキーマを抽出していく認知プロセスを示している。この点で，プロトタイプの典型例と拡張事例からスキーマに向

かう点線の矢印とスキーマからプロトタイプの典型例と拡張事例に向かう実線の矢印は相補的な関係にあると言える。

3.2 日常言語のカテゴリー化

言語現象の背後には，類似性に基づく具体事例の一般化（ないしはスキーマ化），典型事例からの拡張，一般的なスキーマからの事例化などのカテゴリー化の能力を反映するさまざまな分布関係がみられる。この種の分布関係は，音韻レベル，形態レベル，統語レベルから意味レベルにわたり広範に観察される。

3.2.1 音韻レベルのカテゴリー化

日常言語の表現媒体としての音の世界は，一般に，心理的な実在性をになう抽象的な音韻単位としての音素（phoneme）とこの音素が音声レベルの具体的な文脈において具現化される異音（allophone）の関係によって規定される。この種の規定に従うならば，音素レベルの言語単位と異音レベルの言語単位は，互いに異なる言語レベルの単位として位置づけられることになる。しかし，これはあくまで日常言語の表現媒体としての音の世界の抽象的な規定であり，音韻現象が，具体的な音声文脈において具象レベルから抽象レベルに渡ってどのように分布しているのか，また，音韻現象の構成単位が外部世界のカテゴリー化を反映する認知レベルにおいて，どのような分布関係を成しているかに関する説明はなされていない。

一例として，日本語の母音エ（[e]）がかかわる音の認知レベルの分布関係を考えてみよう。一般に，エは日本語の基本的な母音の典型例として認知される点で，母音のプロトタイプ的なカテゴリーの一つと見なすことができる。ただし，これは，エの音が，前後の具体的な音声文脈から切り離されて独立に認知される場合にあてはまる一般的な事実にとどまる。実際の言語文脈においては，エに対応する音の世界は，前後の音声環境からの影響によって，さまざまな異音として具現化される。例えば，ベ（be），メ（me），ケ（ke），

テ (te) のような音節の母音の部分に具現化されているエの音は，先行の子音 (b, m, k, t) の影響により，厳密には [^{b}e], [^{m}e], [^{k}e], [^{t}e] のような異音として具現化される。

カテゴリーの拡張と事例の一般化の観点からみるならば，この種の音の分布関係は，図2の関係として規定することが可能となる（山梨2000: 182）。

図7

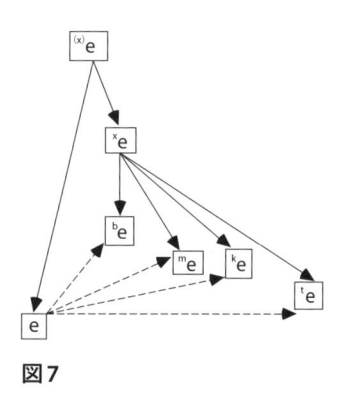

図7の $^{(x)}$e は，前後の音声環境から独立したプロトタイプとしての e と，先行する子音の影響下の e の異音を統括する音韻スキーマを示す。このスキーマの (x) は，e の直前に子音が先行する場合の音声的な影響の可能性を示す変数に相当する。この音韻スキーマは，子音の音声的な影響がない場合にはプロトタイプとしての e，この子音の影響がある場合には，^{b}e, ^{m}e, ^{k}e, ^{t}e 等の異音として事例化される。（ただし，図2の ^{x}e は，子音の影響がかかわるこの後者の異音を統括する音韻スキーマに相当する。）最上位の音韻スキーマの $^{(x)}$e から，プロトタイプの e と異音の音韻スキーマ ^{x}e へ延びる実線の矢印は，音韻スキーマの事例化を示している。（同様に，異音の音韻スキーマの ^{x}e から，^{b}e, ^{m}e, ^{k}e, ^{t}e の異音へ延びる矢印も，音韻スキーマの事例化を示している。）これに対し，プロトタイプの e から，^{b}e, ^{m}e, ^{k}e, ^{t}e へ延びる矢印は，プロトタイプの事例からの拡張関係を示している。

3.2.2 形態レベルのカテゴリー化

前節では，音韻論のレベルにかかわる現象が，スキーマからの事例化と典型事例からの拡張関係による複合的なネットワークに基づいて一般的に規定されることをみた。この種の規定は，形態論のレベルにかかわる現象にもあてはまる。その一例として，scarf の複数形を考えてみよう。この単語の語幹の基本的な異形態は skarf であるが，この単語が〈複数〉の文脈で使われる場合の異形態は skarv として具現化される。この二つの異形態は，形態スキーマとしての skarF が，それぞれ〈単数〉，〈複数〉の言語文脈において具現化された言語単位として位置づけられる。以上の形態スキーマと異形態の分布関係は，図8の形態ネットワークとして規定される。

図8

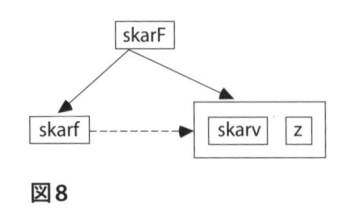

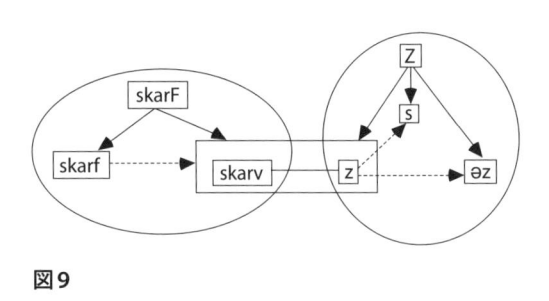

図9

図8のネットワークは，基本的に，形態スキーマの /skarF/ は，〈単数〉の文脈では典型事例（ないしはプロトタイプの事例）である [skarf] として具現化され，〈複数〉の文脈では拡張事例としての [skarv] として具現化されることを示している。この場合，一見したところ，後者の異形態への拡張関係は，語

254

幹にかかわる形態ネットワークのなかで自律的に決められているようにみえる。しかし，この種の形態ネットワークにおける拡張関係は，〈複数〉の語尾の形態ネットワークの文脈との関連ではじめて意味をもつ。図9は，単語の"scarf"がかかわる語幹の形態ネットワークと〈複数〉の形態ネットワークの統合された複合ネットワークを示している。

3.2.3 構文レベルのカテゴリー化

　構文という言語単位は，日常言語の文法構造を特徴づける重要な単位の一つである。伝統的な文法研究では，構文という言語単位のになう形式と意味の特性が重要な研究対象とされていた。しかし，形式文法（とくに生成文法）のアプローチでは，文を構成する基本的な言語単位としての語彙とこの基本的な言語単位としての語彙の構成関係を規定する統語規則が重視され，構文に特有の形式と意味の特性は文法からは除外されている。換言するならば，構文という言語単位が担う役割の重要性は，文法の研究において考慮されていない。

　これにたいし，認知言語学のアプローチでは，構文という言語単位は，構成要素としての語彙とその統語関係からは予測できない重要な特性をになう言語単位である点に注目する。また，このアプローチでは，日常言語の文法体系を特徴づける構文は，すべてが同等の資格で存在するのではなく，基本的な事態のパターンを反映する典型的な構文から非典型的な構文（ないしはより周辺的な構文）へとグレイディエンスを成して分布する構文の拡張ネットワークの構造に注目する。[注4]

　日常言語の構文のネットワークを特徴づける関係としては，少なくとも次のA〜Dが考えられる。

表2

A. 構文のメタファーな関係
B. 構文のメトニミー的な関係
C. 複数の構文の融合的な関係
D. 構文間の上位・下位的な関係

まず，Aのメタファーにかかわる構文の例として，次の各対の構文をみてみよう．

(1) a. Mary gave him a book.
    b. Mary gave him a {kiss, wink, kick, bow}.
(2) a. John threw her a ball.
    b. John threw her a parting glance.
(3) a. Bill went from San Diego to New York.
    b. The jello went from liquid to solid in an instant.
(4) a. The water turned into ice.
    b. The caterpillar turned into a butterfly.

(1), (2)の各対のaは，モノの物理的な移動にかかわる構文である．これにたいし，bは，この構文が行為にかかわる事態に比喩的に拡張された構文になっている．(3)の対のaは，場所の移動にかかわる構文であるが，これに対応するbは，状態変化にかかわる事態に比喩的に拡張された構文になっている．さらに，(4)の場合には，aの物理的な状態変化にかかわる構文が，bの生物の成長にかかわる構文に比喩的に拡張されている．比喩による構文の拡張は，次の日本語のaからcへの構文の分布にもみられる（山梨1995: 27）．

(5) 〈具象的〉：a. 鷹が獲物を襲った．
              b. 台風が本州を襲った．
    〈抽象的〉：c. 不況がその国を襲った．

次の各対のaとbの構文は，一見したところ拡張関係にはないようにみえる．しかし，これらの各対の構文は，主語の位置にくる名詞句のメトニミー的な関係によって関係づけられている．

(6) a. The economist {predicts, shows, claims} that our country will be in a deep depression.
    b. His theory {predicts, shows, claims} that our country will be in a deep depression.
(7) a. その［教授］は…を {予測／仮定／主張} している．
    b. その［理論／仮説／提案］は…を {予測／仮定／主張} している．

この種の構文のaとbの主語の間には，広い意味での〈作者──▶作品〉のメトニーが関係している。すなわち，(6) と (7) のbの文の主語 (e.g. "theory"，「理論」,「仮説」, 等）は，aの文の主語 (e.g. "economist"，「教授」, 等）と〈作品／作者〉のメトニー的な関係にある。このメトニミー的な拡張関係により，bの構文がaの拡張構文として規定されるならば，一見，選択制限に違反しているようにみえるbのタイプの構文は，メトニミーの継承リンクを介し，aの構文から拡張された構文として一般的に規定することが可能となる。
　以上の考察から，日常言語の基本構文と拡張構文の間には，次のようなメタファー，メトニミーの拡張関係が存在することになる。

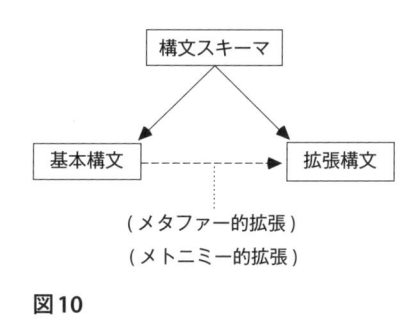

```
              構文スキーマ
             ↙        ↘
        基本構文 ----------▶ 拡張構文
                 （メタファー的拡張）
                 （メトニミー的拡張）
```

図10

　従来の言語学の枠組みでは，いわゆる辞書と文法は，それぞれが独立した部門として区別されている。換言するならば，これまでの言語学の研究では，語彙に関する情報は辞書で扱い，句や文に関する情報は文法で扱うという前提で分析がなされている。これにたいし，認知言語学の枠組みでは，ミクロレベルの言語単位であれマクロレベルの言語単位であれ，いずれも慣用化された記号ユニットの複合的なネットワークにかかわる言語単位として体系的に規定される。この視点からみるならば，いわゆる辞書と文法の絶対的な区分は存在しないことになる。換言するならば，辞書と文法にかかわる言語的知識は，連続体としてのスケール上に相対的に位置づけられる。この複合的なネットワークの規定が与えられるならば，語彙レベルから文レベルに渡る言語現象のより一般的な記述と説明が可能となる。

4 認知プロセスの反映としての言語現象

　外部世界の解釈は，その世界を解釈していく主体のダイナミックな認知プロセスを反映している。この種の認知プロセスは，焦点化，視点の投影，視点の移動・変換，図－地の反転，前景化－背景化の認知プロセスをはじめとする主体のさまざまな解釈のモードによって特徴づけられている。この種の認知プロセスの解明は，言葉のメカニズムを明らかにしていくだけでなく，人間の知のメカニズムを明らかにしていくための基礎的な研究としても重要な役割をになっている。

4.1　連続的スキャニングと一括的スキャニング

　言語表現には，外部世界にたいするわれわれの認知のモードが反映されている。したがって，同じ状況を伝えようとする場合にも，その状況にたいする表現形式の選択のちがいが，外部世界にたいする主体の視点のおき方やパースペクティヴのとり方のちがいを反映している。他の点ではパラフレーズの関係にある言語表現の解釈も，その表層レベルにおける記号化のちがいによって厳密にはことなる。

　例えば，次の例を考えてみよう (Langacker 1987: 146)。

　　（1）　a.　He fell.
　　　　　b.　He took a fall.

(1) の a, b の文は，行為がかかわる外部世界のイヴェントとしては，基本的にパラフレーズの関係にあると言える。しかし，これらの表現は，a のよう

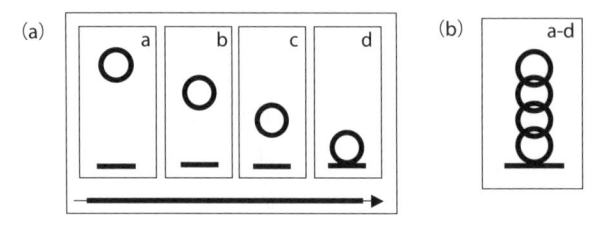

図11

に問題のイヴェントを時間軸にそった連続的なプロセスからなる事象として捉えるか，bのように時間を捨象した一括的，単一的な事態として捉えるかに関してことなる。Langackerは，図11の(a),(b)に示されるように，この二つの認知のモードを，それぞれ連続的スキャニングと一括的スキャニングとして区別している（Langacker 1990: 80)。[注5]

4.2　プロセス的認知とモノ的認知

　以上の考察からも明らかなように，事態の認知に関しては，問題の事態を，基本的に時間軸にそった連続的でダイナミックなプロセスとして認知する場合と，このプロセスの時間的な側面を捨象し，モノ的に認知していく場合が考えられる。一般に，次の例に示されるように，この二つの認知のモードのうち前者の認知は動詞によって，また後者の認知は名詞によって表現される。

（2）　a.　John walked.
　　　b.　John took a walk.
（3）　a.　The boy ran.
　　　b.　The boy took a run.
（4）　a.　They helped Mary.
　　　b.　They gave Mary some help.

　伝統文法や変形操作を前提とする生成文法の規定では，これらの各文のbの表現は，aの動詞から名詞の文法カテゴリーを形成する派生によって規定される。（動詞から名詞のカテゴリーを形成する派生は，一般的には名詞化

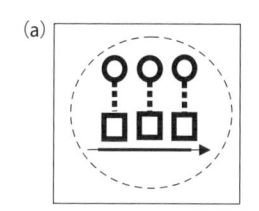

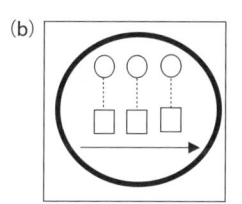

図12

(nominalization)による規定とされている。）これにたいし，認知言語学の規定では，上記の各対のa,bの間には派生関係は認めない。これらの表現は，問題の事態を，基本的に時間軸にそった連続的でダイナミックなプロセスとして認知するか，このプロセスの時間的な側面を捨象し，モノ的に認知していくかの認知的なモードのちがいを反映する表現として位置づけられる。

　認知言語学の規定では，基本的に動詞表現とこれに対応する名詞表現は，図12のように規定される（Langacker 1990: 99）。図12の(a)と(b)は，それぞれ動詞表現とこれに対応する名詞表現の認知のモードを規定する図式である。前者は，トラジェクターとランドマークの二項関係が，時間軸にそってプロファイルされる動的なプロセスを示している。これにたいし，後者は，この動的関係が背景化され，この関係の総体をモノ化された行為として静的に把握している認知構造を示している。(b)の継起的な二項関係を囲むサークルは，モノとしての認知を示している。このモノの認知規定に関しては，2.2節を参照。また，(a)の場合には，時間軸の矢印が太線によってプロファイルされているが，(b)の場合には背景化している。このちがいは，一般に，動詞が動的プロセスの認知の世界，名詞がモノ的な認知の世界を反映していることを意味している。

　一般に，伝統文法や変形操作を前提とする生成文法の分析では，動詞表現とこれに対応する名詞表現を比較した場合，前者の動詞の文法カテゴリーからいわゆる名詞化の操作を経て，名詞の文法カテゴリーを派生的に規定する方法がとられている。しかし，以上の認知的な視点からみた場合には，このような一方向的な派生の操作を考える必要はない。図12から明らかなように，問題の表現が，動詞のカテゴリーか名詞のカテゴリーかのちがいは，あくまで言語主体が，問題の動作ないしは行為にかかわる世界をプロセス的に捉えていくか，モノ的に捉えていくかの認知のモードのちがいを反映する表現として相対的に規定することが可能となる。

4.3　アナログ的認知とデジタル的認知

　われわれは，与えられた状況を全体的に捉ええたり，部分から全体へ構成

的に解釈して世界を捉えている。また場合によっては，同じ状況をデジタル的な視点あるいはアナログ的な視点から把握している。このように世界を理解していく視点は柔軟で多面的である。ここで問題とする世界には，物理的な世界だけでなく，数理的な世界をはじめとする抽象的な世界も含まれる。

次の例をみてみよう（山梨1988: 124）．

（５）　a.　今日であの子は　二十歳（はたち）。
　　　　b.　今日であの子は　十三・七つ（じゅうさん・ななつ）。

（６）　利根で生まれて　十三・七つ　月よあたしも　同じ年
　　　　　　　　　　　　（藤間哲郎　作詞：『おんな船頭唄』，1955）

（5）の a の文の「二十歳」（はたち）という表現は，年齢をデジタル的にに述べた表現である。これにたいし，（5）の b の「十三・七つ」（じゅうさん・ななつ）という表現は，アナログ的な表現である。（後者の表現は一般にはなじみがないが，（6）にみられるように，一昔まえの演歌の一節に唄われている。）「十三・七つ」という表現は，単に問題の女性のその時点の年齢を数値的に述べているのではなく，時間の経過のプロセス（すなわち，生まれてから13年の歳月を経て女の子として年頃になり，さらにそれから7年の歳月を経て成人に達する成長のプロセス）を構成的にとらえている表現である。

「二十歳」というデジタル的な表現と「十三・七つ」のアナログ的な表現の認知的なちがいは，図13に示される

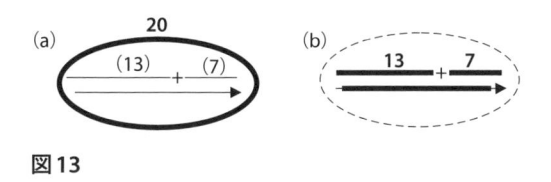

図13

図13の (a) は，13プラス7という構成内容を背景化し，20という数値それ自体を点的に認知するモードを示している。図13の (a) のロファイルされている楕円は，20という数値の点的な認知のモードを示している。これにたいし，(b) は，逆に13プラス7の構成的なプロセスを前景化している。この図のプロファイルされている矢印は，13までの計算，さらに7までの計算の

構成的な認知のモードを示している。四則演算の数学的な世界では，20と13＋7は同値である。したがって，この観点からみるならば，(5)の「二十歳」と「十三・七つ」は，真理条件的には同値の表現である。しかし，日常言語の表現の仕方のちがいには，言語主体の認知のモードのちがいが反映されている。この後者の観点からみるならば，「二十歳」と「十三・七つ」は，(それぞれ図13の (a), (b) に示されるように) デジタル的な認知，アナログ的認知を反映する表現である。したがって，この２つの表現の認知的な意味は決定的にことなる。[注6]

5　イメージスキーマ形成とイメージスキーマの変容

　言語現象の発現を可能とする人間の認知能力は，外部世界の知覚や外部世界との相互作用にもとづく身体的な経験を介して形成されるさまざまなイメージスキーマによって特徴づけられている。イメージスキーマは，認知能力の一部を形成する認知図式として，言葉の背後にスタティックな状態で存在しているわけではない。この種のスキーマは，厳密には，比喩的な拡張，背景化，焦点化，プロファイル・シフト，等のさまざまな認知プロセスによってダイナミックに変容している。日常言語の多様な言語表現と意味の創造的な拡張は，イメージスキーマの変容にかかわるこの種の認知プロセスによって可能となっている。

5.1　イメージスキーマ形成とスキーマの漂白化

　日常言語の概念構造は，空間認知，運動感覚，五感，等の身体的な経験を反映するさまざまなイメージスキーマによって特徴づけられている。イメージスキーマは，概念構造に先行する認知図式の一種であり，言葉の創造的側面に密接にかかわっている。また，イメージスキーマは，さまざまな形で日常言語の概念構造の創造的な拡張を可能としている。イメージスキーマにもとづく概念構造の拡張のプロセスとしては，少なくとも次の二つのプロセス

が考えられる。一つは，イメージスキーマの比喩的な写像による拡張，もう一つは，イメージスキーマのブリーチング（意味の漂白化）による拡張である。

　前者の典型例としては，容器（Container）のイメージスキーマの物理的空間から社会的空間ないしは心理的空間への比喩的な拡張が考えられる。この種の拡張は，次のような例に反映されている。

（1）　a.　彼は寝室に入った。　（〈物理的空間〉）
　　　 b.　彼は新しいクラブに入った。　（〈社会的空間〉）
　　　 c.　彼は躁状態に入った。　（〈心理的空間〉）

(1)のaの「寝室」は，物理的空間の容器として理解される。これにたいし，bの「新しいクラブ」は，社会的な空間の容器に，またcの「躁状態」は，心理的な空間の容器のイメージスキーマに比喩的に拡張されている。基本的に同様の拡張は，(2)の例にもみられる。

（2）　a.　He is in the room.　（〈物理的空間〉）
　　　 b.　He is in the navy.　（〈社会的空間〉）
　　　 c.　He is in a rage.　（〈心理的空間〉）

　もう一つの拡張は，イメージスキーマそれ自体の存在の背景化（ないしはブリーチング）のプロセスである。この種の認知プロセスは，次の例の述部の表現に反映されている。

（3）　a.　The children came out of their hiding place.
　　　 b.　Well, look who's come out of the woodwork.
（4）　a.　Pimples have come out in his face.
　　　 b.　Pimples may appear on the skin of the face, chest, neck and back.
（5）　a.　The sun came out again.
　　　 b.　What time will the moon come out tonight?

例えば，(3)の述部の場合，out of their hiding place, out of the woodworkという表現から明らかなように，問題の人物がどこから出てきたかの出所（すなわち物理的な容器としての出所）が前景化されている。これにたいし，(4)のa，bのタイプの述部の場合，ニキビの出所としての場所（つまり出所としての容器のイメージスキーマ）は相対的に背景化されている。さらに，(5)の述部の場合

には，太陽（ないしは月）がどこから出てきたかと問われても，具体的にその出所を同定することは不可能である．換言するならば，(3)〜(5)にいくに従って，出所としての容器のイメージスキーマが，相対的に図14の(a)から(c)の方向に背景化（ないし漂白化）している．

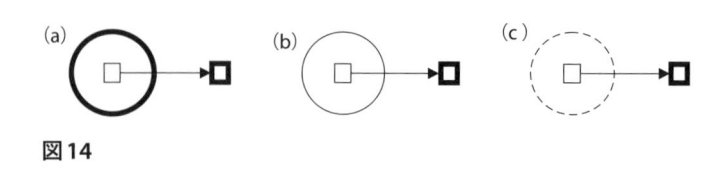

図14

これはイメージスキーマの相対的な背景化の典型例である．この場合には，問題のイメージスキーマが比喩的に具象レベルから抽象レベルに変容していくのではなく，そのイメージスキーマの指示する世界（例えば，容器のイメージスキーマの場合には空間を限定する領域）の実在性それ自体が背景化されていく点が注目される．

5.2　イメージスキーマの焦点シフト

　日常言語の拡張にかかわるイメージスキーマの変容としては，さらにスキーマの構造自体に対する認知プロセスのシフトが考えられる．その典型例としては，基点－経路－到達点（Source-Path-Goal）のイメージスキーマの焦点シフトによる変容が考えられる．一般に，ある対象が，何らかの経路にそって移動する状況を理解する場合，基本的に移動の経路がプロファイルされ，そこに焦点が置かれるのが普通である．しかし，状況によっては，移動の経路に置かれる焦点がシフトして，移動の到達点に焦点が置かれる場合も考えられる．

　この認知プロセスのちがいは，次の例から明らかになる（Lakoff 1987: 422–423）．

　　（6）　a.　Sam walked over the hill.
　　　　　b.　Sam lives over the hill.

この場合，aの文では，経路としての丘がプロファイルされている。これにたいし，bの文では，経路としての丘を越えた到達点がプロファイルされている。両者の認知プロセスのちがいは，図15に示される。((a)の太線の矢印は，経路が焦点化されていることを示す。これにたいし，(b)の右側の太線のボックスは，到達点が焦点化されていることを示す。)

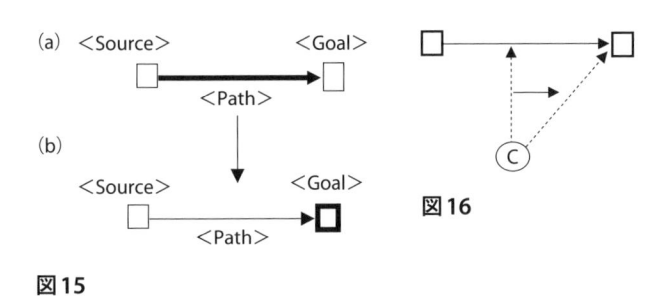

図15

図16

基本的に，前置詞の over は，ある方向への移動のベクトルに関係する語であり，(6)のaの walk (ないしは move, run, 等)のような移動の動詞と共起することができる。この点からみるならば，(6)のbの live のような状態を示す動詞とは基本的に共起できないはずである。(この種の動詞は，Sam lives in San Diego, Sam has been living in London since last May のように，基本的には静的な場所を示す表現と共起する。) 6のbのタイプの表現が可能なのは，図15の(a)の経路から(移動の結果としての場所を示す)(b)の到達点へ焦点シフトが起こっており，その結果，live のような状態を示す動詞との共起が可能となっている。(経路から到達点への焦点シフトの認知プロセスは，上の図16に示される。) この経路から到達点への焦点シフトの観点からみるならば，6のa, bのいずれも自然な文として理解することが可能となる。

5.3　イメージスキーマ変換

一般に，客観的な世界観からみるならば，ある対象が複数の個体の可算的な集合体であるか不可算的な連続体であるかは，外部世界を理解していく認

知主体とは独立して決定されるようにみえる。しかし，実際には，この種の区別は，問題の対象にたいする認知主体の主観的な把握のモード（主観的な視点の投影のモード）によって多分に左右される。この点は，(7)の対を比較した場合に明らかになる。

　（7）　a.　買い物客がバーゲン会場に流れ込んだ。
　　　　　b.　重油が川に流れ込んだ。

客観的な世界観からみるならば，基本的に，「流れ込む」のような述語は，bの「重油」のような不可算的な連続体を示す語と共起し，非連続的な個体の集合を示すaの「買い物客」のような語と共起するのは不可能なはずである。しかし，(7)では，「流れ込む」という述語は，いずれの語とも共起している。この種の事実は，図17に示されるように，(a)の非連続的な個体の集合も，認知主体がその集合体から距離をおきながらズームアウトしていけば，やがて(b)のような不可算的な連続体として把握されるイメージスキーマ変換の認知プロセスによって予測することが可能となる。

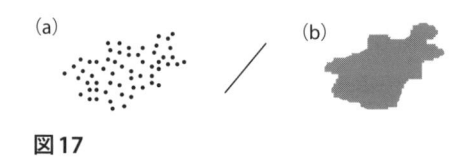

図17

以上の事実は，日常言語における可算／不可算の区分は客観的に決められるのではなく，あくまで外部世界を把握していく言語主体の主観的な認知プロセスとの関連で相対的に決められることを示している。（この事実は，従来の客観的な世界観ないしは言語観を前提とする可算／不可算の文法的な区分だけでなく，単数／複数の文法上の絶対的な区分も，本質的に見直していかなければならないことを示している。）

われわれの主観的な認識の世界では，1次元上に間隔をおいて連なる存在（ないしは状態）が，状況により（空間的ないしは時間的）1次元の連続体として把握される傾向が認められる。この傾向は，次のような言語表現の対から間接的に裏づけられる。

(8) a. 父は一日中ずーっと咳をしている。
　　 b. 父は一日中ずーっと眠っている。

(8)のaの父の咳は，間隔をおく断続的な行為である。これにたいし，bの眠りは，連続的に継続が可能な行為である。(8)の対で興味深い点は，この行為のちがいにもかかわらず，「一日中ずーっと」という継続的な行為を修飾する表現が，bの文だけでなく，aの文とも共起している点にある。この事実は，一見，意外にみえる。(現実には，咳を，眠りのように文字通り長い時間に渡って継続することは不可能である。)

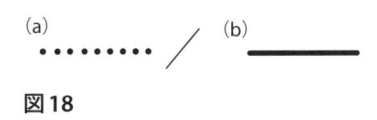

(a) ･･･････　/　(b) ────

図18

しかし，この種の事実は，図18の(a)の間隔をおく断続的な1次元の存在から，(b)の連続体としての軌道のトラジェクターへのイメージスキーマ変換の存在を考えるならば，自然に理解することが可能となる。すなわち，この種のスキーマ変換により，(8)のaの咳のような行為も，主観的には連続体としてのトラジェクターとして把握することが可能となるため，「一日中ずーっと」のような継続的な行為を修飾する表現との共起が可能となる。

6　参照点能力と言語現象

　人間をはじめとする生物の注目すべき認知能力の一つは，最終的なターゲットを探索していく過程で，ある対象を探索のための手がかりとして参照しながら，ターゲットに到達していくことができる能力である。この種の能力は，一般的な認知能力のなかでもとくに重要な能力として注目される。Langacker (1993) は，一般的な認知能力の一部として機能するこの能力を，参照点能力 (reference-point ability) と呼んでいる。この種の能力自体は，言語能力とは区別される能力である。しかし，この能力は，多様な言語現象の発現を可能とする一般的な認知能力の一種であり，言語現象を一般的に記述し

説明していく際に重要な役割をになっている。

6.1 参照点とターゲット

　一般に，われわれが何かをターゲットとして探索する場合，常に探しているターゲットとしての対象が直接的に把握できる保証はない。実際には，そのターゲットに到達するための参照点（すなわち，対象に到達するための手がかり）を認知し，この参照点を経由して，問題のターゲットとしての対象を認知していくのが普通の探索のプロセスである。Langackerは，この種の認知プロセスを，図19のように規定しているる (Langacker 1993: 6)。

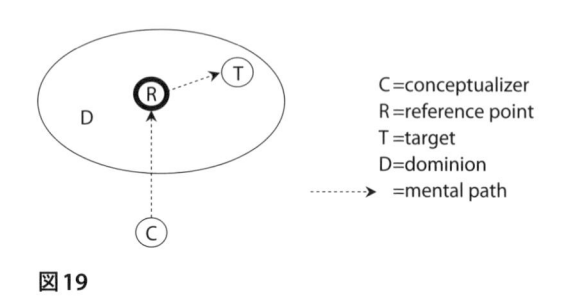

C=conceptualizer
R=reference point
T=target
D=dominion
-------→ =mental path

図19

　この場合，Cは認知主体 (conceptualizer)，Rは参照点 (reference point)，Tはターゲット (target)，楕円形のサークル（D）は，参照点によって限定されるターゲットの支配領域 (dominion)，破線の矢印（-------→）は，認知主体が参照点を経由してターゲットに到達していくメンタル・コンタクト (mental contact) を示す。

　参照点とターゲットの認知プロセス自体は言葉の問題ではなく，われわれの認知能力にかかわる問題であるが，この種の認知プロセスは，(1)，(2) の例にみられるメトニミー表現をはじめとする言語現象にさまざまな形で反映されている。

　（1）a.　学生服が手を振っている。
　　　 b.　ブロンドが歩いている。

(2) a. 父が葉巻を摑んだ。
　　b. リンゴがうまく剝けた。

基本的に，メトニミー表現は，ターゲットとしての意味を伝えるために，際立った部分である参照点を言語化している表現である。例えば，(1)の場合，〈学生服〉(ないしは〈ブロンド〉)は参照点であり，この参照点を介して，その人物が理解される。また，(2)の場合には，〈父〉(ないしは〈リンゴ〉)が参照点であり，この参照点を介して，葉巻を摑む父の手(ないしは，剝かれるリンゴの皮)が理解される。この種のメトニミー表現の理解の認知プロセスは，図20の参照点構造によって規定することが可能となる。(ここでは，(1)と(2)のaの例のメトニミー表現の理解の認知プロセスを示す。)

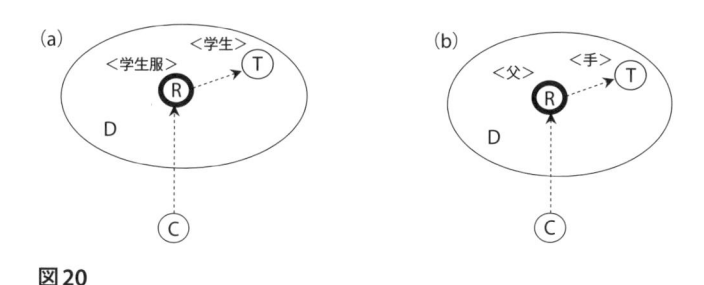

図20

メトニミーの認知プロセスには，焦点のシフトに関し，基本的に2つの方向が考えられる。その一つは，図21の(a)に示されるように，ある認知のドメインの一部が参照点(R)となり，この参照点から全体の認知のドメインをターゲット(T)として認知していくプロセスである。このプロセスは，(1)のメトニミー表現にみられる。

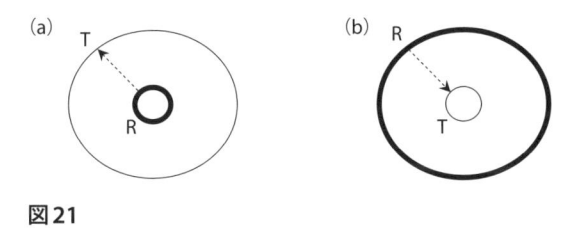

図21

第10章　認知言語学　269

もう一つの認知プロセスは，図21の(b)の図に示されるように，問題の認知のドメインの全体が参照点(R)となり，この参照点からその一部のドメインをターゲット(T)として認知していくプロセスである。このプロセスは，(2)のメトニミー表現にみられる。

　日常言語のなかには，伝えようとする意味のすべてを言葉にしているのではなく，その一部にフォーカスを当てて表現し，他の部分は文脈によって補完していく簡略的な表現が広範にみられる。この種の表現のかなりの部分は慣用化している。本節でみたメトニミーの言語事例は，この種の慣用化された表現の典型例と言える。

6.2　参照点関係からみた探索表現

　一般に，われわれが何かをターゲットとして探索する場合，常に探しているターゲットとしての対象を発見できるとは限らない。実際には，そのターゲットに到達するための参照点(すなわち，対象に到達するための手がかり)を認知し，この参照点を起点にして，問題のターゲットを探索していくのが普通である。日常言語には，この種の認知プロセスを反映する表現(i.e. 探索表現)が存在する。基本的に探索表現には，〈連鎖的探索表現〉と〈入れ子式探索表現〉の二種類が考えられる。

　　（3）（連鎖的探索表現）
　　　　　a. その公園は，橋を渡り，高架道路をくぐり，丘を越えたところにある。
　　　　　b. 大きな松が，ベランダの下の庭の先の暗い茂みの中に揺れている。
　　（4）（入れ子式探索表現）
　　　　　a. 花子の人形は，二階の寝室の書棚の一番上にある。
　　　　　b. 子猫が，町家の土間の奥の片隅で寝そべっている。

(3)のタイプの連鎖的探索表現の場合には，主語の指示するターゲット(公園，大きな松)の探索が問題になる。この場合には，最初の参照点となる場所(橋，ベランダ)からそのターゲット(高架道路，庭)に移行し，このターゲット

が新たな参照点となり次のターゲット(丘,暗い茂み)に移行する,という認知プロセスを介して,最終的に主語の指示する存在(公園,大きな松)の探索が可能となる。この種の連鎖的な認知プロセスは,図22のように規定される。

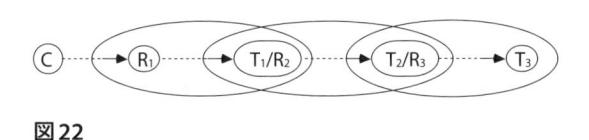

```
C ┄┄→ R₁ ┄┄→ T₁/R₂ ┄┄→ T₂/R₃ ┄┄→ T₃
```

図22

基本的に,この種の連鎖的な探索の認知のプロセスは,無限に続いていく可能性がある。例えば,(5)の場合,認知主体(i.e. 主語のI)の視線は,me, a window, some trees, the Atlantic Ocean 等の一連の参照点の連鎖にそって展開している。

 (5) "I see before me a window; beyond that some trees ...; beyond that the Atlantic Ocean; beyond that is Europe; beyond that is Asia. I know, furthermore, that if I go far enough I will come back to where I am now.

ただし,(5)の例では,最終的に主体の視線が,主体自身の存在する地点にもどって来ている。また,この例では,連鎖的な探索の認知を可能とする主体の視線の移動(すなわち,スキャニング)が,途中で〈視覚的スキャニング〉から主体の心の世界ないしは想像の世界で展開する〈メンタル・スキャニング〉に変容している。(この場合,具体的には,beyond that the Atlantic Ocean から beyond that is Europe へと連鎖的に視点が展開していく過程で,問題のスキャニングが,〈視覚的スキャニング〉から〈メンタル・スキャニング〉に変容している。)

 以上は,連鎖的な探索の認知プロセスの事例である。これにたいし,上の(4)の入れ子式探索表現 (e.g. 「花子の人形は,二階の寝室の書棚の一番上にある」,「子猫が,町家の土間の奥の片隅で寝そべっている」) の場合はどうか。この場合も,主語が指示する存在を,参照点とターゲットの連鎖の認知プロセスを介して探索していくという点では,(3)のタイプの探索表現と似ている。しかし,この場合には,探索過程における参照点とターゲットの認知プロセスが連鎖

的に推移していくのではなく，参照点からの探索領域が次第に絞られていき，最終的なターゲットの発見にいたるという点で，(3) のタイプの探索表現とは異なる。この種の認知プロセスは，図23のように規定される。

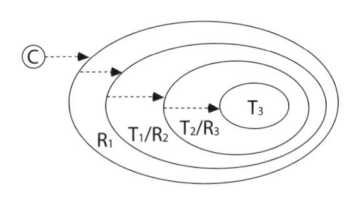

図23

図23から明らかなように，(4) の場合には，最初の参照点（二階，町家）に探索過程の途上のターゲット（寝室，土間）が埋め込まれ，このターゲットを次の参照点としてさらに限定された領域（書斎，奥）がターゲットとして絞りこまれるという参照点連鎖の推移を介して，最終的なターゲットが探索される。すなわち，(4) のタイプの探索表現にかかわる認知プロセスは，相対的により広い参照点領域を起点にして探索領域が次第に絞り込まれて最終的なターゲットが認定されるという，いわゆるズームインの認知プロセスの典型例ということになる。

　このズームインの認知プロセスは，文学的な言語表現の世界にも反映されている。

　　(6)　東海の小島の磯の白砂にわれなきぬれて蟹とたはむる。(啄木)

　　(7)　The year's at the spring,
　　　　And day's at the morn;
　　　　Morning's at seven;
　　　　... God's in his heaven--
　　　　All's right with the world!

(6) の石川啄木の歌では，「東海」＞「小島」＞「磯」＞「白砂」の順に場所ないしは空間の焦点のスコープが絞り込まれ，この絞り込まれた焦点の背景の中に，さらに「われ」と「蟹」が前景化されている。(7) の詩では，時間の焦点化の絞り込みが，the year ＞ the spring ＞ day ＞ the morn ＞ at seven の順

になされ，これを背景として神と自然の世界への喜びが歌われている。

　ここまでは，より広いドメインから狭いドメインへの焦点の絞り込み（すなわち，ズームイン）の認知プロセスがかかわる事例をみてきた。この方向への認知プロセスが可能ならば，逆に，図24に示されるように，より狭いドメインから広いドメインへの認知プロセス（すなわち，ズームアウトの認知プロセス）の可能性も考えられる。

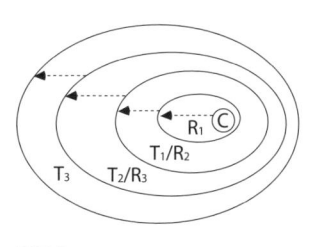

図24

言語現象を問題にした場合，この後者のズームアウトの認知プロセスを反映する事例は，ズームインの事例ほど広く見当たらない。しかし，(8)の例に，この方向への認知プロセスの展開がみられる。

　（8）　a.　うづみ火や我かくれ家も雪のなか（蕪村）
　　　　b.　桜花　散りぬる風の　名残りには
　　　　　　水なき空に　浪ぞ立ちける（紀 貫之〈古今集：春 下巻〉）

(8)の最初の句では，切れ字の「や」によるマーキングにより，まず「うづみ火」が参照点として起動され，この起点を含むより大きなドメインの「かくれ家」，さらにこのドメインを含むより大きなドメインの「雪」の世界へと焦点がズームアウトし推移している。次の貫之の歌の場合にも，「桜花」から「風」，「風」から「水なき空」へズームアウトし，焦点が推移している。この歌の「浪ぞ立ちける」の句における「浪」は，風で空に舞い上がった桜を比喩的に意味している。この意味での桜は，一見したところ，この歌のはじめにきている「桜花」と同一の存在にみえる。しかし，この「桜花」は厳密には風に散る前の花として認知された存在であり，風で空に浪のように散りばめられた花として認知された存在とはことなる。[注7]

第10章　認知言語学　273

6.3 談話・テクストにおける話題化と焦点推移

　日常言語の伝達において，われわれが相手に情報を伝えていくための方略としては，基本的に次の二つのタイプが考えられる。その一つは，談話（ないしはテクスト）のはじめの部分において，まず一般的な話題を提示し，話の展開にそって，この話題のスコープを一般的な内容から具体的な内容に次第に絞り込んでいく方向である。もう一つの方略は，逆の方向，すなわち，談話（ないしはテクスト）のはじめの部分において，まず具体的な話題を提示し，この話題のスコープを具体的な内容からより一般的な内容に次第に広げていく方向である。このどちらの方略をとるかは，伝達の目的，その場の状況等によって決められる。しかし，一般的には前者のように，話題のスコープを，話の展開にそって次第に一般的な内容からより具体的な内容に絞り込んでいく方向が自然な方向であると言える。

　伝達する主体の認知プロセスの観点からみた場合，この種の談話（ないしはテクスト）の展開の方向は，話題の展開を可能とする焦点の連鎖ないしは焦点の推移を反映する認知プロセスの一種として捉えていくことが可能となる。この観点からみるならば，より広いスコープの話題化からより狭いスコープの話題化に向かっていく談話・テクストの展開のプロセスは，より広いスコープの対象への焦点化からより狭いスコープの対象への焦点化の認知プロセスの反映として規定していくことが可能となる。この焦点の推移の認知プロセスを反映する言語表現の具体例としては，次のような例が考えられる。

(9) a. 一年のうちでは，初夏がいい。初夏のなかでも，とくに5月の始めがいい。

b. 年の暮といえば，大晦日の日が忘れられない。大晦日のなかでも，除夜の鐘が聞こえる頃が何とも言えない。

(10) a. 沖縄は，とくに八重山諸島が素晴しい。その中でも竹富島が素晴しい。

b. アメリカの西海岸は，カリフォルニアが暖かい。とくに南カリフォルニアは常春の気分が満喫できる。

(9)のa, bの例は，ある季節（ないしは時節）の世界を，まず，より広い時間

のスコープの対象 (e.g. 一年のうち, 年の暮) に焦点を当てることによって話題化し, この焦点化によって起動される時間のスコープの一部 (e.g. 初夏, 大晦日) に焦点を移動することによって話題を次第に限定しながら, 問題の対象世界を叙述していく例である。基本的に同様の点は, (10) の a と b の例に関してもあてはまる。(10) の例は, 焦点の推移と焦点のスコープの絞り込みによって話題を移行し, それぞれの話題に関し叙述を行っていく対象世界が場所の領域である点が, (9) の例とはことなる。(9) と (10) のいずれの例も, 焦点の移行, 焦点の絞り込みの認知プロセスを反映している点では, 基本的なちがいはない。

この種の焦点の移行と絞り込みの認知プロセスは, 図25に示されるように, 参照点 (R = Refernce Point) からターゲット (T = Target) へのメンタル・コンタクトの推移を基本とする, 参照点構造の観点から規定することが可能となる (cf. 山梨 2000: 96–97)。

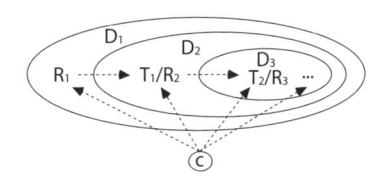

図25

図25のサークルで囲まれたCは認知主体, CからR (i.e. 参照点), RからT (i.e. ターゲット) に向かう破線の矢印は, 認知主体から参照点, 参照点からターゲットにいたるメンタル・コンタクトを示している。また, 楕円形のサークル (D) は, 参照点のRによって限定されるターゲットの候補を限定する文脈ないしは支配領域 (D = Dominion) に相当する。

上の (9) と (10) の例を, この参照点構造の視点からみた場合, 焦点化をへて最初に提示された話題 (e.g. 一年のうち, 沖縄, 等) が, 認知主体としての話し手 (ないしは聞き手) が注目する参照点 (i.e. R_1) として機能する。そして, この最初の話題が参照点として起動する文脈ないしは支配領域 (i.e. D_1) におけるターゲット (i.e. T_1) (e.g. 初夏, 八重山諸島) が, 次の話題 (すなわち, 次の参

照点) として機能し，徐々に絞り込まれていく対象世界の叙述がなされていくことになる。

　一般に，参照点とターゲットは，固定された存在ではない。参照点とターゲットの認知プロセスは動的で相対的である。上の例にみられるように，状況によっては，参照点を介して認定されるターゲットが次の参照点となり，この参照点を介して新しいターゲットが同定されていく。図25は，この参照点とターゲットの展開の動的な認知プロセスを示している。図25の楕円でマークされている支配領域 (i.e. $D_1 \sim D_3$) における参照点からターゲットへの推移は，この動的な認知プロセスの展開の可能性を示している。[注8]

6.4　焦点推移のダイナミズム

　一般に，われわれがある世界を理解していく場合には，その対象世界の際立った部分に焦点を当て，その焦点化された部分の情報を手がかりにして次の際立った対象を焦点化していく。この場合，ある焦点から次の焦点への推移は恣意的になされるわけではない。基本的に，ある焦点の選択は，次の焦点への推移を可能とするしかるべき文脈を起動する。換言するならば，次の焦点の選択は，前の焦点が起動する文脈のなかに存在する対象の範囲のなかに限定され，これ以外の文脈のなかに次の焦点の選択を求めることは不可能である。

　この種の焦点の推移を反映するダイナミックな認知プロセスは，対象世界の概念化 (ないしは対象世界の意味づけ) を可能とする認知プロセスのなかでも特に注目すべきプロセスの一種とみなされる。この種の焦点の推移にかかわる認知プロセスは，次のように規定することが可能となる (Langacker 2000: 365))。

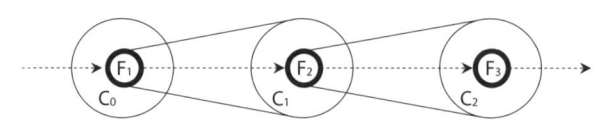

図26

図26は，焦点の移動の連鎖に関する基本的な認知プロセスを示している。この場合，Fは焦点（focus），Cは文脈（context）を示している。一般に，焦点化のプロセスは，次の焦点への推移を可能とするしかるべき文脈を起動する。図26の場合，焦点のF_1は，焦点F_2への推移を可能とする文脈C_2を起動し，焦点F_2は焦点F_3への推移を可能とする文脈C_3を起動する，という形で焦点の移動の連鎖が可能となる。（図26の各焦点を結んでいる破線の矢印は，焦点の移動の連鎖を示している。）この種の焦点の推移の認知プロセスは，外部世界の解釈を可能とするわれわれの認知能力の反映であり，この種のプロセス自体が言語現象の一部をつくり上げているわけではない。しかし，日常言語の意味と形式の世界には，この種の焦点の連鎖（ないしは焦点の推移）にかかわる認知プロセスがさまざまなレベルに反映されている。

　本節では，参照点能力の観点から，日常言語の意味と形式にかかわる現象（とくに，メトニミー，話題化，等がかかわる言語現象）を考察した。この種の現象は，一見したところ，独立した言語現象のようにみえる。しかし，表層的には独立しているようにみえるこの種の言語現象の背後には，図26にみられる焦点化と焦点の連鎖の認知プロセスが認められる。メトニミーがかかわる現象の場合には，表層レベルの表現自体が最初の焦点化を起動するトリガー，話題化にかかわる言語現象の場合には，助詞の「は」でマークされる表現が最初の焦点化を起動するトリガーとしての役割をになう。いずれの場合にも，この最初のトリガーが次の焦点への推移を可能とする文脈を起動する形で焦点の移動の連鎖が形成され，この焦点の連鎖の認知プロセスを基盤として，問題の言語現象の意味と形式にかかわる制約の記述と予測が可能となる。

7　むすびにかえて——認知言語学の新展開

　これまでの認知言語学の研究は，語彙レベルと文レベルを中心とする文法と意味の研究が中心となっている。しかし，ここ数年の認知言語学の研究は，そのスコープを，音韻・形態論，談話・テクスト分析，類型論，言語習得の領域にも広げつつある。

認知音韻・形態論の分野では，特に用法基盤モデル（Usage-Based Model）にもとづく，音韻・形態ネットワークモデルの研究が精力的に進められている。従来の生成文法のアプローチの本質的な問題は，表層形の分布関係ないしは交代現象を規定するために，実在性を欠く抽象的な基底形と派生規則を仮定した点にある。これにたいし，認知音韻・形態論のアプローチでは，音韻・形態にかかわる交替現象は，言語運用を反映する言葉の実在性（使用頻度，慣用性の強度，重みづけ，等）に裏づけられた表層形式のユニット間の動的なネットワークの分布関係によって捉えられ，この方向から，音韻・形態レベルの言語現象の慣用性と生産性の体系的な記述・説明が試みられている（Barlow and Kemmer 2000, Bybee and Hopper 2001, 等）。

　認知類型論の分野では，特に Croft（2001）のラディカル・コンストラクション・グラマー（RCG）の研究が注目される。生成文法の規則依存のアプローチでは，個別言語の表層構造の違いを捨象し，抽象レベルで規定される普遍的な統語関係と文法カテゴリーを前提にして，統語現象に関する派生的な分析と一般化を試みる。（この種の文法モデルでは，コンストラクションとしての構文は，規則の適用の結果としての派生概念に過ぎない。）これにたいし，RCG の認知類型論の文法モデルでは，各言語を特徴づけるコンストラクションが文法のコアであり，統語関係や文法カテゴリーは，各言語の固有のコンストラクションにおいて実質的な規定が可能となるという立場をとる。RCG の認知類型論の研究は，この線にそった異言語の構文のヴァリエーションの広範な言語分析を通して，生成文法が前提としている統語構造の普遍性と生得性の仮説の本質的な問題を指摘している。

　さらに，最近の認知言語学の研究は，文・文法中心の研究から談話・テクストレベルのより包括的な言語現象の研究にそのスコープを広げつつある。この方向の研究としては，文法・意味・運用のユニフィケーション的な説明を試みる Langacker の研究が特に注目される（Langacker 2008）。また，この10年前後の認知言語学の研究は，言語運用の研究だけでなく，身体化された認知能力の制約（e.g. 身体と脳の連動する運動感覚系の制約）から言語の概念体系と言語をこえる記号系一般の発現と創造性のメカニズムを解明する方向に研究のスコープを広げている。[注9]

また，構文文法のモデルを組みこむ用法基盤モデルの研究は，言語習得の研究にも新しい光を投げかけている。生成文法の言語習得のアプローチは，トップダウン的に普遍文法を仮定し，大人の抽象的な文法の規則・原理にもとづく瞬時的な言語習得モデルを前提にしている。これにたいし，認知言語学のアプローチでは，この種の抽象的な普遍文法は仮定せず，具体的な言語理解と言語使用の文脈における子供のボトムアップ的な言語習得のプロセスに注目し，言語データの個別事例からのスキーマ化，プロトタイプから拡張事例へのカテゴリー化による習得の観点から，日常言語の創発的な言語獲得のメカニズムの解明を図っている。この方向の研究成果の妥当性は，統計的な言語データとコーパスを重視する系列学習を基盤とする認知発達の研究やコネクショニズムと複雑系の脳科学を背景とする言語獲得の研究成果によっても裏づけられつつある。[注10]

　認知言語学の研究プログラムは，生物の延長としての人間の身体性を反映する認知能力と運用能力にかかわる経験的な基盤にもとづき，記号・計算主義の認知科学のパラダイム，ソシュール的な記号主義にもとづく言語学のパラダイムを越える，言葉の経験科学としての新たな研究の場を着実に拡げている。

[注1] 認知言語学の研究プログラムに関しては，Croft and Cruse (2004), Lakoff (1987), Langacker (1987, 1990, 1991, 2008), Lakoff and Johnson (1999), Taylor (2002), 山梨 (2000, 2009) 等を参照。尚，以下の認知言語学の基本用語の定義に関しては，『認知言語学キーワード事典』(辻 (2002編)) を参照。

[注2] ここでは，存在 (entity), モノ (thing), 関係 (relation) は，それぞれ独立の認知対象として規定されているが，厳密には，存在は (広い意味で) モノと関係をその下位類として含む。換言するならば，モノと関係は，存在の特殊例として，広義の存在のカテゴリーに含まれる (cf. (Langacker 1987: 249))。

[注3] トラジェクターとランドマークの基本概念に関しては，Langacker (1987: 231–236, 1990: 9–10), 山梨 (2004; 19–20, 110–112) を参照。

[注4] 構文の基本的な位置づけに関しては，Goldberg (1995: 1–9), Langacker (2000a: 13–21), 山梨 (2000: 218–227), 山梨 (2009: 4章～6章) を参照。

[注5] 図8の (a) では，連続的スキャニングの認知プロセスを明示するために，矢印が太線でプロファイルされているが，これは筆者が追加したものである。この太線の矢印は，

Langacker (1990: 80) の図では，明示されていない．

[注6] ここで区別されている，デジタル的な認知とアナログ的認知のうち，前者は一括的スキャニング，後者は連続的スキャニングの認知プロセスとして理解することも可能である．

[注7] 本稿で考察した焦点化と焦点の推移のプロセスは，話題化，照応，等にかかわる言語現象の一般的な記述と説明を可能とする．この種の言語現象の分析に関しては，さらに山梨 (2001, 2004) を参照．

[注8] 焦点連鎖 (ないしは焦点推移) がかかわる言語現象に関するこれまでの研究の大半は，英語が中心になっている．日本語に関するこの種の認知プロセスと日常言語の形式と意味の相互関係に関する具体的な考察に関しては，山梨 (2002, 2004: 2章) を参照．

[注9] この方面の研究としては，Lakoff and Johnson (1999)，Lakoff and Núñez (2000)，Yamanashi (2002)，等を参照．

[注10] Bybee and Hopper (2001)，Clark (2003)，Tomasello (2002)，MacWhinney (1999)，川人他 (2000)，等を参照．

[参考文献]

Barlow, Michael and Suzanne Kemmer (eds.) 2000. *Usage-Based Models of Language*, Stanford: CSLI Publications.
Bybee, Joan L. and Paul Hopper (ed.). 2001. *Frequency and the Emergence of Linguistic Structure.* Amsterdam: John Benjamins.
Clark, Eve 2003. *First Language Acquisition.* Cambridge: Cambridge University Press.
Croft, William 2001. *Radical Construction Grammar.* Oxford: Oxford University Press.
Croft, William, and D. Alan Cruse. 2004. *Cognitive Linguistics.* Cambridge: Cambridge University Press.
Goldberg, Adele E. 1995. *Constructions.* Chicago: University of Chicago Press.
Johnson, Mark 1987. *The Body in the Mind.* Chicago: University of Chicago Press.
川人光男 他 2000.「言語に迫るための条件」,『科学』, 70 (5):381–387.
Lakoff, George. 1987. *Women, Fire, and Dangerous Things.* Chicago: University of Chicago Press.
Lakoff, George and Mark Johnson. 1999. *Philosophy in the Flesh.* New York: Basic Books.
Lakoff, George and Rafael E. Núñez 2000. *Where Mathematics Comes From.* New York: Basic Books.
Langacker, Ronald W. 1987. *Foundations of Cognitive Grammar.* Vol.I, Stanford: Stanford University Press
Langacker, Ronald W. 1988. "A View of Linguistic Semantics." in Brygida Rudzka-Ostyn, (ed.) *Topics in Cognitive Linguistics*, 49–90. Amsterdam: John Benjamins.
Langacker, Ronald W. 1990. *Concept, Image, and Symbol.* New York/Berlin: Mouton de Gruyter.
Langacker, Ronald W. 1991. *Foundations of Cognitive Grammar.* Vol.2, Stanford: Stanford

University Press
Langacker, Ronald W. 1993. "Reference-point Constructions," *Cognitive Linguistics*, 4 (1): 1–38.
Langacker, Ronald W. 2000. "A Dynamic Usage-Based Model." In Michael Barlow and Suzanne Kemmer (eds.), *Usage-Based Models of Language*, 1–63. Stanford: CSLI Publications.
Langacker, Ronald W. 2008. *Cognitive Grammar: A Basic Introduction*. Oxford: Oxford University Press.
MacWhinney, Brian (ed.) 1999. *The Emergence of Language*. Mahwah, New Jersey: Lawrence Erlbaum Associates.
谷口一美 2006.『学びのエクササイズ 認知言語学』東京：ひつじ書房.
Taylor, John R. 2002. *Cognitive Grammar*. Oxford: Oxford University Press.
辻 幸夫 2002.（編）『認知言語学キーワード事典』東京：研究社.
Tomasello, Michael 2002. "A Usage-Based Approach to Child Language Acquisition," *Studies in Language Sciences*, 2: 3–18.
山梨正明 1988.『比喩と理解』東京：東京大学出版会.
山梨正明 1995.『認知文法論』東京：ひつじ書房.
山梨正明 1998.「認知言語学の研究プログラム」,『言語』, 27 (11): 20–29.
山梨正明 1999.「言葉と意味の身体性―認知言語学からの眺望」,『現象学年報』(日本現象学会), 15: 1–15.
山梨正明 2000.『認知言語学原理』東京：くろしお出版.
Yamanashi, Masa-aki 2002. "Cognitive Perspectives on Language Acquisition," *Studies in Language Sciences*, 2: 107–116.
山梨正明 2002.「焦点連鎖とメンタルパスからみた言語現象」, 玉村文郎（編）『日本語学と言語学』, 469–484, 東京：明治書院.
山梨正明 2004.『ことばの認知空間』東京：開拓社.
山梨正明 2009.『認知構文論―文法のゲシュタルト性』東京：大修館書店.
吉村公宏 2004.『はじめての認知言語学』東京：研究社.

第11章
言語情報処理

1 言語情報処理とは

　コンピュータで自然言語を処理することは，コンピュータと人間との間の使用言語の相違を埋めるための重要な技術として注目されている。言語情報処理とは自然言語処理のことであると理解していただきたい。言語情報処理の応用として，かな漢字システム，自然言語理解システム，機械翻訳システム，要約システム，音声理解システムなどが考えられる。言語情報処理に言語理論を応用することで，言語理論の精密化や有効性を検証することもできる。言語情報処理は，計算言語学，人工知能，認知科学とも密接に関連する(Grishman 1986)。言語情報処理はまた，大量の言語データの蓄積と高速な検索，統計的な分析作業に威力を発揮し，それにより，言語学に貢献することもできる。

　言語情報処理の典型例として，言語理解システムのアーキテクチャを図1.1に示す。図1.1に示す言語理解システムの動作の概略を，簡単に説明しておこう。まず言語解析により，文の言語的な処理を行い意味構造を抽出する。言語解析には形態素解析，統語解析，意味解析，文脈解析が含まれる。形態素解析では，文を構成する単語を認識する。統語解析は，文を構成する単語の並びが，文法にかなっているかどうかを調べ，文の統語構造を抽出する。意味解析は，統語構造が意味的に妥当かどうかを調べ，意味構造を抽出する。この時，前後の文に含まれる情報が必要になるが，これを用いた解析が文脈解析である。解析は，形態素解析，統語解析，意味解析，文脈解析の順に行われるわけではないが，以下では説明の都合上，これらを分けて説明する。本章では言語処理の中核をなす，形態素解析，統語解析，意味解析について説明する。文章の生成については，徳永健伸他1991を参照されたい。

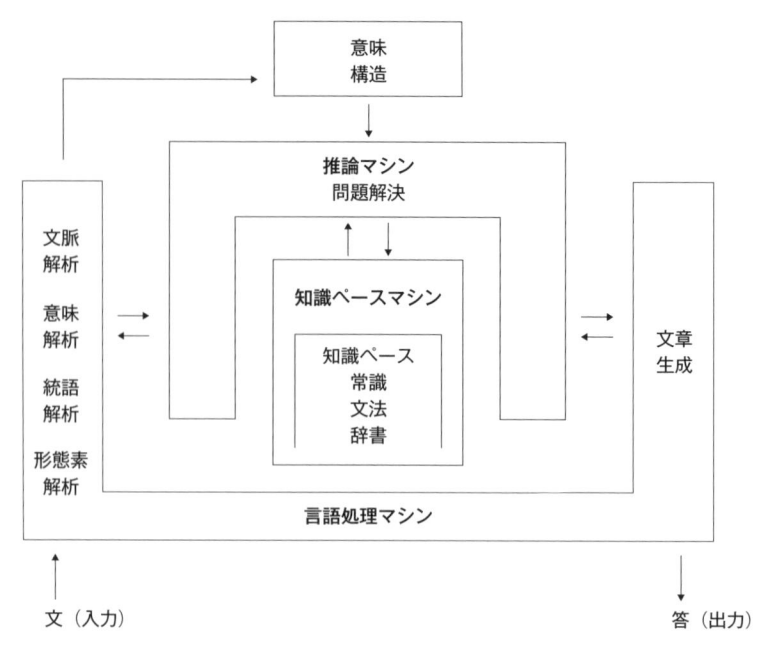

図 1.1　言語理解システムの構成

　さて，図1.1の説明に戻ると，解析時に文法や辞書を使う。その他に社会的，文化的な一般常識を使うこともある。これらは図の中央にある知識ベースの中に格納されている。言語処理マシンは推論マシンの助けを借りて，適切な時点で適切な知識を知識ベースから引き出し利用する。言語解析の結果としては意味構造を抽出する。このようにして抽出した意味構造は，問題解決部に送られ，疑問文に対応した意味構造であれば，推論マシンの力を借りて答えを作り出す。平叙文に対応した意味構造であれば，この構造が理解した結果であるとして，そのまま知識ベースに蓄積する。

2 形態素解析と統語解析

2.1 形態素解析

　形態素解析は，文に含まれる単語（正確には文を構成する最小単位である形態素）を認定することである。語と語の間に空白をおく言語（英語やフランス語など）の場合には，形態素解析はさほど困難な仕事ではない。ところが，語と語の間に空白を置かない言語の場合には，形態素解析は困難な仕事になる。日本語，中国語，タイ語はこのような言語に属する。形態素解析の役割は大別して以下の三つある。

　　（1）　語と語との間に空白をおかない言語の場合には，形態素（単語）の切り出しを行う。これを自動分割とよぶ。
　　（2）　語形変化形から原型を復元する。
　　（3）　複合名詞，複合動詞を形態素に分割する。

　(1)は，日本語，中国語，タイ語などでは重要である。このような言語の場合，分割結果に曖昧性が含まれることがあるので，特に厄介である。たとえば，「にわとりがいる」は，「にわ　とり　が　いる（二羽鳥がいる）」，「にわとり　が　いる（鶏　が　いる）」の二通りに分割可能である。そのほかにも，文法的，意味的に異常な分割があるかもしれないが，形態素解析では，とりあえず辞書から得られる情報を用いて単語の切り出しを行う。大局的な観点からの文法的，意味的に異常な分割の排除は，それ以後の統語解析，意味解析の役割であるとする。

　日本語の用言には活用変化がある。多くは規則変化するもので，これらを全て辞書に登録しておくことは好ましくない。英語などにも動詞，形容詞，副詞などに語尾変化形があるし，膨大な数にのぼる名詞にも複数形がある。これらも規則変化を行うことが普通だから，変化形を全て辞書に登録しておくことはさけたい。そのためには辞書に登録されていない変化形から，辞書に登録されている原形を復元しなくてはならない。これが(2)に述べたことである。

　(3)に述べた，複合名詞（動詞）をいくつかの単語の系列に分割することも

形態素解析の仕事であるが，分割して得た単語の系列から元の複合語の意味を復元することが難しい．そのため実際には，複合名詞（動詞）の見出しを丸ごと辞書に登録して，そこに複合名詞（動詞）の意味を記述してしまうのが普通である．

　本節では，もっともポピュラーな，接続表を用いた自動分割法を，例を用いて説明する．解析すべき文は「あきない」であり，説明のために小さな辞書を用いる．まず左端から辞書とマッチする全ての単語を引き出しておく．今の場合，名詞の「あき（秋）」と動詞語幹の「あき（飽き）」，名詞「あきない（商い）」しかないとする．次に「あき」に後続する文字「な」から同様なことを繰り返し，図2.1の左に示す辞書引き結果をえておく．

名	動幹1	名	動尾1
あきない	あき	あきない	ない

前接後接	名	動幹1	動尾1
名	0	0	0
動幹1	0	0	1
動尾1	1	0	0

図2.1　辞書引き結果と接続表の一部

えられた辞書引き結果から，相互に接続する単語例の接続関係を調べる．名詞の「あき」に接続する動詞の語尾「ない」とは，図2.1の右の表の1行3列目を調べると0で接続不可なので棄却する．次に動詞語幹の「あき」とは，2行3列目が1で接続可能であることが分かる．この場合の分割結果は「あきない（飽きない）」となる．次に名詞の「あきない（商い）」は分割せずにそのまま残す．以上のようにして接続表を利用した自動分割が行われる．分割結果の絞り込みのためにいくつかのヒューリスティクスが考えられている．辞書引き結果に最長のものを優先させる最長一致法（たとえば上記の例では，「あきない（商い）」が最長一致の語となる）や，日本語の場合，分節数が最小の分割に最大優先度を与える方法が考えられている．詳細は田中穂積1990を参照されたい．

2.2 統語解析

統語解析の目的は，形態素解析結果を用いて，以下を行うことである。
(1) 文法と辞書を用いて，解析対象文が文法に適っているかどうかを判定する。
(2) 文の統語構造 (syntactic structure) を抽出する。
  (2.1) 文の型 (平叙文，命令文，疑問文，感嘆文) を決める。
  (2.2) 文の主部，述部を抽出する。
  (2.3) 修飾／被修飾関係を抽出する。
(3) 意味解析への橋渡しをする。

(1)については，文を構成する単語の品詞の並びが問題になる。日本語であれば，「名詞・助詞」の並びは大きな要素としてまとめられるが，「助詞・名詞」はまとめられない。これらは，文法規則の一部をなしており，文法規則を用いて，文が文法にかなっているかどうかを判定すると共に，文の統語構造を認識することが，統語解析の主たる目的である。統語解析により抽出された構造はその後の意味解析への橋渡しの役割を果たす。

「アーリー法」

統語解析を行うための方法として様々なものが考案されている。以下では，最近良く用いられる Kay 1980 の考案したチャート法の枠組みで，Earley 1970 が考案した方法がどの様にして実行されるかを説明する。このアーリー法では，与えられた文の単語と単語との間に番号を振り，これを位置とよぶ。そして，この位置の間に有向弧を張り，先頭と末尾の番号を結ぶ有向弧が，文として解析されたことを示すものであれば，解析が終了する。ラベルが付いた有向弧の典型を以下に示す。

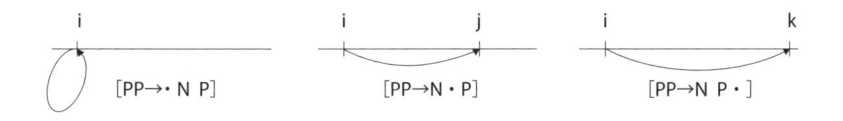

```
     i                    i         j              i                  k
     ◯                    ├─────────┤              ├──────────────────┤
   [PP→・N P]              [PP→N・P]                  [PP→N P・]
```

1) の活性弧は，位置 i から規則 PP→N P を用いて解析が始まることを表

す.

2) の活性弧は,位置iから規則PP→NPを用いて解析がjまで進み,iからjまでの間はNであることが解析済みで,これからjからPの解析が始まることを表す.

3) は不活性弧と呼ばれ,iからkまでの間が,規則PP→NPを用いて解析済みであることを表す.

アーリー法では,次の四つの操作を行う.ただし,α,βなどのギリシャ文字は,文法規則(単語も含む)に現れる記号の例であるとする.また$i<j<k$とする.PP,NPなどはα,βの例である.

1) 予測(predictor):iからjに活性弧$[A\to\alpha\cdot B\beta]$が張られていれば,Bを左辺にもつ全ての規則に対して,jからjに活性弧$[\beta\to\cdot\delta]$を張る.
2) 完成(completer):iからjに活性弧$[A\to\alpha\cdot B\beta]$があり,jからkに不活性弧$[B\to\delta\cdot]$があれば,iからkに活性弧$[A\to\alpha B\cdot\beta]$を張る.
3) 走査(scanner):iからjに向けて活性弧$[A\to\alpha\cdot w_{j+1}\beta]$があり,単語$w_{j+1}$が,解析対象文の位置jからj+1の間にあれば,iからj+1に向けて活性弧$[A\to\alpha w_{j+1}\cdot\beta]$を張る.
4) 受理(accept):0(文頭)からn(文末)に不活性弧$[S\to\alpha\cdot]$があれば,受理(統語解析成功)とする.

具体的にアーリー法による解析を行う.使用文法を図2.2に示す.解析文は「$_0$きた$_1$から$_2$伝わった$_3$」であるとする.

(1) S→PP S   (5) N→きた   (9) P→から
(2) S→PP V   (6) N→文化   (10) P→が
(3) PP→N P   (7) V→きた
(4) PP→V P   (8) V→伝わった

図 2.2　簡単な日本語文法の例

まず0から0に,活性弧$[S\to\cdot PP\ S]$と$[S\to\cdot PP\ V]$を張る.以下どの様に解析が進むかを(a)から(x)までに示す.

	位置		ラベル
(a)	0	0	[S → ・PP S]
(b)	0	0	[S → ・PP V]

次に，予測により，0から0に向けて PP を左辺に持つ規則を用いて，活性弧 [PP → ・N P] と [PP → ・V P] を張る。

(c)	0	0	[PP → ・N P]
(d)	0	0	[PP → ・V P]

同様に予測により (e), (f) を張る。

(e)	0	0	[N → ・きた]
(f)	0	0	[V → ・きた]

走査により (e), (f) を用いて (g), (h) を張る。

(g)	0	1	[N → きた・]
(h)	0	1	[V → きた・]

完成により (f), (g) と (c), (d) とから (i), (j) を張る。

(i)	0	1	[PP → N・P]
(j)	0	1	[PP → V・P]

予測と走査により，(i), (j) からそれぞれ (k), (l) を張る。

(k)	1	1	[P → ・から]
(l)	1	2	[P → から・]

完成により，(l) と (i), (j) からそれぞれ (m), (n) を張る。

(m)	0	2	[PP → N P・]
(n)	0	2	[PP → V P・]

完成により，(a), (b) と (m), (n) とから活性弧 (o), (p) を張る。

(o)	0	2	[S → PP・S]
(p)	0	2	[S → PP・V]

以下の (x) まで解析が進み，文が受理される。

(q)	2	2	[S → ・PP S] (o) & 予測
(r)	2	2	[S → ・PP V] (o) & 予測
(s)	2	2	[PP → ・N P] (q) & 予測
(t)	2	2	[PP → ・V P] (q) & 予測
(u)	2	2	[V → ・伝わった] (s) & 予測
(v)	2	3	[V → 伝わった・] (u) & 走査
(w)	2	3	[PP → V・P] (t) & (v) 完成
(x)	0	3	[S → PP V・] (p) & (v) 完成 受理

以上で説明した方法は，与えられた文が S であることを仮定して解析を進める。そして，S をより詳細な PP と V の組み合わせに分解し，PP をさらに詳細な N と P, V と P に分解し，最後に辞書項目に至るまでこのプロセスを続ける。辞書項目のレベルをボトム，S をトップといい，解析の向きがトップからボトムに向かっているので，これをトップダウン法とよんでいる。解

析過程であらゆる可能な分解を試みるため,横型探索を採用しているともよばれる。トップダウン法は,統語解析に限らず我々が日常の問題を解決するときに良く使われる。統語解析法にはトップダウンと双対なボトムアップ法がある。上記したアーリー法の予測に工夫を凝らしてボトムアップで効率の良い解析を行うアルゴリズムも最近良く使われている。詳細は田中穂積1990を参照されたい。

3 意味解析

3.1 意味解析の目的

自然言語処理技術を応用した,言語理解(質問応答)システム,機械翻訳システムなどを考えてみると,これらのシステムのより一層の性能向上には,意味解析が重要な役割を果たしていることが分かる。たとえば機械翻訳システムの場合,「60度の失敗」,「60度のお湯」に対して「60度」の意味はそれぞれ異なり,それらの意味を正しく理解しない限り,正しい訳語を選択できない。一般に統語のレベルでは,文を構成する語の品詞に関する情報は利用するが,意味に関する情報までは立ち入らない。そのため,統語レベルの解析では次の問題が生じる。「日本の仏教と西洋のキリスト教」という名詞句に対して,

[[日本の仏教] と [西洋のキリスト教]]

という,意味的にも妥当な統語構造の他に,

[日本の [[仏教と西洋] のキリスト教]]

[[[日本仏教] と西洋] のキリスト教]

などという,意味的に異常な解釈を強制する統語構造を生成してしまう。

統語解析と意味解析とは異なるレベルの解析ではあるが,統語解析で大まかな文構造を把握してから,意味解析に入るというのが,これまでの自然言語処理の流れであった。これは,文のどこからどこまでが主部で,どこからどこまでが述部であるかを,統語解析で把握してから意味解析を行った方が効率的であるという,極めて自然な考え方にもとづいている。しかし,人間

がこのような順序で自然言語を解析しているとは考えにくい。両者はむしろ同時に融合した形で解析が進んでいると考えられるが，本章では，簡単のために，両者を分けて説明する。

意味解析の目的は，統語解析で得られた結果をベースに，解析結果に曖昧性があれば，それを意味のレベルで解釈しなおし，曖昧性を解消すると共に，意味構造を抽出することである。統語レベルの曖昧性を解消する過程で，辞書などから得られる意味情報により，曖昧性が増えることもある。意味解析では，このような問題も解決しなければならない。

ここで次の注意をしておきたい。後述するが，意味解析の他に文脈解析も必要になる。文脈解析では，一文を越えたレベルの解析を行うことが想定されているのであるが，意味解析と文脈解析との間に明確な一線を画すことは必ずしも容易でない (Grishman 1986)。それは，意味とは何かを巡ってこれまでさまざまな議論があり，現在に至るも決着を見ていないこと，意味的な曖昧性を解消するために，文脈からの情報が必要になり，しかも意味解析と文脈解析とが混然一体化している場合があること，などがあげられる。本章では，一文を対象とした意味解析の手法を説明するが，その限界についてもふれることにしたい。なお文脈解析については，田中他編1988中の片桐氏の担当分を参照されたい。

3.2 意味的曖昧性

前節でも説明したように，意味解析の目的の一つは，文法的・意味的曖昧性の解消にあるが，意味解析の難しさは，その解消法が十分に研究されていないことにある。言語学でも，統語論（構文論）と比べて意味論の研究の立ち後れが目立つ。

さて，自然言語に含まれる曖昧性は，相手に効率よく情報を伝えるための手段であり，これはむしろ自然言語が持っている優れた特質の一つであるといえる。したがって，この曖昧性の解消は自然言語の本質にもかかわるものであり，避けることができない。

意味解析を行う上で，まず始めにどのような意味的曖昧性があるかを述べ

ておきたい．ただし，「花子がボールを投げた」という文で，花子のボールの投げ方がサイドスローなのかアンダーハンドスローなのか，それともオーバハンドスローなのかは問わない．この種の曖昧性は不透明性とよばれているが，本章ではこれを扱わない．不透明性を除く意味的曖昧性には，さまざまなレベルが考えられる．その主なものを以下に列挙してみる．

(1) 語彙レベルの曖昧性：
　　a) 200cc（内容積）のビーカーに150cc（体積）の水を入れる．
　　b) 2000cc（排気量）の自動車
　　c) 東工大に入った（敷地に入る；合格する）
　　d) 金魚をかった（買った；飼った；？勝った；？刈った）
　　e) There is baby in the pen（？ペン；囲い）．

a)とb)は，物理単位「cc」の持つ意味の曖昧性が示されている．d)とe)には，意味的に異常な解釈が含まれている．「？」を付加した解釈は，意味解析の段階で排除しなければならない．後述するが，d)については，意味的に異常な解釈の排除は可能であるが，e)について「ペン」の意味的に異常な解釈を排除するのは一般に難しい．通常の「ペン」の解釈が意味的に異常なのは，赤ちゃんは「囲い」の中にはいるが，「ペン」の中にはいないという常識による．d)では，「勝った」，「刈った」という意味的に異常な解釈が排除できたとしても，まだ二つの語義「買った」，「飼った」が残されている．そのいずれが妥当であるかを決めるためには，この文がどのような状況，文脈で述べられたかを知る必要がある．そのための文脈解析については問題が多く，現在のところ非常に困難であるといわざるをえない．このことは，c)の曖昧性解消についてもいえる．なおe)の例文は，Bar-Hillelによる．

(2) 構造レベルの曖昧性：
　　a) 小さい大学の門
　　　　[np [np 小さい　大学] の門]；
　　　　[np 小さい [np 大学の門]]
　　b) I saw a lady with a telescope.
　　　　[s [np I] [vp saw [np a lady with a telescope]]]；
　　　　[s [np I] [vp [vp saw [np a lady]] [pp with a telescope]]]

a)は「小さい」が「大学」に係るか「門」に係るかという（構造的な）曖昧性である。そのいずれが妥当であるかを解析することは，(1)の後半で述べた理由と同様，文脈解析とも関連し現在の自然言語処理技術の枠を超える。b)は"with telescope"が"a lady"に係るのか"saw"に係るのかといった曖昧性である。前者であれば，"lady"は"telescope"を持っていることになるし，後者であれば，"telescope"で"lady"を見たことになる。この種の曖昧性は，「PP付加にかかわる曖昧性」とよばれ，人間はどちらの解釈を優先しがちかという問題として，言語学者，認知科学者によりしばしば論じられてきた。これらの曖昧性の解消は一般に困難であり，それは，一文を越えた，文脈や状況を調べる必要がある。

(3) 語彙＋構造レベルの曖昧性（久野暲による）：

a) Time flies like an arrow.

[s [np Time [vp flies like an arrow]]]

光陰矢のごとし；

[s [np Time flies [vp like an arrow]]

？時蠅（？ Time flies）は矢を好む（like）；

[s [vp [vp Time flies [pp like an arrow]]]

？蠅（flies）を矢のごとく乗ぜよ（time）

など。

(3)の場合，time が名詞と動詞，flies が名詞と動詞，like が前置詞と動詞をとることがあり，品詞ごとにそれぞれ意味が異なる多品詞語になっている。多品詞語として，語彙レベルの曖昧性を持つと共に，構造的にも異なる解析結果が得られる。しかも，後二者は意味的に異常な解釈を強制する構造であり，意味解析で排除しなければならない。仮に"time fly"が辞書になければ2番目の解釈は一応排除できる。3番目の解釈は「かけ算が可能なのは数である」という知識を計算機に入れておくことで排除できる。"Fly"は「数」ではないからである。ところが現在の意味解析技術の限界により，最初の解釈を導き出すことは意外に難しい。なぜなら，"time"が"fly"するという表現は，比喩的な表現であり，一般に比喩の意味解析は，困難なものの一つだからである。「Fly するものの中には time もある」というアドホックな知識を

組み込むことも考えられるが，これは，比喩表現を解析する一般的な方法であるとはいえない。

以下の(4)と(5)の曖昧性解消は，いずれも困難なものである。いずれも文脈や状況を考慮しなくてはならないからである。最近(6)について，部分的な解決策であるとはいえ，新しい試みがなされるようになった(Alshawi 1992, Mellish 1985)。

(4) 表層格の曖昧性：
 a) 花子が紹介した太郎が入院した。
   (花子が(誰かに)太郎を紹介したが，その太郎が入院した；
   花子が(誰かを)太郎に紹介したが，その太郎が入院した)
(5) 深層格付加先の曖昧性：
 a) 出発が6時に決まる。
   (6時出発に決まる；
   出発することが6時になって決まる)
(6) 数量詞／限量詞／否定の範囲の曖昧性：
 a) 三人の学生が来た。
   (学生が一人ずつ合計三人来た；
   学生が三人一緒に来た；
   学生が一人と，あと二人は一緒に合計三人来た)
 b) Every Boy loves a girl.
   $((\text{all } x)(\text{exist } y)(\text{boy}(x) \rightarrow \text{girl}(y) \& \text{love}(x, y))$；
   $(\text{exist } y)(\text{all } x)(\text{boy}(x) \rightarrow \text{girl}(y) \& \text{love}(x, y))$
 c) 太郎がいないといっていた。
   (「太郎がいない」といっている；
   太郎が「誰かがいない」といっている)

3.3 意味構造

意味解析の目的の一つは，与えられた文から，意味を表す構造(意味構造)を取り出すことである。意味構造をどのような形式にするかは，人工知能の

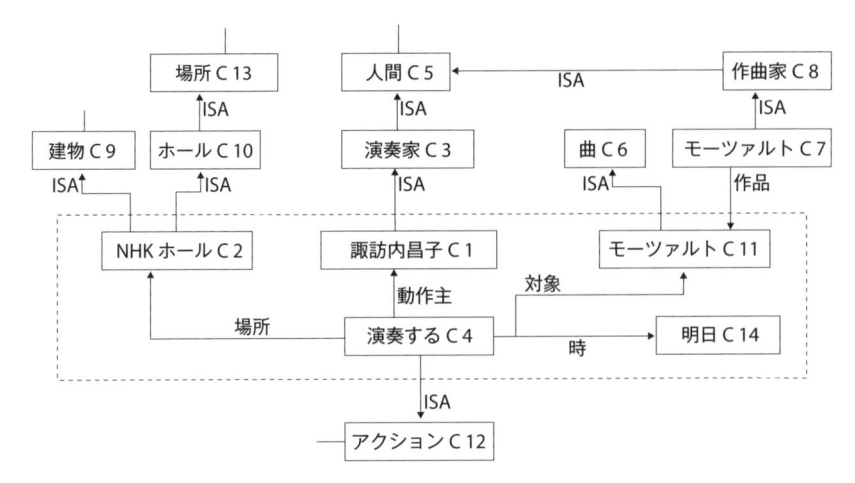

図 3.1　意味ネットワークによる意味構造の例
点線で囲まれた部分は「諏訪内晶子が NHK ホールでモーツァルトを明日演奏する」に対応する意味ネットワーク

研究では知識表現とよばれ，ホットな研究課題である．意味構造の形式として，最も良く使われる形式は，意味ネットワーク，フレーム形式，論理形式であるが，詳細にこだわらなければ，いずれの形式も相互に変換可能である（Nilsson 1982）．図 3.1 に意味ネットワークによる意味構造の簡単な例を示す．

意味ネットワークの基本的な考え方は，意味構造を構成する各概念は孤立しているのではなく，他の概念と相互に関連しあい依存しあいながら存在しているということである．他の概念と依存関係を持つことで，それぞれの概念の意味が決まるといってもよい．意味ネットワークは，このような考え方にもとづいた意味構造の表現形式である（Quillian 1968, Sowa 1984）．

図 3.1 の点線で囲まれた部分，「諏訪内晶子が NHK ホールでモーツァルトを明日演奏する」に対応した，意味ネットワークによる意味構造の例を表す．

太字の四角は概念を表し，それぞれにユニークな識別子（C1, C2 など）が付いている．概念は他の概念と有向弧でつながれ，有向弧にはラベルが付いている．点線で囲まれた部分の外側には，別の文を解析した結果や，「演奏家 C3 は人間 C5 である」，「モーツァルト C11 は作曲家 C8」であり，「作曲家 C8 は人間 C5 である」といった知識（常識）が，ISA 弧でつながれている．

「モーツァルト」は固有名詞でユニークな識別子を必要としないとする考え方もあるが，同姓同名の可能性を考えると，ユニークな識別子が必要である。図3.1の場合，点線で囲まれた部分の外にある概念は，「モーツァルトC11」を除き，一般の概念（総称概念）を表す。「曲C6」も特定の曲を指していない。「人間C5」も人間一般を指す概念である。意味ネットワーク表現では，概念はネットワーク中の節点と見なされるが，それが総称概念であるか特定の概念であるかは，特別な仕組みを用意しない限り区別できない（Woods 1975）。「モーツァルトC11」も，モーツァルトの作曲した作品であることは分かっても，それがケッフェルの何番であるかまでは特定化されていない。さらにいえば，「明日C14」も，文が述べられた時点に依存して決まる概念である。しかし，現在の意味解析では，このような詳細さのレベルまで解析しないのが普通である。図3.1に示した程度の詳細さの意味構造が，「諏訪内晶子がNHKホールでモーツァルトを明日演奏する」という文から抽出できれば大成功というレベルにある。

さて「諏訪内晶子がNHKホールでモーツァルトを明日演奏する」という文には，比喩が含まれており，意味解析が難しい文の種類に属す。文字通りに解釈すれば，「モーツァルトを演奏する」という文はおかしい。「モーツァルト」は「人間」であり，「人間」を「演奏する」というのは，意味的に異常だからである。しかし，我々は，この「モーツァルト」は「モーツァルトが作曲した作品」であることを理解し，文の意味を理解する。さて，「モーツァルトC7」に隣接した概念を連想して比喩理解を行うことは，我々が無意識に行う行為で，取り立てて言い立てるほどのことではないように思われる。しかし，現在の意味解析のレベルは，このような比喩理解を自在に行うレベルには達していない。今後の興味ある研究課題である。

意味構造として，意味ネットワークは良く使われる表現であるが，計算機の中では，これを三つ組で表現することが良くある。たとえば，図3.1の意味構造を，以下の三つ組で表す。

```
(演奏する C4  動作主  諏訪内晶子 C1)    (演奏家 C3  ISA  人間 C5)
(演奏する C4  対象  モーツァルト C11)
(演奏する C4  場所  NHK ホール C2)     (作曲家 C8  ISA  人間 C5)
(演奏する C4  時  明日 C14)
(演奏する C4  ISA  アクション C12)       (モーツァルト C7  ISA  作曲家 C8)
                                      (モーツァルト C7  作品  モーツァルト C11)
(諏訪内晶子 C1  ISA  演奏家 C3)

(NHK ホール C2  ISA  ホール C10)        (モーツァルト C11  ISA  曲 C6)
(NHK ホール C2  ISA  建物 C9)
```

図 3.2　三つ組による意味構造の例

　三つ組の内，関連するものをまとめて図3.3に示す構造にすることがある。これは，最も単純なフレーム形式とよばれるものになっている。本章では，この単純なフレーム形式を用いることにする。

```
┌─────────────────────────────────┐    ┌─────────────────────────────┐
│ 演奏する C4  動作主 = 諏訪内晶子 C1 │    │ 演奏家 C3  ISA = 人間 C5     │
│           対象 = モーツァルト C11   │    └─────────────────────────────┘
│           場所 = NHK ホール C2      │
│           時 = 明日 C14             │    ┌─────────────────────────────┐
│           ISA = アクション C12      │    │ 作曲家 C8  ISA = 人間 C5     │
└─────────────────────────────────┘    └─────────────────────────────┘

                                       ┌─────────────────────────────┐
                                       │ モーツァルト C7  ISA = 作曲家 C8 │
┌─────────────────────────────────┐    │              作品 = モーツァルト C11 │
│ 諏訪内晶子 C1  ISA = 演奏家 C3    │    └─────────────────────────────┘
└─────────────────────────────────┘

┌─────────────────────────────────┐    ┌─────────────────────────────┐
│ NHK ホール C2  ISA = ホール C10    │    │ モーツァルト C11  ISA = 曲 C6  │
│              ISA = 建物 C9        │    └─────────────────────────────┘
└─────────────────────────────────┘
```

図 3.3　単純なフレーム形式の意味構造の例

　図3.3中の概念識別子は，その識別子を持つフレームを検索するためのキーとしても使うことができる。そのため，図3.3には明示されてはいないが，フレーム相互間には，弧が張られていると考えることができる。その意味で，図3.3はフレームネットワークであると見なすことができる。

3.4 意味解析法

　与えられた文は，統語解析により主部と述部が認識され，それぞれの主部と述部はさらに細かい部分に分割，分析されていることを前提にして意味解析が始まる。このとき，主部の意味を中心にして意味解析を行うか，述部の意味を中心にして意味解析を行うかが問題になる。ここで，読者は「演奏する」という語と「モーツァルト」という語から連想されるものを考えてみてほしい。おそらく「演奏する」という語を聞いた場合には，「誰が演奏するのだろうか」，「交響楽団が演奏するのだろうか」，「演奏する曲は何だろうか」などといった，「演奏する」という動詞とともに文中で現れる名詞句の役割をある程度予想し限定することができる。しかし，「モーツァルト」という名詞句の場合には，この著名な音楽家の人柄，容貌，曲などが連想されはするが，それがどのような動詞と結び付き易いかなどという予測はほとんどしないと思われる。名詞句「モーツァルト」については，連想されることが多く，その分，予測の範囲が限定しにくくなるのである。

　意味解析の立場からは，予測にガイドされながら解析を進めることができれば，無駄な解析を避けることができるので都合が良い。このような理由から，述部に含まれる動詞の情報を中心にして，意味解析のプロセスを組み立てる。この時，Fillmore の提唱した格文法で提案された格フレームを動詞の辞書項目に記述しておき，それを利用して意味解析を行うことが多い（Chafe 1970, 長尾真 1976, Fillmore 1980, 山梨正明 1983）。Fillmore の考え方を利用した「演奏する」の辞書項目記述例を以下に示す。

```
演奏する　動作主 ＝ （人間；楽団）＆〈主格〉
　　　　　対象　 ＝ （曲；楽器）＆〈目的格〉
　　　　　場所　 ＝ （場所）＆〈で格〉
　　　　　時　　 ＝ （時）＆〈に格〉
　　　　　ISA　 ＝ アクション C12
```

図 3.4　「演奏する」の辞書項目記述例

　図 3.4 の記述例中，動作主，対象，場所，時などは，格文法でいう深層格

を表す．〈 〉と丸括弧でくくられた部分は，これらの深層格になるための文中の名詞句，副詞句に課せられる文法的制約，意味的制約である．たとえば，「動作主＝（人間；楽団）&〈主格〉」は，動作主となる名詞句の意味は，「人間」かまたは「楽団」であり，主格の位置を占めるものでなければならない，ということを表す．「動作主＝（人間；楽団）&〈主格〉」をスロットとよび，「動作主」をスロット名，「（人間；楽団）&〈主格〉」を制約，それ以外のものを値と呼ぶことがある．制約は，スロットを満たすための条件であり，条件を満たしてスロットに埋め込まれるものが値（束縛される値）である．スロット「ISA＝アクションC12」では，スロット名が「ISA」で，このスロットを満たしている値が「アクションC12」である．

「諏訪内晶子がNHKホールでモーツァルトを明日演奏する」という文の意味解析を行う場合に，動詞中心の解析を行うために，図3.4に示す辞書項目記述を取り出す．この記述は，「演奏する」という動詞の周りに，どのような名詞句や副詞句の存在が予測されるかを示している．このような予測情報を用いて意味解析を効率的に進めるわけである．

図3.4に示す辞書項目中のスロットには，このスロットを満たすための制約が記述されている．この制約を満たすかどうかを調べるためには，たとえば満たすものが「人間」であるかどうかなどを知る必要がある．このような知識は，あらかじめ意味解析側に与えておかなければならないもので，常識の一部をなしている．たとえば，「諏訪内晶子」の辞書項目記述中には，「ISA＝演奏家」というスロットがあらかじめ与えられている．意味解析側は，このスロットを経由して，「演奏家」の辞書項目記述を手繰り，そこに「ISA＝人間」というスロットを発見し，「諏訪内晶子」は「人間」であると推論することができる．

「ISA」スロットを経由してはこばれる常識は，上位／下位関係に関する知識と呼ばれ，階層関係をなしている．そして，上位のフレームに記述された情報は，下位のフレームに伝達される．これを知識の遺伝と呼ぶこともある．上位／下位関係の他に，部分／全体関係がある．いずれも意味解析をする場合の知識としてよく使われるものである．物理法則，科学法則，経済法則や，日常生活上必要な常識なども考えられるが，これらをどのように計算機上に

表現したら良いか，どのタイミングでこれらを利用したら良いかについては，まだ十分に研究がなされていない．現在の多くの意味解析プログラムでは，上位／下位関係や全体／部分関係のみ利用するレベルに留まっている．ところが，この様な，比較的作成が容易と思われる重要な常識ですら，完全なものはまだできていない．（林大1964，電子化辞書研究所1990）．

［意味解析例］

以上の考察から，意味解析でどのようなことを行うかが，多少明らかになったと思われる．以下ではそれを具体的に説明する．意味解析用の例文は，「諏訪内晶子がNHKホールでモーツァルトを明日演奏する」であるとしよう．

1) 統語解析により，主格が「諏訪内晶子」，目的格が「モーツァルト」，で格が「NHKホール」であり，副詞句として「明日」があることが認識される．

2) それぞれの表層格や副詞句から，辞書項目記述を取り出すとともに，フレーム名としてユニークな識別子を付加する．それらを以下に示す．

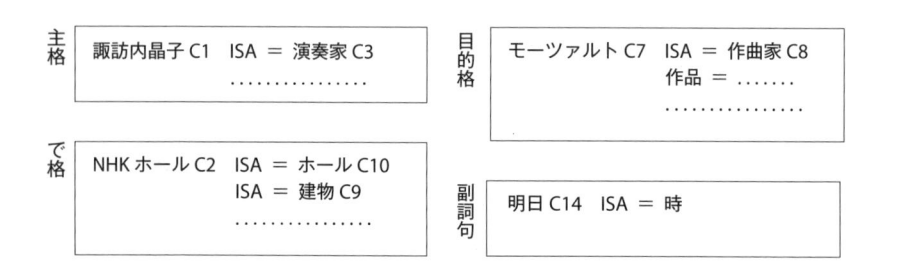

主格: 諏訪内晶子 C1　ISA ＝ 演奏家 C3
　　　　　　　………

目的格: モーツァルト C7　ISA ＝ 作曲家 C8
　　　　　　　作品 ＝ ……．
　　　　　　　………

で格: NHKホール C2　ISA ＝ ホール C10
　　　　　　　　　　　ISA ＝ 建物 C9
　　　　　　　………

副詞句: 明日 C14　ISA ＝ 時

3) 主格の「諏訪内晶子 C1」を，図3.4の動作主スロットに埋め込む．

4) で格の「NHKホール C2」を場所スロットに埋め込む．このとき，ISAスロットを経由して，「NHKホール C2」が「場所」であることを推論する．

5) 目的格の「モーツァルト C7」を図3.4の対象スロットに埋め込もうとするが，このスロットの（意味的）制約は「曲」または「楽器」であり，辞書項目「モーツァルト」から抽出した情報と整合しない．これは先に述

べた「モーツァルトを演奏する」という一見問題がなさそうな表現が，比喩表現であることによる．満たすべきスロットが発見されない場合には，比喩表現であることを想定した処理に入る．

比喩表現を解析するために，「モーツァルト」という辞書項目から連想可能な情報，いいかえるとこの辞書項目のスロット記述で使える情報を取り出す．仮に，作品スロットから，「モーツァルトが曲目を幾つか作曲している」という事実が分かるとすれば，文中の「モーツァルト」は曲目であると推論して（実際にはこれが難しい），新しく以下に示すフレームを作成し，それを図3.4の対象スロットに埋める．それと共に「モーツァルトC7」フレームの「作品」スロットも同じもので埋める．

```
モーツァルトC11   ISA ＝ 曲C6
```

6) 副詞句の「明日C14」を時スロットに埋め込む．

以上の1）から6）のプロセスにより，意味解析が終了し，我々は図3.3に示す意味構造を抽出することができる．1）から6）プロセスでは「埋める」という言葉を使っていた．これを「値でスロットを束縛する」と読めば，ユニフィケーション文法の考え方に近くなるが，ユニフィケーション文法については，Shieber 1986に詳しい．

本節では，格フレームを中心にした意味解析法を説明したが，格フレーム以上に詳細なレベルまで意味解析を進めるべきであるとする考え方がある．これについては，Schank 1975, 81を参照してほしいが，辞書項目にSchankらの主張する形式の意味を与えれば，本節で説明した意味解析の方法はそのまま使える．

3.5 意味解析の最新動向と諸問題

意味解析には様々な問題が残されている．3.4の意味解析プロセス5）で述べたように，比喩表現は一般に問題を引き起こす．一般的な解決策はまだない．プロセス5）に述べた方法が，いかなる比喩表現の解析にも通じるという訳ではない．解決すべき問題は山積している．

意味解析で用いている格フレームに関していえば，深層格のセットについて言語学者の間でコンセンサスが得られていないという問題がある。深層格の認定基準についても定説がないのである。たとえば，「彼は　数学に　つよい」という文の「数学に」は「つよい」のどの深層格に当たるのだろうか。「胃で消化する」という文の「胃で」は場所格なのだろうか，それとも「道具格」なのだろうか。後者については，一つの名詞句に二つの深層格を許すとする考え方もある。

　1文1格の原則が，意味解析で便利に使われることがある。「ある深層格に対応するスロットが埋められると，そのスロットは二度と書き換えられることはない」という原則である。たとえば，「太郎は　母親が　買った　本を　読んだ」という文では，「買った」の動作主を「母親」が埋めてしまうと，その後「太郎」がそこを書き変えようとしても書き変えられない。そこで「太郎」は，後続する「読む」の動作主を埋めざるを得なくなり，結果的に正しい意味解析結果が得られる。しかし，「東京で　田園調布に　住むことは難しい」という文では，「東京」と「田園調布」は共に「住む」の場所格になっている。このような場合をどう扱ったらよいのだろうか。

　表層格の違いによる微妙な意味の違いが深層格で表しうるか，という問題もある。「ドーバー海峡で泳ぐ」と「ドーバー海峡を泳ぐ」では我々には微妙な意味の違いが感じられる。いずれの文も「ドーバー海峡」が「泳ぐ」の場所格であるとしたのでは，このような微妙な意味の違いが表現できない。

　統語解析／意味解析／文脈解析の融合についても，これまで様々な試みがなされてきた (Woods 1970, Winograd 1971)。われわれは，文脈自由文法を拡張したPereiraらのDCG（確定節文法）の考え方が，最も一般性があると考えている。これについてはPereira 1980, 田中穂積1990, Alshawi 1992を参照されたい。

　一般に，係り受け関係は交差しないといわれている。これは意味解析を行う上で，どれとどれとを関係させて解析を行うか，その範囲を限定してくれるので都合がよい。しかし，この原則を破る文も時としてある。たとえば，「太郎は母親に家に帰ると約束した」という文の「母親に」は「約束する」に係り，「太郎は」は「帰る」と「約束する」に係る。したがって，「太郎は」が

「帰る」に係ることと,「母親に」が「約束する」に係ることとが交差する(図3.5参照)。この問題についても今後研究が必要である。

太郎は母親に家に帰ると約束した

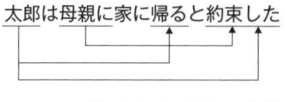

図3.5　係り受け関係の交差

　埋め込み文を含む連体修飾文の意味解析についても問題がある。日本語の連体修飾文には,英語の関係代名詞文と同じ構造を持つものがある。関係代名詞の先行詞が,埋め込み文のいずれかの格を埋めるのと同様に,日本語でも連体修飾される名詞句が,(連体修飾する側の)埋め込み文のいずれかの格を埋める。たとえば,「昨日読んだ本は面白い」という文では,連体修飾される名詞句「本」は,埋め込み文の動詞「読んだ」の目的格を埋める。このような場合には前節で述べた意味解析の手法が使える。しかし,同様な構造を持つ文「戸を叩く音がする」では,連体修飾される名詞句「音」は「叩く」の格を埋めない。「音」は「叩いた結果生み出される物理現象」であるに過ぎない。このような連体修飾文の意味解析では,「音」と「叩く」の間の意味的関係を,別の物理的な常識を用いて推論しなければならないので問題になる。

　前節で述べた意味解析法で,語彙レベルの曖昧性を解消しようとすれば,動詞については語義数だけの格フレームを用意すること,名詞については,格フレームのスロットに記述された制約を用いて語義の選択(フィルタリング)を行うことが考えられる。それに対して,最近,文を読み進むにつれて次第に意味的曖昧性を解消する意味解析モデルの研究が行われるようになってきた。これは,3.2で述べた語彙レベルの曖昧性解消,特に多義語の曖昧性解消を対象に研究が進められている。そこでのポイントは,完全に曖昧性が解消されないレベルの意味をどう表現するかということである。いいかえると,曖昧性を包含する意味表現をどうするかという問題である。この研究については,ポラロイド語(Hirst 1987),一般化弁別ネットの利用(奥村学　他 1989),制約条件伝播を用いたフィルタリング(Mellish 1985)などがあるので,

参照されたい。この問題と関連して,曖昧性が完全に解消されない場合,どれをもっともらしい意味解析結果とするかについても,古くから様々な研究が行われている。一例をあげれば,Wilksの優先意味論 (Wilks 1973),ページアンネットの利用 (Charniak 1991) などがあげられる。これらも今後の意味解析にとって重要な研究課題である。

意味解析の方法として以前モンターギュ文法の考え方が注目された。これは,部分から全体を計算する典型的な意味計算法であり,与えられた文から論理構造を抽出することができる。この方法はGPSGの意味解釈部分でも使われているが (Gazdar 1986),モンターギュ文法の考え方に基づく辞書で大規模なものがないこともあって,最近の意味解析で実際用いられることはほとんどない。これに興味のある読者はDowty 1981,白井賢一郎1991を参照されたい。

述語論理などの論理表現形式に比べて,前節で説明した意味構造の形式では,限量詞のスコープの扱いが難しい。この問題については,英語について徹底的な解析システムを構築したAlshawiらの試みが注目される (Alshawi 1992)。

以上の他に,テンス,アスペクトの問題,モダリティの問題なども意味解析の範疇に入るが,今後の研究に待つ部分が多い。Barwiseらの提案した状況意味論は,意味解析にも関係するが,本章での意味解析の定義からすれば,むしろ文脈解析の範疇に入るものであろう (Barwise 1983, 白井賢一郎1991)。これについては,文献Delvin 1992などを参考に,過去の研究を遡るとよいだろう。

意味解析については,モンタギュー文法の考え方を紹介している。モンタギュー文法では最初分析木を作り出す。分析木は,統語構造の一つであり,名詞・助詞並びが,名詞句を作るといたるといった句構造とは必ずしも一致しない。分析木を作ることが構造解析の役割であり,その後分析木をたどって,意味解釈を行う。こうして考えられている。こうして,統語論と意味論の一体化をはかることがモンタギュー文法の特徴である。その考え方の一部は,LINGOLとして一部実装されている。分析木を作り出す文法の性質については,言語学的な検討が行われていない。今後の研究課題でもある。

[参考文献]

奥村　学, 田中穂積 1989「自然言語解析における意味的曖昧性を増進的に解消する計算モデル」,『人工知能学会誌』4, 6, 687–694

白井賢一郎 1991『自然言語の意味論』(産業図書)

田中穂積 1990『自然言語解析の基礎』(産業図書)

田中穂積, 辻井潤一(編著)1998『自然言語理解』(オーム社)

電子化辞書研究所 1990 概念辞書, TR-020。

徳永健伸, 乾健太郎 1991「80年代の自然言語生成」『人工知能学会誌』vol6, No.3–5

林大担当 1964 国立国語研究所編『分類語彙表』(秀英出版)

山梨正明 1983「6章　格文法理論」太田朗(編)『意味論』英語学体系第5巻, (大修館書店)

Alshawi, H. (ed.) 1992 *Core Language Engine*, The MIT Press

Barwise, and Perry, J 1983 *Situations and Attitudes*, The MIT Press. 土屋俊他(訳1992)『状況と態度』(産業図書)

Chafe, W.L 1970 *Meaning and Structure of Language*, The Univ. of Chicago Press. 青木晴夫(訳1974)『意味と言語構造』(大修館書店)

Charniak 1991 Baysian Networks without Tears, *AI Magazine*, 50–63

Delvin, K. 1992 *Logic and Information*, Cambridge Univ. Press

Dowty, D.R., Wall, R.E and Peters, S.1981 *Introduction to Montague Semantics*, D.Reidel Publishing Co.

Earley, J.1970 *An Effcent Context-free Parsing Algouithm*, CACM, 13, 2, 95–102.

Fillmore, C.1980 *The Case for Case*, in Back and Harms(eds.)1968 Universals in Linguistic Theoey, Holt , Rienhart and Winston. (田中晴美他訳1980)『格文法の原理』(三省堂)

Gazdar, G., Klein, E., Pullum, G.K. and Sag, I.A. 1986 *Generalized Phrase Structure Grammar*, Oxford, Basil Brackwell

Grishman, R.1986 *Computational Linguistics-An Introduction*, Cambridge University Press. 山梨正明(他訳1989)『計算言語学』(サイエンス社)

Hirst, G. 1987 *Semantic Interpretation and the Resolution of Ambiguity*, Cambridge Univ. Press

Kay, M. 1980 *Algorithm Schemata and Data Structure in Syntactic Processing*, TRCSL80–12, Xerox PARC, Oct.

Mellish, C.S. 1985 *Computer Interpretation of Natural Language Descriptions*, Ellis Horwood Limitted, 田中穂積(訳1987)『自然言語意味理解の基礎』(サイエンス社)

Nilsson, N. 1982 *Principles of Artificial Intelligence*, Springer Verlag, Berlin

Pereira, F.C.N. and Warren, H.D. 1980 *Definite Clause Grammars for Language Analysis*,

Artificial Intelligence, 231–278

Prat, V.R. 1973 A linguistic Oriented Programming Language, IJCAI3, PP.272–273.

Quillian 1968, Semantic Memory, in Minsky (Ed.) *Semantic Information Processing*, The MIT Press

Schank, R.C. 1975 *Conceptual Information Processing*, North-Holland / American Elsevier

Schank, R.C. 1981 *Inside Computer Understanding*, Lawrence Erlbaum Associates, Inc.

Shieber, S.M. 1986 *An Introduction to Unification-Based Approaches to Grammar*, CSLI, Stanford Univ.

Sowa, J.F. 1984 *Conceptual Structures*, Addison-Wesley

Wilks, Y. 1973 An Artifical Intelligence Approach to Machine Translation, In Schank, R.C. & Colby, K.M. (Eds.) *Computer Models of Thought and Language*, W.H. Freeman Co.

Winograd, T. 1971 *Understanding Natural Language*, Academic Press

Woods, W.A. 1970 *Transition Network Grammars for Natural Language Analysis*, Comm. of ACM, 13, 10, 591-606

Woods, W.A. 1975 What's in a Link, in Bobrow & Collins (Eds.) *Knowledge Representation*, Academic Press, 淵一博（監訳1978）『人工知能の基礎』（近代科学社）

第12章
日本語学史——文法を中心に——

はじめに

　こどもの頃から自然に身につけた言語を，意識化し対象化して考えることは，普通にあることではない。それは一般に，なんらかの「違い」に気づいたときに始まるといっていいだろう。その違いを意識させる代表的なものは，空間的には，外国語や方言であり，時間的には，古典・古語であろう。
　日本語学の萌芽としての，言語の意識化・自覚的反省も，やはりこの二つから起こった。つまり，古代における中国語との接触・学習と，中世における，日本書紀や万葉集や古今集などの古典の解釈，およびそれを規範とする学習とが，日本語を対象化する契機となり，また探求する動機となったのである。方言についても，古く風土記や万葉集の東歌・防人歌に記載があり，中世近世の連歌師俳諧師などにも注目されたが，文法にかかわることは少ない。
　外来の思想や学問との出会いは，古くは仏教思想・悉曇（しったん）学から，漢学・蘭学，そして明治以降の西欧の言語学に至るまで，古今を通じて大きな刺激と影響とを日本語学に与えた。なお，キリシタンとの接触においては，日本人も資料提供者として参加して，ロドリゲスの日本文典など多くの成果を生んだが，日本の学者・学問には，ほとんど影響を残さなかった。

1　国学以前——日本語学の萌芽期

1.1　文字　音韻

　一般に，文字の獲得，表記法の確立は，言語音声の自覚的認識なしにはあ

りえないが，日本語の歴史においては，漢字という外国語の文字によって与えられたことが，大きな特徴になる。

　音韻組織の異なる中国語の文字である漢字を，いわば外来語として借用する漢字の「音」用法だけでなく，意味の翻訳・対応にもとづいて，固有日本語を表記する漢字の「訓」用法まで成立させたことは注意していい。また，地名，神名などの固有名を表記する工夫として始まった，漢字を表音文字として用いる「万葉がな」の使用は，和歌の音数律（五拍七拍）とあいまって，音節・拍の自覚を促し，「あめつち」や「いろは歌」に導いた。さらに，仏教における「悉曇学」（古代サンスクリット語学）の学習は，漢詩の「平仄（ひょうそく）」，漢字音の「反切」とあいまって，音韻・音素的な見方を促し，「五十音図」へと導いた。

1.2　単語分類の萌芽

　単語が語形変化しない孤立語的特徴を色濃くもった古代中国語の文章を読みとく中で，具体的には，漢文訓読における「返り点」や現行の送り仮名にあたる「をこと点」を通して，日中の語順の違いや，中国語には対応する物がないものとして，活用語尾や助詞助動詞を意識するようになる。大伴家持の「ホトトギスを詠む二首」（万葉集巻19）には「毛能波三箇辞之を欠く」「毛能波氏爾乎六箇辞之を欠く」という注が付いているが，これは「も，の，は，て，に，を」といった助辞を「辞」と呼んで特別視し，それをあえて使わずに歌作りをしたことを意味している。

　そして，そうした区別を日本語を書く表記として利用したのが，助詞助動詞や語尾を右寄せに小文字で書く「宣命書（せんみょうがき）」であった。

　この他，平安期の歌論書には「てにをは」に関してさまざまな言及があるが，この期の特徴は，特殊なもの・変わったものへの注目・名づけであり，一般的なもの・普通のものは，無名のままとり残される。したがって，たとえば漢字に対応物のある「ず（不）」「む（将）」などが，他の助動詞と同様に「辞」と意識されたかどうかは，結局わからない。そんな，あいまいで素朴な問題の自覚であった。

1.3 てにをは　体用

　中世（鎌倉室町期）に入ると，もはやそのままでは読めなくなっていた万葉集や日本書紀などの古典の注釈が行われ，古今集をはじめとする三代集も，和歌制作の規範とするために学習が必要とされるようになる。そこでは，前代の外国語との差異の場合とは違い，日本語内部における表現価値の差異を伴なう形で意識されてくる。たとえば『手爾波大概抄』は，和歌制作のための「てには」の用法を説いたものであるが，その中で「詞は寺社の如く，手爾波は荘厳の如し。荘厳の手爾波を以て，寺社の尊卑を定む」という比喩で，「詞」と「てには」を類別している。ただ，この「てには」という語で指すものは，表現における修辞的な用法（「留り」など）のことであって，文法的な分類項ではない。

　連歌論においては，二条良基の『僻連抄』『連理秘抄』などで，従来の「詞」の内部から，実体・本体を表す「物」あるいは「物の名」（名詞にほぼ当たる）を取出し，その他の（動詞を中心とする）ものを「詞」に残すことによって，従来の「てにをは」とあわせて，「物（の名）」「詞」「てにをは」の三分類を生み出した。そこには，仏教や宋学における「体用思想」からの影響と思われる，付け合いにおける「体（実体）」と「用（作用）」の区別が関与している。

　この「体と用」は，のちに活用の有無による分類「体言」「用言」へと変容して行くが，三分類自体は，後世まで根強く繰り返される。

2　近世の国学の文法研究

　中世以来，秘伝の形で伝えられていたものが，江戸時代に入り，町人の台頭，出版文化の発達に伴って，次第に公刊されるようになる。なかで，梅井道敏の『てには網引綱』(1770)は，そうした秘伝を難じその内容の不備を指摘して，学問の公開に先駆けたが，実証的学問の未成熟から，法則性そのものまで否定してしまう傾向もあった。なお，副詞類を「てにをは」から区別していて，品詞四分類の先駆をなしている。

　公開討議の精神から次第に実証性を増していくが，契沖，荷田春満，賀茂

真淵等に至って，記紀万葉を中心とする「古代精神」を志向する学問「国学」が成立する。さらに，本居宣長，富士谷成章以降は，研究対象が中古の歌文に拡大され，言語の変遷ないし歴史の認識も現れた。

2.1 本居宣長

本居宣長（1730〜1801）の文法関係の仕事としては，係結びの法則を図表化した『てにをは紐鏡』（1771）と，その例証・解説にあたる『詞の玉緒』（1785）とがある。係結びの法則を「本末をかなへあはするさだまり」とし，その「本＝係り」に，「は・も・徒（係り助辞なしの意）」「ぞ・の・や・何（疑問詞）」「こそ」の三種があること，それに対応する「末＝結び」は，それぞれ現行の終止形，連体形，已然形に「三転」（四段では二転）し，〈図1〉にその一部を示す全43段の型のいずれかに属するとした。係結びに，「は・も・徒」と終止形との呼応もあげていることは注意すべきである。のちの山田孝雄の係助詞論に影響を与えている。『詞の玉緒』ではさらに，従来の「てにをは」研究が取り上げていた「留り・切れ」の問題や，「ましかば……まし」の呼応の類にまで及んでいる。歌文の制作ないし理解の道標として，文における「呼応」関係一般に，関心が向けられているのである。

『活用言の冊子』（のちに『御国詞活用抄』として流布するものの未定稿）では，用言の活用の整理が試みられ，活用の型と行の別によって27の「会」に分けられている。第26・27会はク活シク活の形容詞，それ以外の25の会が動詞の部類である。のちの活用研究の源泉となったものである。

宣長は，中世以来の表現論的な研究の流れの大成者ともいうべき人で，その文法研究も，文に即し作歌に役立つ，具体的なものである。なお，古代の言語を「古言」，中古の言語を「雅言」と呼び，言語の変遷は認めたが，それ以降はその崩れた「俗言」と見るような「歴史」観であった。

国学というと「漢意」を排斥した宣長があまりにも有名だが，宣長がわざわざそういわざるをえない状況が当時あったと見るべきだろう。実際は，富士谷成章や鈴木朖などには，漢学，とりわけ荻生徂徠をはじめとする古文辞学派の影響があったと見られる。

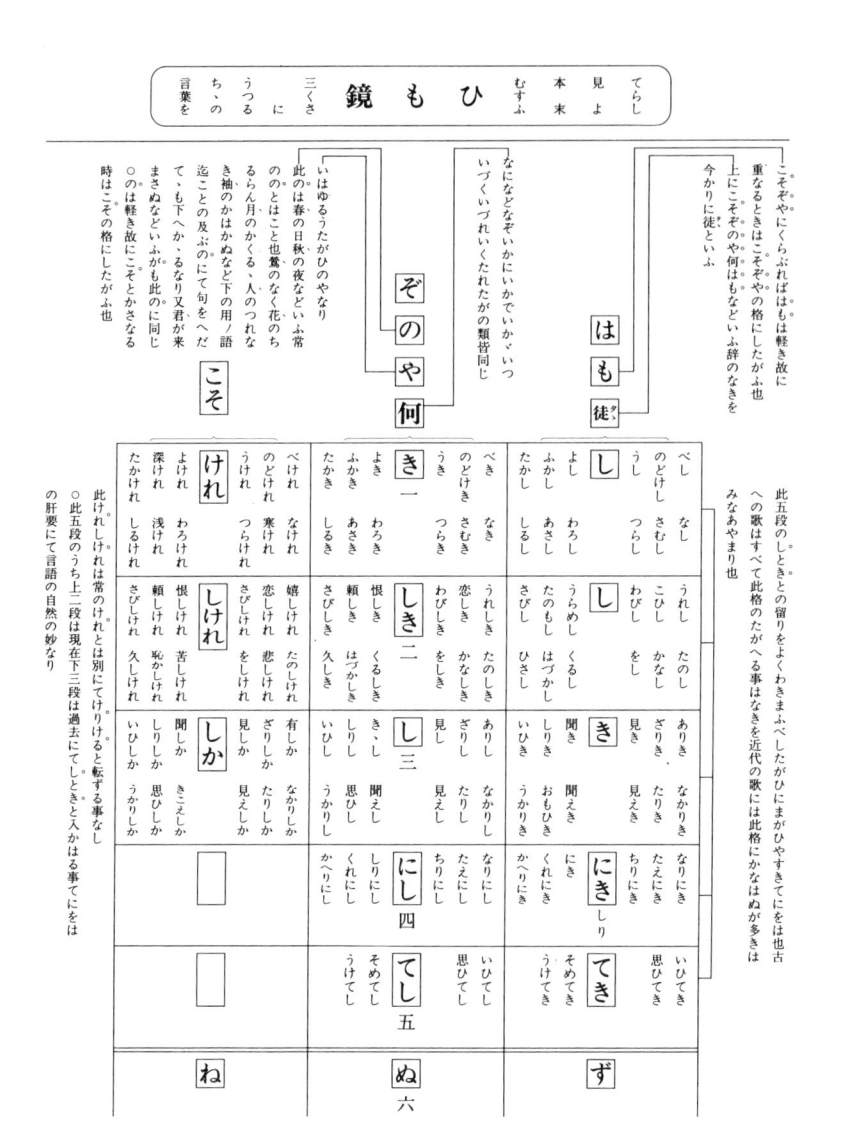

図1

上の九段の詞とこ、の六段の詞と其格混じやすし此図を見て転用の差別ある事をよく考へてわきまふべき也

	三卅		四卅		五卅		六卅		七卅		八卅
	く	**け**	**す**	**せ**	**つ**	**て**	**ふ**	**へ**	**む**	**め**	**る**	**れ**
	きく	ひけ	なす	ちらせ	○たつ	はなて	いふ	にほへ	しづむ	たのしめ	見る	つもれ
	ゆく	とけ	かす	のこせ	まつ	こぼて	おもふ	ならへ	すむ	つ゛め	しる	ちぎれ
	なく	こげ	のこす	なせ	うつ	たて	あふ	おもへ	かなしむ	くめ	よる	しれ
	さく	ゆけ	かはす	かはせ	かつ	わかて	ならふ	いとへ	いむ	しれ	かへる	かへれ
	○とく	さけ	うつす	やどせ	もつ	はなて	はらふ	にほへ	つ゛む	かなしめ	ふる	しれ
	こぐ	きけ	わたす	わかせ	わかつ	こぼて	いとふ	そへ	ちぎむ	すめ	ちる	見れ
	やく	ちけ	やどす	はなせ	こぼつ		○そふ			しづめ	つもる	ちぎれ
	ひく		かはす	こぼせ	はなつ		にほふ					

	九卅		十四	一四	二四	三四
	ん	**め**	**らん / らめ**	**けん / けめ**	**なん / なめ**	**てん / てめ**
	見ん	見め				
	きかん	きかめ				
	いはん	いはめ				
	せん	せめ				
	思はん	思はめ				
	しらん	しらめ				

此書は上のてにをはに從ひてけりけるはけれあるはけらんけらめなどやうに留りもうごくかぎりをあげて其定れる格をさとし也それは留りのみならずさんと也は留りぞさて其外にもりをきる、所はいづくにてもみな同じ格ぞさて此外にかなつ、ましらしのたぐひのうごかぬ辞はしるさずされどそれも定れる格は有也又こ、にしるせる辞の中にも此定れる格をはなれて用たる変格もありたとへば「くよねざめぬすまの關守とよめるなど上にいくとあれば必しくよめるとむすぶ格かるをぬとむすべるたぐひ也かうやうの類はたゞしがたしすべてにをしくはしくはつくしがたしな今くはしくはしの狐くはしき事は吾党棟隆が三集類韻又おがかける言葉の玉の緒といふ物になんいへる

明和八年卯十月
松坂　本居宣長

2.2　富士谷成章(なりあきら)

　言語を「構造」的に捉えた学者として,漢学の素養を持つ富士谷成章(1738〜1779)がいる。彼は『脚結抄』(1778)の大旨(おおむね)(総説)において,「名をもて物をことわり,装(よそひ)をもて事をさだめ,挿頭(かざし)・脚結(あゆひ)をもてことばをたすく」と述べる。「名(な)」(体言)「装(よそひ)」(用言)・「挿頭(かざし)」(副用言)「脚結(あゆひ)」(助詞助動詞)の四つに,身体の比喩による命名を用いて品詞分類するとともに,「物を理り(＝事割り)」「事を定め」るといういい方で,主述ないし題述関係ともいうべき文構造にも触れており,またその命名法にも明らかだが,「頭にかざしあり,身によそひあり,下つかたにあゆひあるは……」(『挿頭抄』)と明言しているように,文中の位置・語順からも規定している。語と文との基本的な相関を捉えた,大局的で構造的な分類になっている。

　「ことばをたすく」るものとして「かざし・あゆひ」を一括している点では三分類ともいえるが,その点は,実兄の漢学者皆川淇園(みながわきえん)の『助字詳解』等の「実字　虚字　助字」の三分類に一致し,「かざし」を別に立てる点は,伊藤東涯の『操觚字訣(そうこじけつ)』の「実字　虚字　助字　語辞」の四分類に一致する。

　『かざし抄』(1767成)は,(作歌のための)副用言の五十音順の辞書にあたるものだが,現行の情態副詞は含まず,かわりに指示詞を含んでおり,接続・陳述・程度〜評価・指示など,なんらかの点で話し手の立場に関与するものを,一類として考えていたようである。

　『あゆひ抄』は,助詞助動詞の体系的記述だが,上接語との接続を重視し,まず「名をも受」けることの出来るものと出来ないものとに二大別して,さらに前者を「属(たぐひ)」(文末助詞)と「家(いへ)」(文中助詞)に,後者を「伦(もと)」(テンス・ムード的な助動詞)と「身(み)」(その他の助動詞など)と「隊(つら)」(活用しない接尾辞)とに分類して,意味と用法を記述する。

　上接語との接続を重視するところから,用言の活用形についても研究し,活用表にあたる「装図(よそひのかた)」(『あゆひ抄』大旨所収)が考案された。〈図2〉参照。まず横に,品詞の下位区分として,「事(こと)(＝動詞)」と「状(さま)(＝形容詞・形容動詞)」に二大別し,さらに前者を「孔(ありな)(＝有り)」と狭義の「事(ラ変以外の動詞)」とに,後者を「在状(ありさま)(＝形容動詞)」「芝状(しぎさま)(＝ク活用形容詞)」「鋪状(しきさま)(＝シク活用形容詞)」

활용	本末	靡引	往	目来	靡	濁音	表
思ふ	う	ル	まゝ	と	ひ		無末無靡
打つ	つ	ル	ね	で			
見る	みる	ル	ぬ	み			無末有靡
得	う	ル	え	み			
待つ	つ	ル	え	み			
寝	ぬ	ル	ね	み			
居	ゐ	ル	ゐ	たで			
来	く						有末無靡
事	こと						

狀	本末	靡引	往	目来	靡	濁音	表
捨	と	ル	こ	て			有末有靡
落	つ	ル	ち	て			
根	ね	ル	ね	み			
越	ゆ	ル	ゆ	み			
有	あり		あり				
乳	ち		ち				
狀	さま		さま		か		有末有引
彌							
戀	こひ		こひ			ケ力	有末有靡

図2

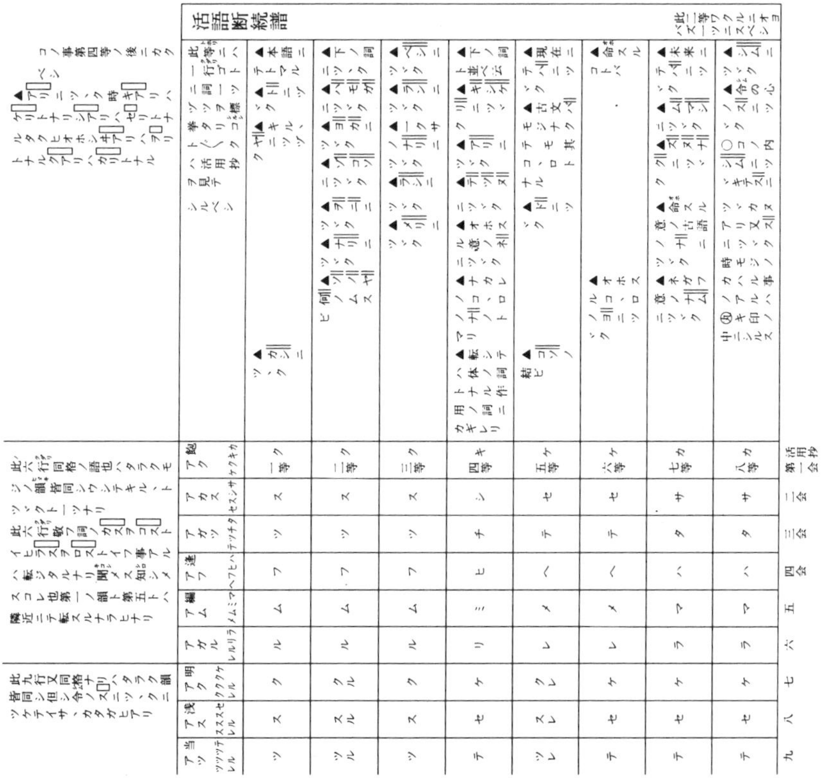

図3

とに分ける。縦には，活用形を示すが，「本（語幹）」「末（＝終止形）」「引（＝孔・在状・芝状の連体形，平仮名で示す）」「靡（＝二段・変格・鋪状の連体形，片仮名で示す）」「靡伏（＝二段・変格の已然形，片仮名で示す）」とに，切れ続きの観点で分け，また「往（＝連用形）」「目（＝命令形）」「来（＝未然形）」とに，時の観点で分ける。

　主に和歌の歌体・歌風にもとづき「上つ世・中昔・中頃・近昔・をとつ世・今の世」という時代区分（「六運」）を唱えた点など，歴史認識も深いものがある。

　成章は，業半ばにして若くして死に，またその独創性ゆえに，学を受け継ぐものが，明治の山田孝雄まで，ほとんど出なかった。

第12章　日本語学史　315

2.3 鈴木朖(あきら)

宣長の活用研究を発展させたのは，門人鈴木朖（1764～1837）である。宣長は「働くかぎりの類」つまり，結びになる終止・連体・已然形のみを27会に分けたのだが，朖は『活語断続譜』（1803頃成）で，そうした「断」だけでなく「続」をも視野におさめ，「切れ続きによる分かち」を譜に表そうとした。〈図3〉参照。活用形を八等に分け，切れ続きの機能や接続する助辞を示しているが，その際，命令形（六等）を立てたこと，同じ形のいわゆる終止形を，切れる形の一等と，助辞につづく形の三等とに分けたこと，おおむね独立用法を先にし接続用法を後にしたことなどは，朖が，宣長や成章と同様，文における機能を重視したことを示している。

『言語四種論』（1824）では，語の分類を示し，「体の詞」「てにをは」「形状の詞(ありかた)」「作用の詞(しわざ)」の四種に分けるが，また，後二者は「用の詞」にまとめられ，発生的に「体の詞」と「てにをは」とが合一したものだという考えも示す。「てにをは」は六種に分けられるが，その中に「独立たるてにをは(ひとりだち)」として感動詞疑問詞に当たるもの，「詞に先立つてにをは」として副詞接続詞に当たるものを含めている。形態的独立性よりは，機能ないし表現性を重視している。「てにをは」の特徴を，他の「三種の詞」と比較して「さす所なし・心の声・（玉を貫く）緒の如し・（器物を）使ひ動かす手の如し」のように述べている。のちの時枝誠記の言語過程説に影響を与えた。

2.4 本居春庭と八衢学派

本居宣長の長子，本居春庭（1763～1828）は『詞の八衢(やちまた)』（1808）において，動詞の活用を形態的に整理した。徹底して「受くるてにをは」つまり助辞への接続を重視し，現代でいえば形態素論の立場で，「活用形」と「活用の種類」を確定した。ほぼ現行の学校文法の活用表にあたるものを完成したといっていい。また『詞の通路(かよひぢ)』（1828頃成）では，自動他動，受身使役など広義のヴォイスのことを「自他の詞」と呼んで，1) おのづから然る，みづから然する，2) 物を然する，3) 他に然する，4) 他に然さする，5) おのづから然せらるる，

6) 他に然せらるる, の六段に分けているが, これも, 活用の種類の交替による意味の違いに注目したもので, 活用研究の一環として行われたのである。

春庭のあとを受け, 彼のし残した形容詞と助動詞の活用を整理し, 各活用形に名称を与えることによって, 全活用語をほぼ現行の形にまで整理したのが, 東条義門(1786〜1843)である。図表としての『友鏡』(1823)や『和語説略図』(1833)と, その解説編としての『活語指南』(1844)に, その説は見られる。さらに『玉緒繰分』(1851)では, 助詞助動詞を含めたすべての語を, 活用の有無で「体言」「用言」に二大別するまでに至っている。

なお, 明治になってからのものだが, 権田直助の『語学自在』(1885成)では, 「言」と「助辞」に二大別し, さらにそれぞれを活用の有無によって「体言」「用言」, 「体辞」「用辞」に分ける。副詞にあたる「属体辞」も, 無活用を以て「体言」(ないし体辞)に属させられる。以上が, 春庭以来のいわゆる「八衢学派」が行き着いた, 活用＝形態重視の研究の流れである。

2.5 富樫広蔭

富樫広蔭(1793〜1873)は, 図表『辞玉襷(てにをはたまだすき)』(1829)とその解説『詞玉橋(ことばのたまはし)』(1847成)で, まず大きく「言・詞・辞」の三種を分けたうえで, 「言」に五種, 「詞」に六種, 「辞」に五種の区別を設ける。包括的な分類で, 本居学派の集大成の感がある。また, 「言以て世間にあらゆる物事を言ひわかち, 詞以て物事のはたらき・ありかたを言ひさだめ, 辞以て物事につきておもふこころをあらはし尽くす」と性格づける点は, 成章に通うところがある。

2.6 鶴峰戊申(しげのぶ)

以上の国学の流れとは別に, 蘭学の系統において, オランダ語文典からの影響下にすすめられた研究もあったが, その中で比較的まとまっているのが, 鶴峰戊申の, 図表『語学究理九品九格総括図式』(1830)と文典『語学新書』(1833)である。品詞として「実体言(ぬことば)・虚体言(つきことば)(＝形容詞)・代名言(かへことば)・連体言(つづきことば)

（＝分詞，動詞連体形）・活用言（＝動詞）・形容言（＝副詞）・接続言・指示言（＝時空を指示する辞）・感動言」の「九品」に分け，また文法的カテゴリーとして，「能主格（主格）・所生格（属格）・所与格（与格）・所役格（対格）・所奪格（奪格）・呼召格（呼格）」の体言助辞六格と，「現在格・過去格・未来格」の用言助辞三格，あわせて「九格」に分ける。形容詞を「虚体言」としたこと，動詞連体形を「分詞」にあたる「連体言」としたことなど，日本語の分類としては問題も多いが，文中での機能や意味の観点から，形態を整理しようとした点は，先駆的な試みであった。なお，彼はこの九品九格を，いかなる言語にも適用できる普遍的なものと考えていた。

3 近代日本文法学の流れ

3.1 明治前期

　明治に入り，近代国家として出発しようとしていた日本においては，独立国家として，国民を統合する「国語＝標準語」が求められ，しかもすべての国民にわかりやすい文章にするための「国字改良」「文体改良（言文一致）」が急務とされた。また，標準語を確立していくために，規範となりまた教育にも役立つ，近代的な「辞書」と「文典」との編纂が要請された。

3.1.1 明治初期

　明治初期の学制によって，小学校の教科として文法科が置かれた関係で，教科書として多くの文法書が書かれた。英語の school grammar にもとづいて書かれた，田中義廉の『小学日本文典』（1874）と，中根淑の『日本文典』（1876）が広く用いられた。これら「模倣文典」と呼ばれるものも，曲がりなりにも品詞全般にわたって一応の組織を示した点は，評価しなければなるまい。ただ，「善き」は形容詞，「善く」は副詞，「善し」は動詞とするなど，不合理な点も少なくなかった。

　この点は，かえって B. H. Chamberlain の『日本小文典』（1887）や，"A

Handbook of Colloquial Japanese"（1888初版），W. G. Aston の "A Grammar of the Japanese Spoken Language"（1888第四版＝増訂版）などの方が，国学の成果を受け入れ，よほど日本語の性格にかなっていた。

3.1.2　大槻文彦

　こうした状況のなかで，国学以来の伝統的な研究の成果と西洋文法の方法・成果とを調和させ，一応の体系化に成功したものとして登場したのが，大槻文彦の『広日本文典』『同別記』(1897)である。これ以前1889年に出た近代的辞書『言海』第一巻の巻頭をかざった「語法指南（日本文典摘録）」もこの書のもとの原稿（1882年成）から摘録したものという。辞書の見出し語の品詞表示のためという実用上の目的をもち，また，国民教育のための教科書として書かれたものであったため，日本語の全体を見渡した上で，穏当な結論に達している。

　品詞としては，「名詞，動詞，形容詞，助動詞，副詞，接続詞，弖爾乎波（てにをは），感動詞」の八つの品詞が，この順序で立てられている。(「助動詞」の位置に注意。後述)「弖爾乎波」というのは，現行のいわゆる助詞のことで，名詞につくもの（格助詞に相当），動詞（用言）につくもの（接続助詞に相当），種々の語につくもの（副助詞・係助詞に相当），の三類に分けて説明している。終助詞・間投助詞に相当するものは，感動詞の中に入れられている。その他，形容動詞・連体詞が立てられていないなど，細かい点は異なるが，現在の学校文法の基礎はここに築かれた，といっていい。

　「―る・―す・―たり―けり」など動詞に膠着する接辞を，単語とみなし「助動詞」という一品詞としたことは，現在の学校文法にも受け継がれているわけだが，はやく山田孝雄や松下大三郎が批判したように，理論的には問題である。しかし，実際の動詞の活用表や助動詞の扱いにおいては，両者の「連接」を重視し，述語の法 mood, 時 tense, 相 voice 等の文法的なカテゴリーを組織的に扱おうとしていて，助動詞を動詞から切りはなしたことがそれほど大きな欠陥にはなっていない。なお，のちに国語調査委員会の名で出た『口語法』(1916)『同別記』(1917)は，実質的には大槻の手になるものである。

大筋において大槻文法に従いながら，名詞の格，用言の法や動詞の性相（ヴォイスや敬語）の扱いなど，記述の方法と内容に修正を加え，松下文法への橋渡し的な位置を占めるものに，三矢重松『高等日本文法』(1908) がある。また芳賀矢一『中等教科明治文典』(1904)『口語文典大要』(1913) も，作文教育のためには「総合的方面に着眼せざるべからず」として「活用連語」を重視し，縦に敬語・肯否式，横に相・法・時を基準とした連語表（パラダイム）を示す。

3.2 明治中期から大正期

明治の中期以降，日清・日露戦争期のナショナリズムの高揚という時代状況と，上田万年等による比較・歴史言語学の輸入とによって，日本語系統論への一時期の熱狂を経て，次第に着実な歴史的研究へとすすんだ。標準語制定のための基礎作業として，近代語の成立を跡づける歴史研究と方言調査とが求められ，国語調査委員会が1902年に設置された。明治後半から大正にかけての20世紀初頭は，日本語学の上昇期といっていい。音韻・文字の学が飛躍的に進歩し，文献学（本文批判）も精密化し，『校本万葉集』(1924) に代表される基礎史料も整備された。また，口語史料の発掘もすすめられ，訓点資料・抄物・キリシタン資料などによって，口語の歴史も次第に明らかにされた。

また，言文一致運動にも一定の成果のあがってきた1900年代から，現代口語の文法書も盛んに刊行されるようになり，国語調査委員会編の『口語法』『同別記』が一つの頂点をなし，以後の規範となった。

この期の文法学説としては，民族派ないし国学派の代表として，山田文法があり，国際派ないし洋学派の代表として，松下文法がある。

3.2.1 山田孝雄
よしお

山田孝雄 (1873～1958) は，田舎で教師をしていた時に，生徒から出された「は」についての質問に答えられなかったことから，文法研究を始めたと

いう。このエピソードは、たしかに彼の文法研究の特徴を伝えている。係助詞を中心とした助詞の構文論的研究が、山田文法の大黒柱である。『日本文法論』(1908)で理論を構築し、それにもとづき『奈良朝文法史』『平安朝文法史』『平家物語の語法』といった時代別の記述も著すという雄大な仕事であった。

　文法論の組織は、言語の基本的単位である〈語〉と〈文〉とに対応して、「語論」と「句論」とに分けられ、語論と句論は、それぞれ性質論と運用論とに分けられる。(以下、のちに改訂整備された『日本文法学概論』(1936)によって説明する)

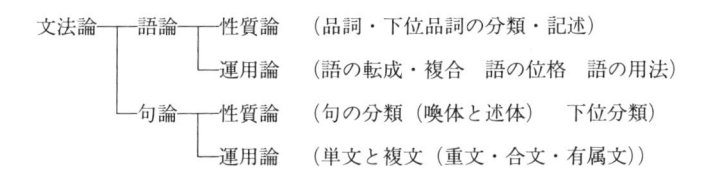

```
文法論─┬─語論─┬─性質論　(品詞・下位品詞の分類・記述)
　　　　│　　　└─運用論　(語の転成・複合　語の位格　語の用法)
　　　　└─句論─┬─性質論　(句の分類(喚体と述体)　下位分類)
　　　　　　　　└─運用論　(単文と複文(重文・合文・有属文))
```

　品詞分類としては、富士谷成章の四分類(名・装・挿頭・脚結)を受け継ぎながら、「厳密なる二分法」にしたがって、

```
語─┬─観念語─┬─自用語─┬─概念語──体言　(代名詞・数詞を含む)
　　│　　　　│　　　　└─陳述語──用言　(形式用言・複語尾を含む)
　　│　　　　└─副用語─────────副詞　(接続詞・感動詞を含む)
　　└─関係語──────────────────助詞
```

のように整然と組織した。「自用語」は文の骨子たる主語・述語になるもの、「副用語」は自用語に依存するものである。いわゆる接続詞・感動詞をも、副用語(副詞)の一種とする。動詞・形容詞・形式用言(「あり」「す」など)、それにいわゆる助動詞にあたる複語尾をも含めた「用言」の本質は、「陳述の力」をもつこと、つまり述語になれることだとする。「関係語」としての助詞は、「独立観念」はもたないが、「職能」的に他品詞に匹敵する重要さをもつとし、「格　副　係　終　間投　接続」の六種に分けて、詳しい記述をした。〈図4〉参照。とりわけ、宣長の「は・も・徒」の係結びを継承し、述語用言の「陳述」に勢力を及ぼすのが「係助詞」の本質だとした点が、大きな特色である。

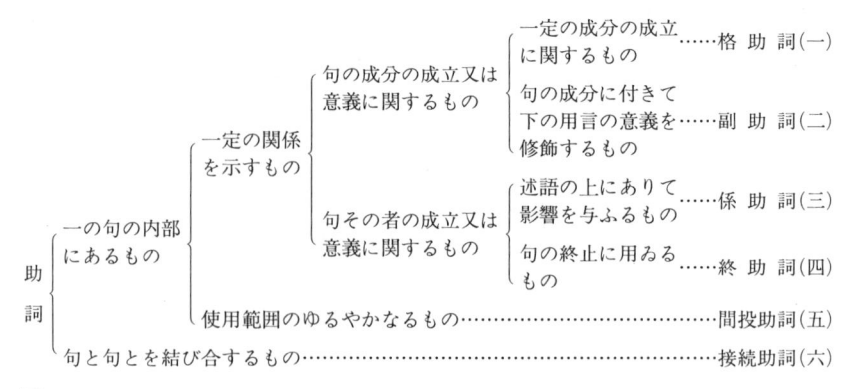

```
                         ┌ 一定の成分の成立
                         │ に関するもの     …… 格 助 詞（一）
              ┌ 一定の関係 ┤ 句の成分に付きて
              │ を示すもの │ 下の用言の意義を …… 副 助 詞（二）
              │          │ 修飾するもの
     ┌ 一の句の内部┤        
     │ にあるもの  │        ┌ 述語の上にありて
     │          │ 句その者の成立又│ 影響を与ふるもの …… 係 助 詞（三）
助   │          └ 意義に関するもの ┤
詞  ─┤                  └ 句の終止に用ゐる …… 終 助 詞（四）
     │                    もの
     │ 使用範囲のゆるやかなるもの ……………………… 間投助詞（五）
     └ 句と句とを結び合するもの ……………………… 接続助詞（六）
```

図4

　山田文法では，いわゆる文論を「句論」と呼ぶが，その句・文を主述関係によってではなく，「統覚」および「陳述」という用語で定義したこと，また，句を大きく「述体の句」と「喚体の句」に分けたことが，特色としてあげられる。

　ところで，いわゆる文の成分にあたるものは，「語の運用論」のうちの「語の位格」で説かれる。「呼格・述格・主格・賓格・補格・連体格・修飾格」の七種の位格が立てられるが，最初の二つについて「用言の根本的用法は述格に存し，体言の根本的用法は呼格に存す」と性格づけている。つまり「花咲くらむ」など用言の述格（「陳述」をなす位格）を「統覚」の中心とするのが「述体の句」であり，「妙なる笛の音よ」のように，体言の呼格を「統覚」の中心とするのが「喚体の句」だというわけである。このように，語と文とを基本的に相関するものとして規定している点，宣長や成章の正統な発展といえる。

　山田文法に基本的に従いながら，いくつかの修正を試みたものに，安田喜代門『国語法概説』（1928）がある。名詞の格や動詞の法の扱い，感動詞や代名詞の品詞論上の位置づけに，すぐれた考察がある。

3.2.2 松下大三郎

　松下大三郎（1878〜1935）は『日本俗語文典』（1901）から出発した。少年の頃読んだ日本語と英語の教科文典を比べて，その体系の優劣のはなはだしいことに驚いた彼は，「英米人に日本文典と英和辞典とを与へれば日本の文が作れる」そのような日本文典を作ろうと志を立てた。現代の実用が問題であった彼は，現代語の体系に直接立ち向かった。山田孝雄との差はここにある。また中国人留学生への日本語教育の実践も積み，教科書『漢訳日語階梯』（1906）も刊行した。日本語教育での同僚に前述の三矢重松もいた。こうして大槻文彦の限界をのりこえ，『標準日本文法』（1924）『改撰標準日本文法』（1928　訂正版1930）『標準日本口語法』（1930）を著して，本格的な形態論的体系を構築したのである。

　言語には，説話の構成上，原辞・詞・断句という三つの「階段」があるとし，その中核を占める「詞」を，基本的に parts of speech（文の部分＝品詞）となる語 word として位置づけることによって，「詞の副性論」という画期的な試みが可能になり，日本語の文法的カテゴリーのほとんどが，取り出された。（後述）「原辞」とは，詞（＝単語）を構成する単位であって，完辞のほか，不完辞として，接頭辞や接尾辞，およびいわゆる助詞助動詞をも含む。〈図7〉参照。原辞論は，形態素論であり語構成論である。「断句」とは，いわゆる文のことであるが，松下にとって，断句（＝文）は，詞の連なり「連詞」にほぼ等しい。違いは，断句には「断定」もしくは「了解」があることだというが，その中身が具体化されることはなかった。断句論はわざわざ立てる必要がないともいっている。いわゆる構文論は「詞の相関論」で扱われる。原辞論を含めた文法学の部門の構成は次の通りである。

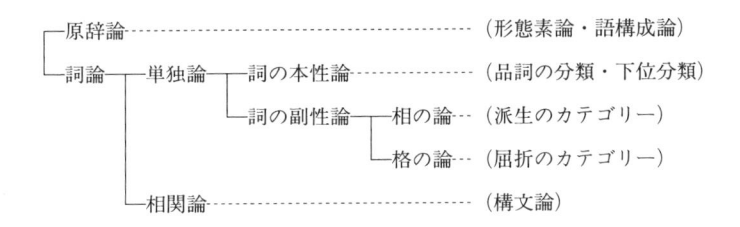

```
├─原辞論‥‥‥‥‥‥‥‥‥‥‥‥‥‥‥‥（形態素論・語構成論）
├─詞論─┬─単独論─┬─詞の本性論‥‥‥‥‥（品詞の分類・下位分類）
│       │         └─詞の副性論─┬─相の論‥（派生のカテゴリー）
│       │                       └─格の論‥（屈折のカテゴリー）
│       └─相関論‥‥‥‥‥‥‥‥‥‥‥‥（構文論）
```

「詞の副性論」のうち、〈相〉とは、「連詞または断句中における立場に関係しない詞の性能」つまり、文法的な派生のことをいい、〈格〉とは「断句における立場に関する性能」つまり、文法的な（屈折）語形のことをいう。

たとえば、動詞の相として、使動（させる）、被動（される）〔ヴォイス〕、「してやる・してもらう・してくれる」のような利益態〔やりもらい〕、「する・した・しよう」の時相、「している・してある」の既然態、「してしまう」の完全動〔といったテンス・アスペクト〕、「すべきだ・していい・してはいけない」などの可然態〔モダリティ〕、いわゆる尊敬・謙譲を含む尊称や、卑称、荘重態〔といった待遇性〕など、さまざまな文法的カテゴリーが扱われている。

名詞（表示態）の格と、動詞の格は、〈図5・6〉のように、整然と組織されている。名詞の一般格とは「月明らかなり」「ぼく、パン、食べたよ」など格助辞を伴わないもの（ゼロ格・なまえ格 nominative）で、これを主格などの特殊格と区別したのは注目される。

なお、松下文法はアメリカ構造主義流の形態論の先駆をなすという評価と、論理主義だとする評価とがあるが、この二つの評価が両立しうるのが松下の特徴であって、論理＝意味の面と形態の面との一致が信じえた「古き良き時代の大文典」というべきなのである。たとえば、接続助詞の「が」を主格の「が」と同一の物と扱うために、「〜するが」の「する」を「動詞の体言化」だとするような部分もある（起源的には間違いではないが）。

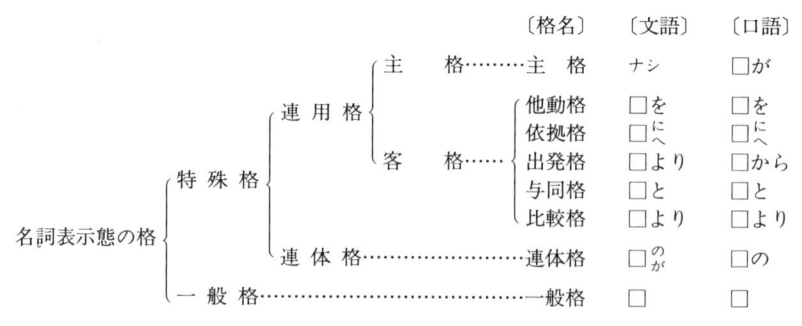

			〔格名〕	〔文語〕	〔口語〕
名詞表示態の格	特殊格	連用格 — 主格 …… 主格	ナシ	□が
		連用格 — 客格 — 他動格	□を	□を
		依拠格	□に	□に／□へ
		出発格	□より	□から
		与同格	□と	□と
		比較格	□より	□より
	連体格 …………… 連体格	□の／が	□の
	一般格 …………… 一般格	□	□

図5

図6

```
                                        ┌ 直截 ‥‥三段‥‥‥‥月出づ。
                        ┌ 独立 ‥‥‥‥終止格 ├ 再指 ‥‥四段‥‥‥‥月ぞ出づる。
                        │                  ├ 放任 ‥‥五段‥‥‥‥月こそ出づれ。
             ┌ 特殊格 ┤                  └ 欲望 ‥‥五段、一段よ、‥‥花咲け。月出でよ。咲くな。
             │          │                           三段な
             │          │          ┌ 連体 ‥‥‥‥‥連体格 ‥‥‥四段‥‥‥‥出づる月。
             │          │          │        ┌ 方法格 ‥‥二段 て、つ、‥‥出でて。出でつ、。遠くして。
             │          │          │ ┌ 修飾 ┤                      して
動詞の格 ┤          └ 従属 ┤        │ ├ 状態格 ‥‥形二段‥‥‥‥早く起く。静に眠る。
             │                        │        │〔機会〕┌ 拘束格 ‥‥一段五段ば‥‥行かば。行けば。
             │                        └ 連用 ┤          └ 放任格 ‥‥三段一段と‥‥行くとも。遠くとも。行けども。
             │                                │                       も、五段ども
             │                                └ 補充 ┌ 一致格 ‥‥形二段‥‥‥‥短くなる。静にす。
             │                                        └ 中止格 ‥‥二段‥‥‥‥‥花咲き鳥鳴く。
             └ 一般格 ‥‥‥‥‥‥‥‥一般格 ‥‥‥‥無活用‥‥‥‥昨夜出火、今暁鎮火。
```

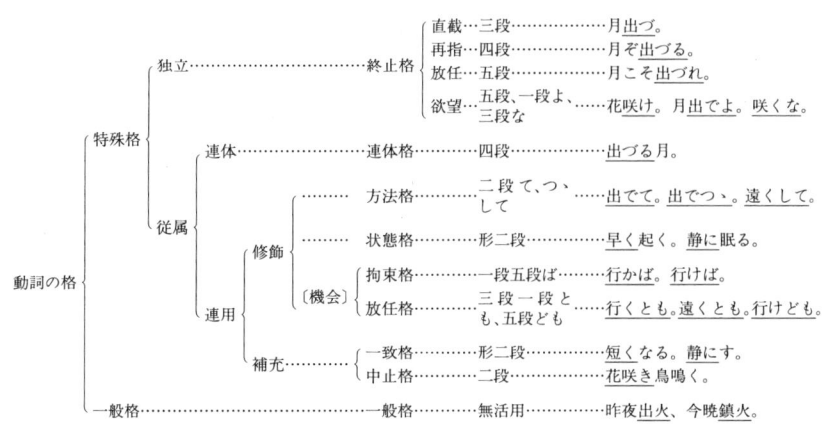

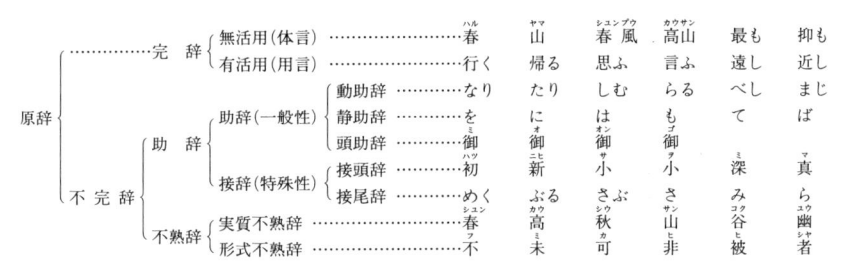

図7

```
                    ┌ 完辞 ┌ 無活用(体言) ‥‥‥‥‥春   山   春風   高山   最も   抑も
                    │      └ 有活用(用言) ‥‥‥‥‥行く 帰る 思ふ   言ふ   遠し   近し
         ┌ 原辞 ┤      ┌ 助辞(一般性) ┌ 動助辞 ‥‥‥なり たり しむ   らむ   べし   まじ
         │      │      │                ├ 静助辞 ‥‥‥に   は   も     て     ば
         │      └ 助辞 │                └ 頭助辞 ‥‥‥御   御   御     御     御     
         │              └ 接辞(特殊性) ┌ 接頭辞 ‥‥‥初   新   小     さ     深     真
         │                              └ 接尾辞 ‥‥‥めく ぶる さぶ   さぶ   み     ら
         └ 不完辞 ┌ 実質不熟辞 ‥‥‥‥‥‥春   高   秋     山     谷     幽
                    └ 形式不熟辞 ‥‥‥‥‥‥不   未   可     非     被     者
```

3.3 昭和前期（戦前）

　昭和前期は，ソシュール，トルベツコイなどの構造言語学が，小林英夫らによって紹介され，多くの日本語学者に影響を与えた。「共時」と「通時」，「言語（ラング）」と「言（パロール）」，「体系」と「要素」，「構造」と「機能」など，日本語学においても，原理や方法が模索された時代であった。

　時代状況としては，「国学ルネッサンス」とも呼ばれた「日本的なもの」への回帰という時代風潮があり，また「大東亜共栄圏」構想のもと，日本語教育の振興と，「共栄圏共通語」としての日本語の「純化・醇化」とが，急を要

する課題と考えられ,「現代日本語の諸問題」がかまびすしく論議された。

3.3.1 橋本進吉

　橋本進吉(1882〜1945)は,上代特殊仮名遣いの研究やキリシタン研究などの実証的な歴史研究に大きな業績を残した学者だが,文法研究での特徴も,言語の形式の面に注意を払ったことにある。言語の単位として,文・文節・語の三つが立てられるが,それぞれに形式的な規定が与えられる。

　「文」の外形上の特徴としては,「文は音の連続である」「文の前後には必ず音の切れ目がある」「文の終には特殊の音調が加はる」の三つをあげる。

　「直接に文を構成する成分」つまり山田文法の「語」や松下文法の「詞」にあたるものを,橋本は「文節」と名づけるが,その規定も「文を実際の言語として出来るだけ多く句切った最も短い一句切り」というものである。

　語の品詞分類では,「形態」つまり語形変化と,「職能」つまり他語との接続,という形式面を基準にした分類をしめした。〈図8・9〉

　橋本には,前代の山田孝雄や松下大三郎に見られたような体系性・包括性はない。橋本自身が『国語法要説』(1934)の端書きで述べるように,言語の形の方面の研究によって「従来の説を補ひ又訂す」ことをねらったのであって,体系性よりも「方法の近代化・精密化」をめざしたものというべきなのだろう。物情騒然たる時代にあって,静かに形式主義を守り通したというべ

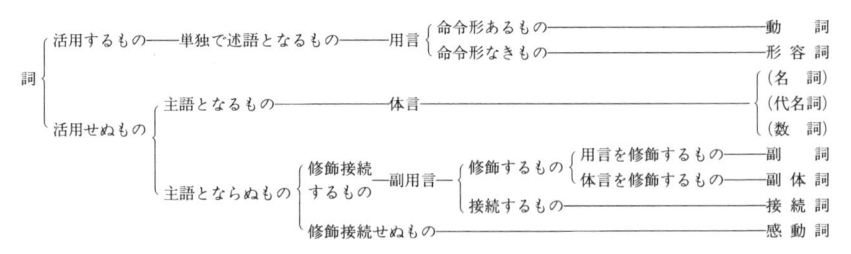

```
                                                  ┌命令形あるもの────────動　詞
      ┌活用するもの──単独で述語となるもの──用言┤
      │                                          └命令形なきもの────────形 容 詞
      │                        主語となるもの────────体言────────(名　詞)
      │                                                              (代名詞)
詞────┤                                                              (数　詞)
      │                        ┌修飾接続      ┌修飾するもの─┌用言を修飾するもの──副　　詞
      │活用せぬもの┤主語とならぬもの┤するもの──副用言┤              └体言を修飾するもの──副 体 詞
      │                        │              └接続するもの────────接 続 詞
      │                        └修飾接続せぬもの──────────────感 動 詞
```

図8

```
                 ┌ 断続を示すしる──────────(一)助動詞─────────────────┬(1)動詞にのみ付く
                 │ しあるもの                                          └(2)種々の語に付く
                 │ (活用あるもの)
                 │                        ┌ 断続の意味 ┬(1)連用語にも付く────────(種々の語に付く)──副 助 詞
                 │                    (二)│ なきもの   └(2)連用語には付かない────(種々の語に付く)──準体助詞
辞 ┤                                      │
                 │                        │            ┌(1)接続するもの──┬(a)用言にのみ付く──接続助詞
                 │                    (三)│ 続くもの   │                  └(b)種々の語に付く──並立助詞
                 │ 断続を示すしる═══助詞 │            │ 接続以外で ┬(2)体言に続く──(種々の語に付く)──準副体助詞
                 │ しなきもの             │            │ 続くもの   └(3)用言に続く ┬(a)体言にのみ付く──格 助 詞
                 │ (活用なきもの)         │                                        └(b)種々の語に付く──係 助 詞
                 │                        │
                 │                    (四)│ 切れるもの ┬(1)文を終止する──────────────────終 助 詞
                 └                        └            └(2)文節の終に来る────────────────間投助詞
```

図9

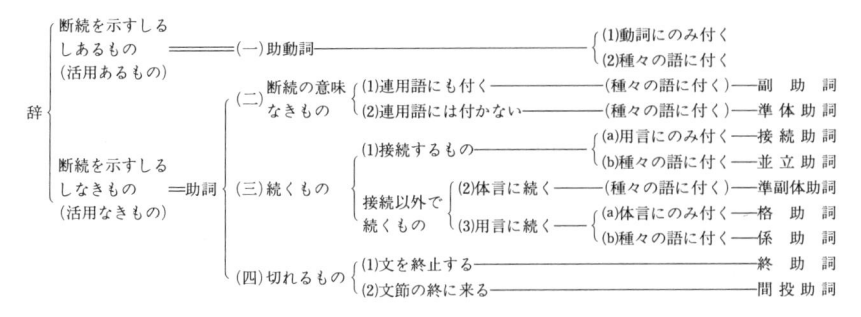

きか。

3.3.2　時枝誠記(もとき)

　時枝誠記(1900〜1967)は『国語学原論』(1941)『日本文法口語篇』(1950)において,「言語過程説」を唱え,それにもとづく文法を組み立てた。言語過程説とは,「言語」の本質は構成された実体としての言葉にあるのではなく,話し,書き,聞き,読むという言語活動・言語過程それ自体であるとする学説である。したがって,文法も,表現過程の違いにしたがって組織される。まず,言語活動における単位として,語・文・文章の三つが,「質的統一体」として取り出される。「文章論」を立てたことが特徴的である。

　品詞としては,「概念過程を経た」「客体的表現」としての〈詞〉と,「概念過程を経ない」「主体的表現」としての〈辞〉とに,二大別され,〈詞〉に「名詞・代名詞・動詞・形容詞・連体詞・副詞」それに「接頭語・接尾語」が属し,〈辞〉に「助動詞・助詞・接続詞・感動詞・陳述副詞」が属すとされる。たとえば「彼も行くだろう」における「行く」という動詞＝詞は,主語「彼」の動作を表すが,「だろう」という助動詞＝辞は,主語「彼」の推量ではなく,主語がなんであろうと常に話し手の推量を表す。「も」という助詞＝辞も,話し手の認定の仕方(この揚合,他にも同類があるという認定)を表すという。このように〈辞〉は,話し手のなんらかの態度や気持ちを概念化・客体化せずに直接的に表す(表出する)ものだというのである。「彼も行きたいのだろう」

の「たい」は、「だろう」と異なり、話し手の希望ではなく、主語「彼」の希望を表すから、辞（助動詞）ではなく、詞（接尾語）だとする。

　文の構造としては、西欧語が主語と述語が釣り合う「天秤型構造」をなすのに対し、日本語では、詞と辞が包み包まれる「入子型構造」をなす、という。助詞や助動詞のないところには、「零記号の辞」（■で表わされる）があるとされる。

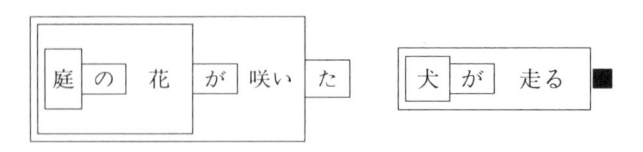

　　　　庭 の 花 が 咲い た　　犬 が 走る ■

　こうした詞辞の二分割は、『手爾波大概抄』や『言語四種論』などに見られる日本古来の分類を、理論的に体系化したものだという。文における客体的・事柄的な側面と、主体的・陳述的な側面との関係を、単純明快な形で提示したことにより、戦後、学界に多くの論議を引き起こした。

3.3.3　佐久間鼎と三尾砂

　ゲシュタルト心理学、「場」の理論などにもとづき、全体としての文を重視する分析を示した者に、佐久間鼎（1888～1970）と三尾砂（1903～1989）がいる。

　佐久間は、『現代日本語の表現と語法』(1936)『現代日本語法の研究』(1940)『日本語の特質』(1941) などで、コソアド、動詞のアスペクト、吸着語、機能による文の三種別など、興味深い分析を示した。三尾は『話言葉の文法（言葉遣篇）』(1942) では、ダ体・デス体・ゴザイマス体という文体の種別を基本において、ていねいさの構文的な分析を示し、『国語法文章論』(1948) では、「場」との関連から、文を「現象文・判断文・未展開文・分節文」に分類した。

3.4　昭和後期（戦後）

　戦後、時枝文法の批判・修正の論議が盛んであったが、それとの関連にお

いて生まれた成果として，阪倉篤義『日本文法の話』，芳賀綏『日本文法教室』，渡辺実『国語構文論』などがある。

　佐久間鼎，三尾砂を継ぐ形で，三上章『現代語法序説』などや，寺村秀夫『日本語のシンタクスと意味』などが出た。

　田丸卓郎『ローマ字文の研究』や宮田幸一『日本語文法の輪郭』などのローマ字文法の流れと，松下・佐久間の流れを受け，またヴィノグラードフのロシア語文法の方法を批判的に摂取する，奥田靖雄『日本語文法・連語論』『ことばの研究・序説』，鈴木重幸『日本語文法・形態論』などは，一つの学派を形成している。

　その他，森重敏『日本文法通論』，鶴田常吉『日本文法学原論』，徳田政信『日本文法論』など，それぞれ独創的な体系を示すものがある。

　1950年代，アメリカの記述言語学の方法が，服部四郎等によって移入され，日本語とくに方言の構造記述に適用された。また，森岡健二『日本文法体系論』という体系的記述もまとめられた。

　チョムスキーらの（変形）生成文法の方法も，久野暲『日本文法研究』，井上和子『変形文法と日本語』などを生んだ。その他，最近では，機能文法，談話分析，テクスト言語学，発話行為理論，言語類型論など，種々の方法・観点からの分析の試みがあり，日本語教育，コンピュータ言語学（構文自動分析），認知科学などの分野からの日本語へのアプローチも盛んである。また，海外での日本語研究も盛んで，多くの成果を生んでいる。まさに，日本語学も多様化，国際化の時代のまっただなかにある，ということなのだろう。

⋯⋯⋯

〔参考文献〕
古田東朔・築島裕 1972『国語学史』（東京大学出版会）
西田直敏 1979『資料日本文法研究史』（桜楓社）
徳田政信 1983『近代文法図説』（明治書院）
時枝誠記 1940『国語学史』（岩波書店）
山田孝雄 1943『国語学史』（宝文館）
福井久蔵 1953『増訂日本文法史』（明治書院）〔復刻版　国書刊行会〕
────（編）1938–・44『国語学大系』（厚生閣）〔復刻版　国書刊行会〕

【著者紹介】(執筆順)

第 1 章　仁田義雄（大阪大学名誉教授）
第 2 章　鈴木 泰（東京大学名誉教授）
第 3 章　村木新次郎（同志社女子大学名誉教授）
第 4 章　小林賢次（東京都立大学名誉教授）
第 5 章　土岐 哲（大阪大学名誉教授）
第 6,7 章　林 史典（筑波大学名誉教授・聖徳大学名誉教授）
第 8 章　真田信治（大阪大学名誉教授）
第 9 章　畠 弘巳（元千葉大学教授）
第 10 章　山梨正明（京都大学名誉教授）
第 11 章　田中穂積（東京工業大学名誉教授）
第 12 章　工藤 浩（東京外国語大学名誉教授）

改訂版　日本語要説

発行	2009 年 6 月 15 日　改訂版 1 刷
	2024 年 3 月 21 日　　　　9 刷
定価	1900 円＋税
著者	©工藤 浩・小林賢次・真田信治・鈴木 泰・田中穂積・土岐 哲
	仁田義雄・畠 弘巳・林 史典・村木新次郎・山梨正明
発行者	松本 功
本文フォーマット	大熊 肇
装丁	上田真未
印刷・製本所	三美印刷株式会社
発行所	株式会社 ひつじ書房
	〒 112-0011 東京都文京区 2-1-2 大和ビル 2F
	Tel.03-5319-4916　Fax.03-5319-4917
	郵便振替 00120-8-142852
	toiawase@hituzi.co.jp　https://www.hituzi.co.jp/

ISBN978-4-89476-468-2

造本には充分注意しておりますが、落丁・乱丁などがございましたら、
小社かお買上げ書店にておとりかえいたします。ご意見、ご感想など、
小社までお寄せ下されば幸いです。